novas buscas
em educação

# VOL. 5

Dados Internacionais de Catalogação na
Publicação (CIP) (Câmara Brasileira do Livro, SP,
Brasil)

Davis, Flora

D293c  A comunicação não-verbal / Flora Davis; [tradução de Antonio Dimas; direção da coleção de Fanny Abramovich]. - São Paulo: Summus, 1979. (Novas buscas em educação; v. 5)

Bibliografia.
ISBN 978-85-323-0032-4

1. Comunicação não-verbal I. Título

79-0956

17. CDD-419
18. -001.56

Índice para catálogo sistemático:
1. Comunicação não-verbal   419 (17.)   001.56 (18.)

Compre em lugar de fotocopiar.
Cada real que você dá por um livro recompensa seus autores
e os convida a produzir mais sobre o tema;
incentiva seus editores a encomendar, traduzir e publicar outras
obras sobre o assunto;
e paga aos livreiros por estocar e levar até você livros
para a sua informação e o seu entretenimento.
Cada real que você dá pela fotocópia não autorizada de um livro
financia o crime
e ajuda a matar a produção intelectual de seu país.

# A comunicação não-verbal

Flora Davis

summus
editorial

Do original em língua inglesa
*INSIDE INTUITION: WHAT WE KNOW ABOUT NONVERBAL COMMUNICATION*
Copyright © 1971/72/73 by Flora Davis
Direitos desta tradução adquiridos por Summus Editorial

Tradução: **Antonio Dimas**
Capa: **Edith Derdyk**
Direção da coleção: **Fanny Abramovich**

## Summus Editorial

Departamento editorial:
Rua Itapicuru, 613 - 7º andar
05006-000 - São Paulo - SP
Fone: (11) 3872-3322
Fax: (11) 3872-7476
http://www.summus.com.br
e-mail: summus@summus.com.br
Atendimento ao consumidor:
Summus Editorial
Fone: (11) 3865-9890

Vendas por atacado:
Fone: (11) 3873-8638
Fax: (11) 3872-7476
e-mail: vendas@summus.com.br

Impresso no Brasil

# NOVAS BUSCAS EM EDUCAÇÃO

Esta coleção está preocupada fundamentalmente com um aluno vivo, inquieto e participante; com um professor que não tema suas próprias dúvidas; e com uma escola aberta, viva, posta no mundo e ciente de que estamos chegando ao século XXI.

Neste sentido, é preciso repensar o processo educacional. É preciso preparar a pessoa para a vida e não para o mero acúmulo de informações.

A postura acadêmica do professor não está garantindo maior mobilidade à agilidade do aluno (tenha ele a idade que tiver). Assim, é preciso trabalhar o aluno como uma pessoa inteira, com sua afetividade, suas percepções, sua expressão, seus sentidos, sua crítica, sua criatividade...

Algo deve ser feito para que o aluno possa ampliar seus referenciais do mundo e trabalhar, simultaneamente, com todas as linguagens (escrita, sonora, dramática, cinematográfica, corporal, etc.).

A derrubada dos muros da escola poderá integrar a educação ao espaço vivificante do mundo e ajudará o aluno a construir sua própria visão do universo.

É fundamental que se questione mais sobre educação. Para isto, deve-se estar mais aberto, mais inquieto, mais vivo, mais poroso, mais ligado, refletindo sobre o nosso cotidiano pedagógico e se perguntando sobre o seu futuro.

É necessário nos instrumentarmos com os processos vividos pelos outros educadores como contraponto aos nossos, tomarmos contato com experiências mais antigas mas que permanecem inquietantes, pesquisarmos o que vem se propondo em termos de educação (dentro e fora da escola) no Brasil e no mundo.

A coleção *Novas Buscas em Educação* pretende ajudar a repensar velhos problemas ou novas dúvidas, que coloquem num outro prisma, preocupações irresolvidas de todos aqueles envolvidos em educação: pais, educadores, estudantes, comunicadores, psicólogos, fonoaudiólogos, assistentes sociais e, sobretudo, professores... Pretende servir a todos aqueles que saibam que o único compromisso do educador é com a dinâmica e que uma postura estática é a garantia do não-crescimento daquele a quem se propõe educar.

# ÍNDICE

| | |
|---|---|
| Apresentação da Edição Brasileira | 9 |
| Prefácio | 13 |
| Agradecimentos | 17 |
| 1 — Uma Ciência Embrionária | 19 |
| 2 — Índices de Sexo | 23 |
| 3 — Comportamentos de Namoro | 29 |
| 4 — O Mundo Silencioso da Cinética | 37 |
| 5 — O Corpo é a Mensagem | 45 |
| 6 — Cumprimentos de um Primata Bem Velho | 50 |
| 7 — O Rosto Humano | 57 |
| 8 — O Que Dizem os Olhos | 68 |
| 9 — A Dança das Mãos | 83 |
| 10 — Mensagens Próximas e Distantes | 91 |
| 11 — Interpretando Posturas Físicas | 99 |
| 12 — Os Ritmos do Corpo | 106 |
| 13 — Os Ritmos do Encontro Humano | 117 |
| 14 — Comunicação pelo Olfato | 128 |
| 15 — Comunicação pelo Tato | 135 |
| 16 — As Lições do Útero | 141 |
| 17 — O Código Não-Verbal da Infância | 152 |
| 18 — Índices do Caráter | 158 |
| 19 — A Ordem Pública | 170 |
| 20 — Em Conversa | 178 |
| 21 — O Futuro | 185 |
| Bibliografia | 189 |

## APRESENTAÇÃO DA EDIÇÃO BRASILEIRA

Sensibilidade às necessidades, intenções, ritmos, modos de sentir e pensar diversos é uma habilidade primordial que todos aqueles envolvidos com educação necessitam desenvolver, pois, é ela a determinadora da qualidade e dinâmica dos relacionamentos humanos estabelecidos no processo educacional.

Muitos pesquisadores têm se interessado em determinar as causas que levam os homens a estabelecer laços afetivos, a jogar jogos sociais, a fazer pactos e alianças, sem contudo, terem conseguido explicar ou apreender a razão de certos encontros e desencontros entre os seres humanos.

É justamente em busca do preenchimento dessa lacuna em nosso conhecimento que se desenvolvem as pesquisas na área da jovem ciência que investiga a comunicação não-verbal.

No entanto, assim como acontece nas publicações científicas das demais ciências, quando as informações e dados obtidos pelos cientistas vêm a público, o leigo (quando tem acesso a esse material) não consegue estabelecer o elo entre o que foi pesquisado e o seu cotidiano, por lhe faltar o devido treinamento na linguagem científica daquela disciplina. Por esse motivo, fundamental se faz a boa tradução dos resultados obtidos nesses experimentos. Este é o caso da autora desta obra e o seu primeiro mérito.

Em *Comunicação Não-Verbal*, Flora Davis oferece ao leitor um relato de suas andanças pelo mundo dessa ciência recente. Seu livro apresenta, de maneira concisa, em linguagem clara e acessível, uma visão sintética do que se passa nessa área de pesquisa, que prima não só pela fidelidade às fontes científicas, mas também pela consideração para com o mundo vivido pelo leitor.

Todavia, não basta dizer que o livro de Flora Davis espelha essas qualidades. Seu livro é muito mais do que isso. A autora, além de vincular a vida do leitor à da ciência, algo tão necessário num mundo cuja tônica é a fragmentação da experiência humana, expõe sua vivência pessoal do universo descoberto ao longo de anos de envolvimento com a ciência e os cientistas da comunicação não-verbal. Aí reside, para mim, seu maior mérito. A sensibilidade para com os outros, fator crucial no processo educacional, não se desenvolve senão através do envolvimento pessoal e subjetivo com a realidade externa. E dessa vivência resultou, então, um livro cuja mensagem é prazerosa e altamente liberadora dos sentidos.

Afirma Flora Davis, no prefácio de seu livro, que espera poder proporcionar ao leitor uma série de prazeres curiosos. Não tenho a menor dúvida de que ela consegue realizar sua expectativa. Seu livro é uma "curtição" e uma preparação intelectual do corpo do leitor para a descoberta e o uso de capacidades sensoriais que, se cultivadas, poderão torná-lo ainda mais sensível às sutilezas de comunicação existentes nos relacionamentos humanos.

É, pois, com o espírito lúdico que caracteriza o prazer sensorial livre de bloqueios e sentimentos de culpa, que Flora Davis encara os estudos sobre a comunicação humana e, sob essa perspectiva, faz de sua narrativa uma "viagem" agradável pelo mundo dos sentidos e da intuição. Suas observações pessoais estimulam e despertam a consciência para o contato com realidades corporais que normalmente são reprimidas pela sociedade.

A abordagem do problema da sensibilidade humana da autora é um convite à afirmação do próprio corpo como instrumento de verdade científica. Pessoalmente, fiquei muito gratificado com inúmeras passagens da obra, pois, as pesquisas relatadas somente reforçaram minha confiança na realidade dos sentidos tal como vivida subjetivamente. À guisa de ilustração, faço aqui menção ao capítulo intitulado "As lições do útero". Certa vez, ao me interessar pelo choro intra-uterino de bebês (fato que eu conhecia enquanto realidade vivida por duas mulheres e que somente vira mencionado por Gabriel Garcia Marquez em seu romance *Cem Anos de Solidão*), consultei uma autoridade em fisiologia, dela obtendo, entretanto, a resposta de que esse fato era fisiologicamente impossível. Assim, fascinado fiquei ao constatar que esse fenômeno é objeto de pesquisa em algum ponto do planeta e que o choro intra-uterino está relacionado com o desenvolvimento precoce da fala.

O livro de Flora Davis, além de nos deixar cientes de que o século XXI está muito próximo, nos ajuda a atingir o novo milênio com esperança. Por isso, com imenso prazer, apresento aos leitores este trabalho, numa época em que todos nós necessitamos de um tipo especial de sabedoria que essa autora soube muito bem captar e transmitir, pela valorização da sabedoria do corpo humano que o mundo ocidental insiste em negar, reprimir e desprezar. E, finalmente, por seu trabalho contribuir para que a sensibilidade humana deixe de ser algo estranho e perigoso e que muitas vezes se volta contra o próprio homem, para se tornar algo valioso e de prazer.

São Paulo, junho de 1979

*Norberto Abreu e Silva Neto*

# PREFÁCIO

## NOTA AO LEITOR

Sou o tipo da pessoa que quase não confia em telefone. Não que eu ache que a companhia esteja caindo aos pedaços (embora isso sempre pareça verdade...), mas é porque, no telefone, eu nunca sei direito o que a outra pessoa está realmente querendo dizer. Se eu não posso vê-la, como adivinhar o que ela está sentindo? E, muitas vezes, como saber se o que ela está dizendo é importante ou não, se eu não sei como ela está se sentindo?

Talvez tenha sido por causa desse preconceito que fiquei tão intrigada, quando, um dia, tempos atrás, apanhei o *New York Times* e li um artigo sobre uma nova área de pesquisa: a comunicação não-verbal. Logo em seguida, encarregaram-me de escrever uma reportagem sobre o assunto para a revista *Glamour*. Mas, quando terminei a pesquisa, três ou quatro meses depois, eu tinha a nítida impressão de que mal arranhara a superfície e de que havia muito, muito mais a aprender.

É raro fazer um artigo sem me sentir tentada a experimentar uma profissão nova. Quando entrevisto um antropólogo, me entusiasmo com a vontade de me tornar uma antropóloga. Se passo uma hora conversando com um psicoterapeuta, devolvo-me à áspera e ensolarada Nova Iorque me perguntando por que diabo quis ser escritora, quando podia, nos tempos de faculdade, ter-me agarrado à psicologia e terminado como terapeuta. Não é tanto o trabalho que me interessa. É mais o próprio assunto. De qualquer forma, depois de um contato de tantos meses com a comunicação não-verbal, o resultado foi bem mais amplo do que o habitual: fiquei vidrada e não deixei escapar a oportunidade. Viajei, então, um ano e meio, visitando universidades e instituições de saúde mental, porque aí que estão sendo feitas muito das pesquisas em comunicação. Entrevistei antropólogos, psicólogos, psiquiatras: uma amostragem razoável de pessoas no setor. Vi rolos e rolos de filme. Filmes agradáveis em branco e preto, de gente conversando em grupo, sentada ou em pé. Normalmente, me passavam o filme em câmera lenta para que as vozes e os movimentos corporais ganhassem uma feição sobrenatural, onírica, aquosa. Aos poucos, de tanto ver os filmes, comecei a perceber. Não tanto como os cientistas, pois um deles me disse que eu levaria uns dois anos para me educar, mas, de qualquer forma, bem melhor do que jamais conseguira ver antes.

Ver é tudo e é exatamente por essa razão que proponho ao leitor que comece este livro sentando-se diante de um aparelho de televisão. Ligue-o, mantenha a imagem e corte o som. Recomendo programas de entrevistas, porque neles as pessoas se comportam com naturalidade e não ficam fazendo cena. Também porque a câmera vai e volta de vez em quando, dando-nos ângulos panorâmicos do corpo. Eliminada a distração costumeira produzida pelas palavras, a primeira impressão será, é bem provável, a de uma enorme quantidade de movimentos confusos do corpo. Em um dado momento uma porção de coisas parece estar acontecendo muito depressa. Um homem levanta as sobrancelhas, empina a cabeça, descruza as pernas, encosta-se na cadeira, trança os dedos e, segundos depois, suas mãos começam a golpear o ar com gestos enfáticos, enquanto começa a falar.

Se você fosse um cientista diante dessas imagens, o que você estudaria? Como você registraria o que viu? Por onde você começaria?

Só agora nos últimos anos é que centenas de cientistas sociais resolveram concentrar esforços com o fim de romper o código não-verbal. É dos esforços e das descobertas dessa gente que este livro trata.

Quero deixar bem claro, no entanto, que este livro não é um código. Não há aqui nenhuma maneira simplista de traçar o perfil psicológico de alguém através do comportamento não-verbal. E nem você vai poder sentar-se diante da televisão muda e traduzir os movimentos corporais como se fossem um vocabulário facilmente apreensível. Como se as mãos entrelaçadas tivessem apenas um significado ou como se as pernas cruzadas da esquerda para a direita tivessem outro. A comunicação humana é muito complexa e, de qualquer forma, a pesquisa em comunicação é uma ciência ainda embrionária.

Um dia, talvez, as pessoas possam fazer cursos sobre decodificação do comportamento não-verbal. Mas não acho que isso seja lá muito bom, sobretudo se os cursos prometerem demais.

No entanto, todos temos, até certo ponto, habilidade para decodificar. A isso chamamos de intuição. Aprendemo-la quando ainda bebês, usamo-la durante a vida toda num nível subconsciente e essa é a maneira mais eficaz de fazê-lo. Em questão de segundos interpretamos um movimento do corpo ou reagimos a um tom de voz, atribuindo-lhes parcela de uma mensagem completa, o que é bem melhor do que misturar, conscientemente, uns tantos componentes diversos de mensagem, alguns dos quais podem estar em flagrante contradição recíproca.

O que eu espero que este livro faça pelos leitores é aquilo que ele fez por mim quando o escrevi: proporcionar uma série de prazeres curiosos. Hoje em dia, eu confio na minha intuição, às vezes até à temeridade. E, quase sempre, consigo dizer quais as bases dessa intuição. Quando tenho, por exemplo, a impressão de que alguém está disfarçando a irritação, é porque notei algo naquele corpo que me deu essa impressão. Ainda me oriento por um sentimento geral diante da situação e não por uma análise intelectual. Mas, para minha própria satisfação e muito de minha delícia, quase sempre consigo explicar, parcialmente, esse sentimento.

Outra coisa que descobri é que a televisão e os filmes me garantem um interesse renovado, principalmente quando me acontece ver o filme pela segunda vez. Posso, então, me refestelar num sofá, apreciar as nuanças sutis do bom desempenho de um ator e analisar os efeitos desse desempenho quando ele, num momento, descansa na cadeira e, de repente, se joga para a frente.

Em festas ou em pequenos grupos, percebo que, vez ou outra, minha atenção se insinua por alguma coisa não-verbal. Uma vez, por exemplo, observei dois homens sentados, com os pés sobre o sofá, em pontas opostas, pernas cruzadas, os joelhos virados para fora, numa posição idêntica e pouco comum. Em silenciosa equivalência de corpo, eles pareciam aqueles suportes de livros. O que viera em busca de conselho, estendia um braço ao longo do encosto do sofá, abrindo-se para o amigo da outra ponta que, reclinado e com os braços cruzados de modo distante, revelava claramente, ou pelo menos me parecia, algumas reservas básicas.

Em outra ocasião, quando um amigo me disse, ao final de um encontro, "senti que você estava um pouco ausente hoje, que não estivemos juntos de verdade", não me ocorreram desculpas rápidas ao me lembrar o que havia feito, em termos de trejeitos corporais, para lhe causar aquela impressão. Há momentos em que não me sinto muito gratificada por tudo aquilo que aprendi sobre comportamento não-verbal. É muito difícil assumir a responsabilidade por tudo o que escorrega verbalmente numa conversa, sem se sentir na necessidade de explicar uma pose em particular, de justificar onde você se achava, para onde olhou ou deixou de olhar e a posição específica dos braços e das pernas.

A consciência de si é um problema para muita gente que percebe, pela primeira vez, que o movimento do corpo comunica. Isso me perturbou de modo tão profundo que, em certas ocasiões, fiquei momentaneamente semiparalisada. Entrevistar os cientistas me foi bastante penoso. Quando três deles me disseram que se apresentar com a palma da mão virada para cima é um gesto claro da mulher anglo-saxônica que se sente atraída por um homem, eu me vi praticamente sentada sobre minhas próprias mãos. Mas, depois, vim a aceitar o que um deles me disse: que as pessoas podem ser parecidas ou diferentes como as folhas de uma árvore e que os cientistas dificilmente observam um gesto a menos que seja realmente incomum.

De certa forma, me foi uma liberação perceber o quanto as minhas emoções sempre estiveram à mostra. Saber que, graças à intuição, as pessoas haviam-me compreendido muito além daquilo que eu fora capaz de lhes dizer, em palavras, sobre como eu me sentia, sobre o que realmente eu queria dizer, sobre como estava eu reagindo. E saber ainda que essa gente havia aceito isso e, imagino, continuaria aceitando. Até mesmo os peritos em comunicação para quem as mensagens corpóreas aparecem, às vezes, não em código mas às claras.

Uma vez alcançada a autoconsciência, descobri que conquistara um tipo muito especial de sabedoria: uma nova sensibilidade para aquilo que os outros sentem e mesmo uma esporádica e surpreendente percepção interior de minhas próprias reações.

E constatei que a parte visível da mensagem é, no mínimo, tão importante quanto a audível. Depois, aprendi também que a comunicação não-verbal é mais do que um simples sistema de senhas emocionais e que, na verdade, não se pode separá-la da comunicação não-verbal. Ambas são tecidas junto e de modo inextricável, pois quando seres humanos se encontram face a face, há uma comunicação em muitos níveis simultâneos, consciente e inconscientemente, usando-se para isso boa parte dos sentidos: a vista, o ouvido, o tato e o olfato. E, então, tudo isso se integra quando as pessoas se valem do recurso de decodificação a que chamamos algumas vezes de sexto sentido: a intuição.

# AGRADECIMENTOS

Para escrever este livro contei com a ajuda de um grande número de pessoas. Foi o Prof. Erwing Goffman, por exemplo, quem me iniciou no árduo caminho do assunto até a publicação, ao me dar uma impressionante visão geral do problema, durante uma entrevista. O Prof. Ray L. Birdwhistell foi extremamente generoso comigo em termos de tempo e de sugestões, bem como o Dr. Adam Kendon, Dr. Albert Scheflen, Dr. Paul Ekman, Srta. Martha Davis, Sra. Irmgard Bartenieff, Prof. William Condon e Dr. Paul Byers.

Outros foram também enormemente prestativos. Responderam perguntas, enviaram-me material e me disseram onde eu poderia encontrar mais. E, por isso, eu gostaria de exprimir minha gratidão ao Dr. Christopher Brannigan, Prof. Edward Cervenka, Prof. Starkey Duncan Jr., Prof. Ralph Exline, Prof. Edward T. Hall, Prof. Eckhard H. Hess, Prof. Carroll E. Izard, Prof. Sidney Jourard, Dr. Augustus F. Kinzel, Dr. Robert E. Kleck, Prof. George F. Mahl, Dr. Melvin Schnapper, Prof. Thomas A. Sebeok, Prof. Robert Sommer, Prof. Silvan Tomkins, Prof. Henry Truby, Dr. Ian Vine e Dr. Harry Wiener.

O Dr. Mamu Tayyabkhan e a Srta. Karen Davis leram o manuscrito com paciência e foram meus críticos mais rigorosos e meu apoio mais entusiasta. A Srta. Joan Fredericks também, num momento crucial, me beneficiou com sua experiência editorial e com seus conselhos.

E, por último, meu agradecimento especial à Rebeca e ao Jeffrey Davis que, de vez em quando, concordavam, de bom grado, em se pajear mutuamente para que eu pudesse trabalhar um pouco mais.

CAPÍTULO 1

# UMA CIÊNCIA EMBRIONÁRIA

O conceito de comunicação não-verbal fascina os leigos há séculos. Pintores e escultores sempre souberam o quanto um gesto ou uma pose podem conter. A habilidade não-verbal é também a ferramenta do ator. Quando conta que o personagem "apagou o cigarro com fúria" ou que "esfregou o nariz pensativamente", o romancista está mergulhando num folclore comum do gesto. Os psiquiatras têm sido também ótimos observadores, anotando as idiossincrasias não-verbais dos pacientes, denunciando-as e interpretando-as.

Mas não foi senão no começo deste século que começou uma verdadeira pesquisa sobre comunicação não-verbal. Entre 1914 e 1940, mais ou menos, houve considerável interesse sobre a comunicação pessoal por intermédio de expressões faciais. Os psicólogos empreenderam dezenas de experiências, mas os resultados foram desanimadores. Tanto que chegaram à conclusão curiosa de que o rosto não expressava emoções de maneira segura e fiel.

Nesse mesmo período, os antropólogos observaram que os movimentos do corpo não são casuais, mas que são tão legíveis como uma linguagem. Edward Sapir observou: "Reagimos ao gesto com extrema atenção e poder-se-ia dizer que o fazemos segundo um elaborado código que não está escrito em lugar nenhum, que ninguém conhece, mas que todos compreendem." No entanto, em sua grande maioria, os antropólogos não fizeram nenhuma tentativa séria para decifrar o código. Foi somente nos anos '50 que um punhado de homens — entre os quais incluímos Ray L. Birdwhistell, Albert E. Scheflen, Edward T. Hall, Erving Goffman e Paul Ekman — resolveram atacar o problema de maneira sistemática.

Mesmo depois disso, durante um longo tempo, a pesquisa em comunicação continuou como uma especialidade esotérica. Os pesquisadores interessados trabalhavam quase sempre sozinhos e isolados, uma vez que se dedicavam a uma disciplina que, até então, era pouco respeitável do ponto de vista científico. "Houve uma época", contou-me um deles, "que todos nós nos conhecíamos. Éramos como uma patota. Quando saíamos para fazer conferência para grupos profissionais, éramos recebidos, quase sempre, como uma espécie de curiosidade misturada com desprezo".
Tudo isso mudou. O novo entusiasmo científico pela pesquisa em comunicação tem suas raízes no trabalho subterrâneo desenvolvido pelos pioneiros no assunto, mas o enorme interesse público pela comunicação não-verbal parece fazer parte do espírito de época: a necessidade que muita gente sente em restabelecer contato com suas próprias emoções; a busca dessa verdade emocional que talvez consiga expressar-se de modo não-verbal.

A pesquisa em comunicação resulta de cinco diferentes disciplinas: a psicologia, a psiquiatria, a antropologia, a sociologia e a etologia. Trata-se de uma ciência jovem e controvertida, com achados e táticas de pesquisa freqüentemente questionados em altos brados. Até mesmo uma avaliação esquemática das diferentes perspectivas e metodologias em causa explica as controvérsias. O psicólogo, por exemplo, ao observar o conjunto todo do movimento corporal, escolhe, de modo geral, unidades de comportamento para serem analisadas: o contato visual talvez, o sorriso, o tato ou alguma combinação entre esses elementos, estudando-os de maneira mais ou menos tradicional. Para a realização de suas experiências, dezenas de universitários passam por seu laboratório. Normalmente, dá-se a eles uma tarefa que lhes distraia a atenção, registrando-se, então, em filme o comportamento não-verbal que será analisado e processado estatisticamente mais tarde.

Por outro lado, os especialistas em cinética (isto é, o estudo do movimento do corpo) preferem a abordagem de sistemas. A formação científica desses especialistas é bem diversificada. Trata-se de uma nova área de pesquisa que conta com um antropólogo como seu fundador e que anda atraindo psiquiatras, psicólogos, etc. Um de seus princípios básicos é a crença de que a comunicação não pode ser estudada em unidades isoladas, mas sim enquanto sistema integrado a ser analisado como um todo, dando-se atenção à maneira como cada elemento se relaciona com os demais. Seus adeptos costumam carregar câmaras para o espaço aberto — zoológicos, parques, ruas — e alguns deles afirmam que os psicólogos que rodam seus filmes em laboratórios fechados correm o risco de captar o comportamento artificial e forçado apenas. Ao analisarem seus próprios filmes, rodando-os em câmara lenta, esses especialistas têm descoberto um nível de comunicação no qual as pessoas se contatam e reagem de maneira tão sutil e suave a ponto de a mensagem quase nunca alcançar o explícito, ainda que seja carregada de significado.

Os psiquiatras já admitem há muito tempo que o modo de um indivíduo movimentar o corpo oferece pistas sobre caráter, emoções e reações àqueles que o rodeiam. Durante muitos anos, Felix Deutsch registrou os gestos e as poses de seus pacientes no divã. Outros psiquiatras filmaram as sessões de análise e outros ainda concordaram em ser filmados ou observados enquanto cuidavam do cliente. Os terapeutas estão usando, cada vez mais, filmes e vídeo-teipes para estudar o comportamento e como instrumental no processo de tratamento. Quando se defrontam com suas próprias imagens no vídeo, os pacientes são estimulados a reagir diante da própria aparência e dos seus movimentos e também a aprender com base em seu comportamento grupal, verbalizado ou não.

Os sociólogos, então, observaram e descreveram um tipo de etiqueta subliminar a que todos estamos sujeitos e que acaba conformando nosso comportamento em grande e em pequena escala. Por exemplo: todo mundo sabe como evitar uma colisão frontal numa calçada cheia de gente, embora seja muito difícil explicar como se faz isso exatamente. A gente também sabe reagir diante de um conhecido que enfia o dedo no nariz em público ou como parecer interessado, mas não muito, numa conversa.

Os antropólogos têm analisado os diferentes idiomas culturais da linguagem do corpo e descobriram que um árabe e um inglês, um preto americano ou um branco da mesma nacionalidade não se movimentam do mesmo jeito.

Os etologistas também trouxeram sua contribuição. Ao estudar os animais selvagens durante décadas, semelhanças espantosas foram levantadas entre o comportamento não-verbal do homem e de outros primatas. Alertados por esse fenômeno, alguns etologistas estão se voltando para a "etologia humana", estudando a maneira como as pessoas namoram, criam seus filhos, dominam os outros, demonstram submissão, brigam e se reconciliam. Esse comportamento físico, extremamente concreto, pode então ser comparado com a maneira dos macacos sentirem essas mesmas relações.

E, por último, há os especialistas em "Esforço-Forma", um sistema que registra o movimento corporal e que deriva da notação da dança. O que esses especialistas estão tentando desenvolver é uma maneira de deduzir fatos sobre o caráter, a partir do estilo global de movimentação e não segundo movimentos particulares.

George du Maurier escreveu uma vez que "a linguagem é uma coisa muito pobre. Você enche os pulmões de ar, vibra uma pequena ranhura na garganta, mexe a boca e isso agita o ar. Este, por sua vez, mexe com um par de pequenas membranas na cabeça do próximo, cujo cérebro capta toscamente a mensagem. Que caminho comprido e que perda de tempo!"

Assim seria, se as palavras fossem tudo. No entanto, elas são apenas o início, pois além delas está o solo firme sobre o qual se constroem as relações humanas: a comunicação não-verbal. As palavras são bonitas, excitantes, importantes, embora tenham sido superestimadas em excesso, uma vez que não representam a mensagem total e nem parcial. Na verdade, segundo opinião de um cientista, "a palavra é aquilo que o homem usa quando todo o resto falha".

CAPÍTULO 2

## ÍNDICES DE SEXO

Quando um bebê nasce, a primeira coisa que todo mundo quer saber é o sexo. Nos primeiros dias de vida a diferença parece mais anatômica, mas à medida em que vai crescendo, o bebê começa a se comportar como menino ou menina. Um problema controvertido é saber até que ponto esse comportamento tem base biológica ou é uma questão de aprendizado. Algumas feministas insistem em dizer que todas as diferenças comportamentais são ensinadas e que, deixando-se de lado as discrepâncias biológicas evidentes, a mulher é igual ao homem. Outros dizem que homem é homem e que mulher é mulher e é por razões biológicas que os dois sexos se parecem, se comportam e até mesmo se movimentam de modo diferente. Os entendidos em cinética têm levantado um certo número de provas que reforçam os argumentos das feministas.

Desde o nascimento, parece que dizemos ao bebê, centenas de vezes por dia, que ele é um menino ou uma menina, mas de maneira sutil e não-verbal. A maioria das pessoas, na verdade, segura o menino e a menina de jeito diferente. Parece que, em nossa sociedade, os meninos, mesmo novinhos, costumam ser cuidados de modo meio abrutalhado.

Toda vez que um garoto age de acordo com nossa visão de comportamento masculino, nós lhe damos reforço. Esse reforço pode ser tão delicado como um tom de voz aprovativo, uma ligeira expressão facial de conivência ou até mesmo uma expressão concreta, dita com tolerância, do tipo "não parece um hominho!?" E é lógico que as meninas são recompensadas por demonstrarem traços femininos. Podemos não repreender os meninos por desejarem brincar com boneca, mas também é raro animá-los a isso. Talvez a ausência total de qualquer reação de nossa parte — a falta de vibrações positivas — diga a ele que anda fazendo coisa que menino não faz.

Não há dúvida que em certo nível subliminar nós também recompensamos ou deixamos de recompensar comportamentos bem mais sutis, pois em certo estágio de desenvolvimento os meninos começam a se movimentar e a se comportar como homens, e as meninas como mulheres. O modo de se movimentar é muito mais aprendido do que inato, variando de cultura para cultura. Para usar apenas um exemplo: o gesto de munheca mole, que nos parece feminino ou efeminado quando em homem, em algumas partes do Oriente Médio é tido como jeito natural de movimentar as mãos tanto para um sexo quanto para o outro.

Até hoje, muito pouco se sabe sobre como as crianças aprendem esses índices de sexo ou em que idade começam eles a ser usados. Há indícios de que os meninos absorvem esses gestos por volta dos quatro anos no sul dos Estados Unidos e um pouco mais tarde no Nordeste. Dessa forma, parece que a idade em que se aprende esses índices varia até mesmo entre subculturas regionais. E, se observarmos o modo de controlar o quadril, vemos que as mulheres colocam-no para a frente e os homens para trás. O ângulo pélvico começa a ser manipulado enquanto índice sexual não numa idade em particular, mas desde o momento em que o indivíduo se sente pronto para namorar, o que não significa que esteja pronto para copular. O ângulo pélvico funciona como resposta àquele período confuso quando se deixa a infância para trás, quando os rapazes se tornam extremamente interessados em meninas e vice-versa.

A garota adolescente deverá aprender novos movimentos corporais que são interessantes na medida em que revelam a maneira como se ensina o código não-verbal. Na puberdade os seios podem atingir o tamanho adulto bem depressa e, então, a garota tem que aprender o que fazer com eles. Ela deve curvar-se e escondê-los? Ou empiná-los de maneira provocante? Ninguém vai-lhe dizer com clareza o que fazer. A mãe não vai dizer: "Olha, levante os seios mais dois centímetros e bota os ombros um pouco pra trás. Não fique provocando mas também não durma no ponto!"

No entanto, se a menina for relaxada, a mãe poderá dizer: "Vá arrumar esse cabelo!" E, se for muito cocote, poderão dizer-lhe que o vestido está apertado demais ou, simplesmente, que está parecendo uma rapariga. Inclusive, essas lições sobre movimento do corpo são muito mais diretas do que as que ensinamos às crianças menores.

Foi em 1935 que a antropóloga Margareth Mead assinalou, pela primeira vez, em seu livro *Sex and Temperament in Three Primitive Societies*, que muitas de nossas suposições sobre masculinidade e feminilidade são de origem cultural. Numa área de apenas uns 160 km, a Dra. Mead encontrou três tribos bem diferentes: numa, os dois sexos eram agressivos e ferozes; na outra, eram calmos e educados; e na outra ainda, os homens é que eram manhosos, gostavam de enrolar o cabelo, faziam as compras, enquanto que as mulheres eram "enérgicas, empreendedoras e não se enfeitavam". A Dra. Mead acredita que as diferenças de sexo realmente existem, mas que essas tendências básicas podem ser reforçadas pela aprendizagem. A "cultura humana pode transmitir padrões de comportamento compatíveis com o indivíduo ou não", arremata ela.

O antropólogo Ray Birdwhistell acha que *Sex and Temperament* é "um dos livros mais importantes em antropologia". Se a obra não provocou nenhuma mudança duradoura em nossa visão sobre masculino e feminino é porque, diz Birdwhistell, sua lição assusta demais àqueles que acreditam, junto com a grande maioria, que os aspectos sexuais da personalidade são uma questão de hormônios.

O Professor Birdwhistell é o pai dessa jovem ciência da cinética. Seu trabalho sobre índices de sexo comprovou que os movimentos corporais masculinos e femininos são ditados pela cultura e não pela biologia e que são apreendidos na infância. Suas conclusões se baseiam em anos de meticulosa análise de filmes rodados num laboratório especialmente equipado na Filadélfia.

Os norte-americanos têm posições firmes sobre índices de sexo e sobre movimento corporal. Quando, por exemplo, observamos um inglês ou um latino cruzar as pernas, sentimo-nos constrangidos por um momento. Embora não se possa dizer porquê, o gesto nos parece efeminado. Poucos de nós percebemos que o homem americano cruza as pernas, geralmente, com os joelhos um pouco distantes entre si ou apoiando talvez um tornozelo sobre o outro joelho, enquanto que os ingleses e os latinos tendem a conservar as pernas e os pés mais ou menos em paralelo como fazem as mulheres norte-americanas.

Não se trata apenas de convencionalismos, mas sim de preconceitos corporais. Sente-se equivocado e incômodo o americano que tenta assumir uma pose marcada de traços femininos: pernas muito juntas, bacia inclinada para cima e para frente, braços apertados contra o tronco, movimentando-os do cotovelo para baixo apenas e somente quando se caminha. Por sua vez, a mulher americana sente-se desconfortável quando tenta assumir a postura do homem: pernas abertas, bacia para trás, braços um pouco distantes do corpo, balançando-os desde os ombros. Esses estilos diferentes de movimentação corporal não são ditados pela anatomia (só porque as mulheres têm quadris mais largos, por exemplo). Se fosse assim, esse traço seria universal. Os homens da Europa Oriental caminham com as pernas bem juntinhas e no Extremo Oriente conservam os braços junto ao corpo, movendo só o antebraço.

Até mesmo o jeito de mexer a pálpebra é índice sexual prescrito pela cultura. Uma piscada rápida é masculino para os americanos. Mas, um homem que fecha as pálpebras bem devagarinho, langorosamente, permitindo que elas fiquem semicerradas por um instante, enquanto o globo ocular se movimenta lá dentro, de maneira perceptível, chama nossa atenção como efeminado ou como galanteador, a menos que se trate de um caso óbvio de sono ou de cansaço. Entretanto, nos países árabes esse é o jeito normal dos homens cerrarem os olhos.

As pessoas emitem sinais de sexo constantemente ou apenas de vez em quando? É lógico que os homens norte-americanos não ficam sempre com as pernas abertas e com a bacia para trás. Os sinais de sexo são realçados em certas ocasiões e dissimulados em outras. E nem mesmo são, necessariamente, um sinal de atração sexual. É bem verdade que esses sinais são, com freqüência, um elemento do namoro, aparecendo também, entretanto, em situações que nada têm a ver com isso. No relacionamento diário entre um homem e uma mulher, no qual a atração sexual não desempenha papel importante, ocorre um bom número de sinais de sexo, como, por exemplo, quem vai lavar os pratos hoje, como se comportar em público, quem passa pela porta primeiro, etc.

É claro que os norte-americanos não são os únicos a fazer diferença entre o estilo masculino e o feminino de movimentação corporal. Ray Birdwhistell estudou os índices de sexo em sete culturas bastante diferentes (os Kutenai, os Hopi, os franceses de classe alta, os ingleses de classe alta e os operários, os libaneses e os chineses Hokka) e descobriu que as pessoas não são apenas capazes de indicar os gestos "masculinos" e os "femininos", mas também, com base nesses gestos, são capazes de diferenciar entre mulheres masculinas e homens femininos. Parece lógico, portanto, que os índices de sexo tenham-se desenvolvido nessas (e talvez em todas) culturas como resposta a uma necessidade humana básica: a capacidade de distinguir o homem da mulher.

Em algumas espécies, o macho e a fêmea se parecem tanto a ponto de ser extraordinário que os próprios animais consigam estabelecer as diferenças. Esse fenômeno é chamado de *Unimorfismo* e o ser humano é muito mais unimórfico do que se pensa. Se atentarmos para qualquer das características sexuais secundárias — tamanho dos mamilos, formato do corpo, distribuição do cabelo, tonalidade da voz, etc. — haveremos de encontrar um bom número de coincidências entre homens e mulheres. Há mulheres com mamilos pequenos e homem com mamilos grandes; mulheres com pêlo no rosto e homens quase glabros; mulheres com voz de contralto e homens com voz de alto tenor. O ser humano não estabelece diferença entre homens e mulheres através de apenas uma característica sexual visível, mas sim através da soma de todas elas e *mais* o fato de que os homens e as mulheres se movimentam de modo diferente. É bem verdade que contamos com a ajuda das convenções sobre vestuário e penteado e o fato de homens e mulheres se vestirem de modo diferente já indica a necessidade de certa ajuda. No entanto, a moda muda muito depressa e os índices de sexo não, o que faz com que acabem funcionando, então, como características sexuais terciárias, que apóiam as secundárias, tornando a vida um pouco menos complicada.

Baseado em seus estudos sobre tais índices, Birdwhistell refuta uma série de teorias populares sobre a sexualidade humana. Por exemplo: muita gente acredita que pode identificar um homossexual pelo aspecto, isto é, por sua maneira de andar ou de movimentar o corpo. No entanto, os especialistas em cinética não têm conseguido detectar qualquer sinal, masculino ou feminino, que seja por si próprio indicativo de hétero ou homossexualidade. Uma vez que não existem movimentos femininos inatos, é evidente que os homossexuais não se movimentam, obrigatoriamente, de maneira "feminina". Um homossexual pode demonstrar que gostaria de ser reconhecido como tal, mas, em certos casos, e por qualquer motivo, um homem pode apelar para os gestos femininos só para se ver livre da companhia feminina, sendo esse recurso sutil e definitivo que pode dar certo. Por outro lado, se o homem for muito enfático na demonstração de sua masculinidade, a mulher pode se afastar. Pense-se, por exemplo, na situação constrangedora de uma senhora junto ao marido. Dificilmente ela poderá corresponder aos sinais sem perder a dignidade.

Entre as mulheres, a mais feminina é quase sempre a que menos reage a uma abordagem direta e pessoal. Birdwhistell estabeleceu diferenças entre a mulher feminina e a mulher sensual, distinção facilmente observável em qualquer festa. No começo, a mulher feminina pode ficar num canto e parecer desinteressante, mas, quando começa a conversar con um homem que a atrai, seu rosto e seus trejeitos começam a mudar. O homem que perceba essa alteração pode achar que, de algum modo misterioso, ele a tornou interessante.

A mulher sensual, por outro lado, é aquela que está de vestido decotado e rodeada de homens. Mas os homens que a rodeiam não são os que mais gostam de mulher e estão ali só porque é o lugar mais seguro da sala. A mulher sensual empenha-se tanto em emitir sinais de sexualidade — "Sou mulher! Sou mulher! Sou mulher!" — que não exige nada de seu acompanhante, exceto dedicação integral, pois está muito mais interessada no papel que representa e não tem muito tempo para os homens. No fundo, ela é uma figura trágica. Deve ter sido, provavelmente, daquelas menininhas que aprenderam a ser graciosas e bonitinhas para agradar os pais que, por sua vez, a usaram como brinquedo caro e que, ao mesmo tempo, acabaram lhe ensinando que as pessoas tratam os outros como objetos. Depois que cresceu, essa moça começou a ser cortejada por rapazes que, no fundo, não gostavam de mulheres. O que eles precisavam era provar que eram homens, usando-a apenas como objeto sexual, segundo as femininistas. Por fim ela se torna uma mulher insegura e ansiosa que apresenta uma imagem simplista de si mesma e que oferece uma mercadoria muito simples. Pode ser até mesmo que diga "os homens estão interessados numa coisa apenas". Na verdade, entretanto, pode ser que ela só consiga oferecer isso, pois nunca aprendeu a se relacionar ou a se comunicar com outro ser humano.

"A comunicação", resume Birdwhistell, "não é como um aparelho emissor e um receptor. É uma negociação entre duas pessoas, um ato criativo. Não se pode medi-la só pelo entendimento preciso daquilo que eu digo, mas também pela contribuição do próximo, pela mudança em nós dois. E quando nós nos comunicamos de verdade, formamos um sistema de interação e reação, integrado com harmonia".

São esses os índices de sexo. Um intercâmbio fundamental e sensível entre pessoas. Um modo de confirmar a identidade sexual e, ao mesmo tempo, de se relacionar com os demais.

CAPÍTULO 3

# COMPORTAMENTOS DE NAMORO

Sabemos muito mais do que imaginamos. Essa é uma das mais extraordinárias verdades que se alcança quando estudamos a comunicação não-verbal.

Por exemplo: toda mulher sabe como reagir ao galanteio de um homem atraente. Ela sabe como esfriar uma relação e como estimulá-la e sabe também como controlar sua conduta a fim de que não adquira conotações sexuais. A maioria das mulheres não sabe dizer exatamente como se faz isso. Muitas não têm nem mesmo consciência de que a técnica é essencialmente não-verbal, ainda que durante o galanteio as deixas não-verbais sejam tão persuasivas a ponto de poderem transformar um simples comentário sobre o tempo em um convite sedutor.

Os estudos pioneiros de comunicação não-verbal no terreno do namoro foram feitos por especialistas em cinética, principalmente pelo Dr. Albert Scheflen que trabalhou em conjunto com Ray Birdwhistell.

Analisando filmes de namoro, Scheflen documentou o fato de que o amor *faz*, às vezes, de uma mulher ou de um homem um tipo bonito e até mesmo esmiuçou os detalhes de como isso se dá.

Uma mulher, por exemplo, se faz subitamente bonita quando uma reação emocional, como a atração sexual, provoca alterações ligeiras em seu corpo. Naquela linguagem deliberadamente seca, os especialistas em cinética falam desse fenômeno maravilhoso como o ingresso num estado de "forte predisposição para o galanteio".

Em parte, essa predisposição é uma questão de tensão muscular: os músculos se retesam em resposta à atenção, de forma que o corpo inteiro torna-se subitamente alerta. No rosto, as linhas antes flácidas, deixam de sê-lo e até mesmo as olheiras tendem a desaparecer. Os olhos brilham, a pele fica rosada ou pálida e o lábio inferior dilata-se ligeiramente. O tipo descuidado pode corrigir sua postura, diminuindo milagrosamente a barriguinha e retesando os músculos da perna, efeitos quase sempre arremedados em fotos caricatas. O odor do corpo pode também alterar-se e algumas mulheres chegam a acreditar que a textura de seus cabelos se modifica. E o mais extraordinário é que o indivíduo pode reagir de todas essas maneiras sem ter nenhuma consciência disso.

Os casais, na iminência do namoro, também se enfeitam mais e se arrumam. As mulheres brincam com o cabelo ou ajeitam melhor a roupa. O homem passa a mão no cabelo, estica as meias ou ajeita a gravata. Em geral, esses gestos são mecânicos, executados automaticamente e de modo quase inconsciente.

Na medida em que o namoro progride, os sinais tornam-se óbvios: troca de olhares rápidos ou prolongados. Mas há também deixas menos óbvias. Os namorados se olham de frente, raramente se voltam para o lado e ainda se inclinam em direção um do outro, esticando um braço ou uma perna, como a impedir a presença de intrusos. Em conversa com terceiros, se estiverem lado a lado, eles ainda deixam a parte superior do corpo bem à vista, os braços arriados ou descansando sobre a poltrona e nunca cruzados em torno do tronco. Mas, ao mesmo tempo, os dois formam um círculo apertado com as pernas, cruzadas de fora para dentro, de forma a quase se tocarem pelos pés. Usando o corpo dessa maneira, as pessoas concretizam suas relações, construindo verdadeira barricada com os pés e os braços. Eventualmente, o casal pode disfarçar o contato: num restaurante, por exemplo, a mulher passa o dedo suavemente na borda de um copo ou desenha figuras imaginárias na toalha. Às vezes, a mulher assume poses provocantes. Cruza as pernas, mostrando parte das coxas; apóia a mão com malícia no quadril e empina os seios; ou ainda se senta e alisa devagar o pulso ou a perna com um arzinho distraído. O casal pode também empinar a cabeça ou se valer de outros sinais como a inclinação pélvica. O sinal mais discreto de todos é mostrar a palma da mão. Grande parte das mulheres anglo-saxônicas mantém a mão meio fechada, deixando-se entrever apenas uma nesga da palma. Todavia, durante o namoro, a palma se expõe com facilidade. Mesmo os gestos que normalmente são executados com a mão fechada — fumar ou tapar a boca quando se tosse, por exemplo — passam a ser executadas com as mãos abertas, durante o namoro.

Tudo isso pode parecer conversa fiada, talvez porque boa parte de nós, quando pensamos no namoro, pensamos primeiro nas sensações internas, aquela excitação que, sem dúvida nenhuma, é uma resposta visceral. Mas, como bons behavioristas, os especialistas em cinética limitam-se a estudar o comportamento e se recusam a especular sobre os sentimentos, alegando que não se pode medi-los cientificamente e nem se pode identificá-los com precisão e certeza.

Mas, os sentimentos estão aí, e isso não se pode negar. Em estado de forte predisposição para o namoro, a gente se sente alerta, vivo e atraente. Longe de parecer uma tentativa séria de melhorar a aparência, o gesto de se enfeitar e de se arrumar mais parece uma repentina erupção de autoconsciência. Esse contato vicário, disfarçado, deriva daquele conflito delicioso entre a vontade de dar uma encostadinha e a sensação de que talvez não se deva, conflito que se passa, com freqüência, no subconsciente. A inclinação pélvica pode também ser um sinal bastante sutil e virtualmente automático, a ponto de uma mulher, caminhando pela rua, estranhar que sua pelve registre uma reação quando passa por um tipo atraente. E é lógico que a mesma coisa acontece com o homem.

Mostrar a palma da mão é outro gesto inconsciente. É uma tentação extrair uma regra superficial disso tudo e dizer que a mulher, quando mostra a palma da mão a um homem, está tentando conquistá-lo, saiba disso ou não. Às vezes, isso é verdade, mas, às vezes, trata-se de um gesto de cumprimento apenas. A menos que ocorra num contexto de namoro, em que haja outros componentes específicos, esse gesto pode não conter conotações sexuais. De qualquer maneira, sua ocorrência é tão rápida e imperceptível que só um olho treinado pode surpreendê-lo. Eu, pessoalmente, nunca consegui fisgá-lo, exceto quando me mostraram, algumas vezes, em filmes rodados em câmera lenta. Então ficou bem claro: no espaço de alguns segundos, durante o movimento casual de um braço, a palma se apresentou aberta e dirigida para a outra pessoa num gesto curiosamente desprotegido e atraente. Na vida cotidiana, é mais fácil observar esse gesto quando ele *não* acontece. Numa festa, por exemplo, a anfitriã cumprimenta seus convidados com as mãos espalmadas, exceto um deles. Presume-se que esse alguém não seja de seu agrado.

Os estudos sobre o namoro realizados até agora são fascinantes em seus detalhes e, por isso mesmo, tornam-se fonte de tentação para o leitor no sentido de falseá-los. Conheci uma jovem que tinha um bom amigo, mas que decidiu, um dia, ser muito mais do que amiga. E então se perguntava se podia fazê-lo saber dessa decisão, empregando nisso formas bem disfarçadas de galanteio. Porém, a dificuldade dessa atitude forçada é que, a menos que se trate de um excelente ator, sempre transparece algo de calculado, de artificial, de desajeitado, porque um outro elemento da mensagem corporal insinuará que alguma coisa, em algum lugar, não vai lá muito bem.

Um dos problemas que surge na tentativa de se interpretar o comportamento não-verbal é a espantosa complexidade da comunicação humana. Encontramos excelente ilustração dessa complexidade humana nos estudos do Dr. Scheflen sobre o pseudogalanteio, um comportamento que se parece curiosamente com o galanteio, mas que não significa absolutamente a mesma coisa.

Quando trabalhava com filmes de psicoterapeutas e seus pacientes, o Dr. Scheflen descobriu que havia seqüências de galanteios em quase todos eles. Pesquisando situações não-terapêuticas, o Dr. Scheflen percebeu, então, para sua surpresa, que, pelo menos na classe média norte-americana, o galanteio pode acontecer, praticamente, em toda e qualquer atividade: em coquetéis, reuniões de negócio, entre os pais e a criança, entre o professor e o aluno, entre o doutor e o paciente e até mesmo entre homens e homens, mulheres e mulheres sem nenhuma tonalidade óbvia de homossexualismo. As pessoas estão ali. Vivas, alertas, próximas entre si, trocando olhares compridos, tocando-se, enfeitando-se, com várias intenções e propósitos, galanteando. Por aí se conclui que ou o sexo nos rodeia em todas as oportunidades e que o americano galanteia sempre que se oferece a ocasião ou que essas seqüências não são exatamente o que aparentam, devendo haver nisso tudo algum tipo de comportamento diferencial que faça saber aos participantes da relação que não se trata de sedução.

O exame detalhado dos filmes comprovou que esses elementos diferenciadores estavam mesmo ali, que se tratava realmente de alguma coisa diferente do galanteio. Às vezes as diferenças eram óbvias e se manifestavam verbalmente: uma pessoa dizia, de várias maneiras, que não havia intenção de conquista ou referia-se a alguém presente ou a um cônjuge ausente; ou ainda a conversa poderia ser inteiramente alheia a sexo. Outras vezes o elemento diferenciador tornava-se mais sutil: gente conversando de frente, mas com o corpo ligeiramente de lado, ou estando um dos interlocutores com os braços ou as pernas colocados de modo a permitir a inclusão de um terceiro no grupo. De vez em quando, ambos ficavam olhando pela sala ou conversando em tom de voz pouco adequado para uma conversa íntima. Ou o homem falava sobre o sexo e amor, mas também num tom de voz bem enfático, encostando-se na poltrona, sorrindo com os lábios mas não com os olhos. Na classe média americana, a criança aprende essa seqüência de galanteio e o uso dos componentes diferenciadores, nas suas relações com os pais, parentes e professores, muito antes, entretanto, de aprender a eliminá-los com o fim de galantear de verdade.

Não se deve interpretar essa situação de galanteio aparente, na qual o sexo parece hipótese remota, como um sinal de que ambos os lados desejem-no com veemência. Na verdade, isso parece mais um meio para fins bem diferentes. Nos filmes de sessões de psicoterapia que o Dr. Scheflen examinou, essa atitude era usada para chamar a atenção de alguém prestes a se desligar de uma ação grupal qualquer. Num filme que mostrava uma família em terapia, a filha dava sinais de alta predisposição para o galanteio, em evidente reação ao terapeuta. Quando este, de maneira calculada, evitou olhá-la ou falar com ela, a moça perdeu todo interesse na sessão. Logo em seguida, outras duas mocinhas, que pareciam segui-la em tudo, começaram a se desinteressar também. O terapeuta, na iminência de perder contato com quase metade do grupo, porque se enredara numa conversa com o pai, começou uma seqüência de pseudogalanteio: grudou os olhos na guria e por alguns minutos ambos puxaram boas tragadas de cigarro em sincronia perfeita. Em seguida, sentindo-se aparentemente constrangida, a moça virou a cabeça de modo brusco e pôs o braço no colo, formando uma barreira. E, depois disso, não se desligou mais do grupo.

O verdadeiro comportamento de galanteio pode ser apreciado num outro filme realizado pelo Dr. Scheflen, no qual um psiquiatra entrevista uma família composta de quatro membros — mãe, pai, filha e avó — pela primeira vez. Em apenas vinte minutos, a mesma seqüência sintomática ocorreu por onze vezes. Na conversa com a filha ou com a avó, a mãe começava, imediatamente, a dar sinais de conduta de galanteio. Com delicadeza, ela cruzava as pernas, estendia-as, punha a mão no quadril, inclinava-se para frente, etc. Sempre que isso ocorria, o terapeuta reagia com um gesto de elegância, arrumando a gravata, por exemplo, e lhe dirigia uma pergunta. Enquanto isso, o pai, nervoso, começava a balançar a perna. Por outro lado, a filha e a avó, sentadas ao lado da mãe, cruzavam as pernas de maneira a que os dedos dos pés se encontrassem diante da mãe, formando uma verdadeira proteção. Logo que isso começava, a mãe parava de "galantear": sua tensão muscular decaía, ela se recostava na cadeira e olhava de modo tão distante a ponto de parecer autista.

Apesar dessa mulher estar usando um comportamento de pseudogalanteio para atrair a atenção do médico, isso nos parece improvável, visto que ela não demonstrou nenhum elemento diferenciador e visto que sua família reagiu como se ela estivesse realmente praticando um convite sedutor. Tal como se verificou mais tarde, a conduta provocante dessa senhora *constituía* um problema para a família. O Dr. Scheflen afirmou que sistemas de mensagens como os deste filme são comuns. E disse mais: que todas as famílias dispõem desses sistemas e que compartilham de todo um repertório de gestos em um nível subconsciente. Imagino que a filha e a avó mal notaram o desconforto do pai, mas quando ele começou a sacudir a perna, elas reagiram em conjunto, imediatamente.

O pseudogalanteio ocorre também em situações nas quais a distinção sexual é confusa. Quando uma mulher se comporta de forma agressiva ou dominadora, atuando de um jeito que nossa cultura considera inadequado para aquele sexo, um homem pode dirigir-lhe um pseudogalanteio a fim de fazê-la reagir de acordo com as expectativas. Quando um homem se comporta de um modo passivo, a mulher pode apelar para o pseudogalanteio a fim de neutralizar esse comportamento tido como feminino.

Às vezes, o pseudogalanteio e sua supressão atuam como um termostato que mantêm o moral dentro de um grupo. Quando todos nós já fomos testemunha do ânimo fulminante que eclode numa reunião social cansativa ou num maçante encontro de negócios com a chegada de um tipo mais interessante. Os demais participantes tornam-se, imediatamente, mais animados e mais atraentes. Em situações como essa, a análise do movimento corporal revelaria que o recém-chegado desencadeou seqüências completas de pseudogalanteio. Por outro lado, se alguém do grupo entusiasma-se além da conta, exagerando o grau de intimidade e de excitação, os outros começam a arrefecer, numa aparente tentativa de compensar a situação.

Portanto, o pseudogalanteio está muito longe de ser mera tentativa frustrada de se levar alguém para a cama. Acho, antes, que ele se relaciona com momentos de verdadeira comunhão e com uma sensação interna, no indivíduo, de vivacidade, bem-estar e até mesmo de entusiasmo. Uma sensação que assume uma feição bem diferente quando a atração sexual *está* em jogo.

Os estudos de Scheflen baseiam-se na classe média americana. O que existe de evidente, que não é muito, indica que não só há diferenças sutis no galanteio em várias partes do mundo, como também varia ele conforme a região dos Estados Unidos. O flerte, comportamento perfeitamente aceitável num coquetel de classe média alta na cidade grande pode não ser muito bem recebido numa cidade pequena, numa área rural ou num bairro operário. O pseudogalanteio de classe média pode parecer estranho e até mesmo ameaçador num grupo de trabalhadores, no qual o componente de galanteio pode aparecer muito mais sob a forma de uma imitação grosseira do que por meio de sinais mais delicados.

No entanto, parece que *existem* padrões de galanteio que são os mesmos no mundo todo. O etologista austríaco Irenäus Eibl-Eibesfeldt, que foi aluno de Konrad Lorenz[1] e hoje é seu colega, estudou o flerte em seis culturas diferentes e achou-o semelhante em vários detalhes. Usando uma equipe composta de dois homens

---

1) N. do T. — Konrad Lorenz, Karl von Frisch e Nikolas Tinbergen são considerados os pais da Etologia, ciência que estuda o comportamento dos animais e sua adaptação ao meio ambiente. Por esse motivo, esses três cientistas ganharam o Prêmio Nobel de Medicina em 1973.

— um para manejar a câmara e o outro para sorrir e mexer com as garotas — esse etologista filmou o flerte. As garotas, tanto em Samoa, na Papua, na França, no Japão, na África, como as indígenas da América do Sul reagiram todas com a mesma dança cinética: um sorriso, um levantar rápido das sobrancelhas (reação de assentimento), seguido de rápido dar de costas, a cabeça de lado e às vezes abaixada, os olhos baixos e as pálpebras cerradas. Quase sempre a mocinha cobria o rosto com a mão e sorria embaraçada. Às vezes, ela continuava a olhar com o rabo do olho ou dava uma olhadinha rápida antes de virar-se de lado.

O Dr. Adam Kendon, um psicólogo que trabalhou com Scheflen, começou, há pouco, uma análise minuciosa do galanteio humano e desse estudo surgiram certos traços universais que podem ser vistos também entre os animais. O trabalho de Kendon, baseado em casais filmados em parques públicos, indica que, para a mulher, o galanteio combina dois elementos diversos. Primeiro, ela exibe sua sexualidade para atrair o homem. Depois, tranquiliza-o com um comportamento infantil: olhar tímido, cabeça inclinada de lado, gestos suaves e dignos de uma criança. O homem, por sua vez, demonstra sua masculinidade, ficando em pé, gesticulando agressivamente e, em seguida, tranqüilizando-a também, com um comportamento infantil.

O comportamento animal semelhante emerge do perigo real existente na situação de galanteio entre os animais. O macho se arrisca a um ataque mal-humorado se a fêmea não estiver se sentindo receptiva e, quando é a fêmea que faz a primeira abordagem, ela pode, às vezes, sofrer um castigo antes de o macho sentir-se à vontade, e ter a certeza de que ela não constitui ameaça. Desse modo, o galanteio entre os animais tem, em geral, dois estágios: primeiro, um deles tem que atrair um parceiro; depois, há que se desfazer o receio de um contato íntimo. Algumas vezes, o recurso de imitar os filhotes é usado para se alcançar a tranqüilidade. O pica-pau macho costuma convidar a fêmea para o ninho, imitando o filhote que pede comida. O hamster macho, interessado em namorar, imita o guincho do filhote.

Embora quase ninguém imagine riscos físicos num galanteio, não há dúvida de que há riscos emocionais. O recato e o comportamento infantil que a câmara registrou é prova disso. O Dr. Kendon lembra que, certa vez, descreveu sua teoria sobre o namoro para uma feminista que, depois de pensar um pouco, disse: "Pode ser que você tenha razão, mas se for assim, isso tem de mudar. Esse recato não faz parte da idéia que tenho sobre a nova mulher." Mas se Kendon estiver certo sobre a fórmula do galanteio, isso não pode mudar, porque se uma mulher ou um homem deixar de atrair ou de tranqüilizar, o galanteio deixará de existir.

Dar importância demasiada ao galanteio pode ser algo de incômodo. Descobri isso num coquetel, à noite, quando, de repente, percebi que estava extremamente predisposta ao namoro, segundo a descrição dos especialistas em cinética: meus olhos brilhavam, meu rosto estava corado, o lábio inferior estava ligeiramente intumescido e eu alisava, com ar distraído, meu cabelo. Por alguns segundos tive uma sensação de paralisia. Mas, em seguida a esse momento de aguda autoconsciência, descobri que o galanteio ou o pseudogalanteio me rodeava por todos os lados. Depois dessa descoberta, pude relaxar e aproveitar, observando, atuando e sentindo tudo de uma forma nova e diferente.

CAPÍTULO 4

# O MUNDO SILENCIOSO DA CINÉTICA

Visualmente, o filme não tem nada de particular: de uma distância impessoal a câmara registra quatro pessoas sentadas, conversando sem parar. Trata-se de uma sessão de psicoterapia. Os dois homens são psicoterapeutas que trabalham em conjunto e as duas mulheres são mãe e filha. Esta é esquizofrênica.

Quando o filme é rodado em câmara lenta, surge um esquema claro. A todo momento, a filha cruza as pernas de modo provocante, exibindo uma boa porção da coxa, e vira-se para o analista mais velho de forma a mostrar-lhe os seios, em atitude inequívoca de sedução. Toda vez que isso acontece, a mãe faz um gesto especial: esfrega o dedo indicador em baixo do nariz. Imediatamente, a moça descruza as pernas e se alheia da conversa. Às vezes, a mãe apenas cruza os pés de um modo especial, esfregando ou não o dedo embaixo do nariz. E o efeito sobre a filha é o mesmo.

De vez em quando, a mãe parece aliar-se a um dos psiquiatras. Diante disso, a filha reage de modo exagerado, escarrapachando-se na cadeira, ficando em pé de repente, ou mostrando-se chocada. Sem dizer uma palavra e sem ter consciência do que estão fazendo, essas duas mulheres controlam o comportamento recíproco e, dessa forma, defendem e preservam sua própria relação.

Durante a sessão, todavia, o esquema apresenta variações. A garota cruza as pernas e começa um cerco sedutor em torno do analista mais velho. O mais jovem, então, até agora inteiramente absorvido na conversa com a mãe, começa a coçar o nariz. Parece que, de modo inconsciente, ele apreendeu o sinal de controle. Além disso, durante as sessões, o psiquiatra mais velho parava para acender o cachimbo ou para socar o fumo sempre que estava na iminência de se dirigir para a moça. No entanto, bastava ele começar o ritual de acender o cachimbo para que a mãe esfregasse o nariz depressa.

O estudo prolongado de filmes como esse levou Ray Birdwhistell, o pioneiro no estudo da cinética, a concluir que grande parte da verdadeira comunicação humana se passa num nível abaixo da consciência, nível em que a relevância das palavras é apenas indireta. Birdwhistell acha que somente uns 35% do significado social de qualquer conversa corresponde às palavras pronunciadas.

Há ocasiões em que o cientista é, no mínimo, tão fascinante quanto a ciência. São as vezes em que o próprio ponto de vista do especialista sobre a condição humana forma e informa seu trabalho. É isto que acontece com a cinética, a grande criação de um homem como Ray Birdwhistell. A história da cinética é, sobretudo, a história do desenvolvimento do pensamento desse homem.

Em 1946, durante uma pesquisa antropológica no Canadá, Birdwhistell ficou muito impressionado ao observar que os índios Kutenai ficavam diferentes quando falavam inglês e quando falavam o próprio idioma. Tudo mudava. O sorriso, o movimento da cabeça, das sobrancelhas, etc. Desde então, Birdwhistell começou a se interessar pelo movimento corporal.

"Isso me obcecou depois que vim embora", confessou-me ele.

Parece que há pessoas bilíngües em termos de movimento corporal e de linguagem falada. Alguns filmes mostram o famoso ex-prefeito de Nova Iorque, Fiorello La Guardia, fazendo discurso em inglês, idiche e italiano. Só pelos gestos, sem o som, pode-se dizer, com facilidade, que língua ele está falando. Um francês não só fala como gesticula em francês; um americano se movimenta de maneira claramente americana. Um especialista em cinética consegue distinguir um europeu de um norte-americano somente pelo modo de arquear as sobrancelhas durante a conversa.

Em fins da década de '40, Birdwhistell dedicou-se ao estudo dos movimentos corporais. Como outros depois dele, Birdwhistell partiu do princípio de que as emoções humanas básicas — tais como a alegria, o medo ou a atração sexual — manifestam-se do mesmo modo em várias culturas e que, por conseguinte, deve haver alguns gestos ou expressões que sejam universais. Era uma hipótese lógica, pois a maioria das pessoas acha normal que os homens do mundo inteiro sorriam quando alegres ou que façam carranca quando bravos. No entanto, Birdwhistell diz que logo chegou à conclusão de que "não existem gestos universais. Que se saiba, não há nenhuma expressão facial, nenhuma atitude ou posição do corpo que tenha o mesmo significado em todas as sociedades".

O termo "significado" é fundamental nas palavras de Birdwhistell. Do ponto de vista anatômico, usando uma expressão corriqueira, todo homem sorri. Mas o significado do sorriso difere de cultura para cultura. Mesmo dentro dos Estados Unidos, há lugares mais propensos ao sorriso, como o Sul, por exemplo, onde as pessoas sorriem à vontade, e lugares menos propensos, como a Nova Inglaterra ou a região ocidental do Estado de Nova Iorque, um lugar bem macambúzio, casmurro. Na região dos Grandes Lagos, ao norte, se uma pessoa ri muito, logo lhe perguntam qual é a piada; na Geórgia, se o tipo ficar muito quieto, logo lhe perguntam qual é o problema. Isso não significa que os que dão mais risada, sejam mais felizes. Acontece que, quando crianças, todos aprendemos as situações em que se espera nosso sorriso e quais aquelas em que ele é dispensável, e o aprendizado varia de lugar para lugar dentro do país. Além disso, Birdwhistell percebeu que não existe o mero sorriso. A posição da cabeça, a expressão em torno dos olhos, e até mesmo a posição geral do corpo podem estar (como de fato estão) relacionados com o sorriso. Por exemplo: a cabeça inclinada para um lado dá um toque de flerte, enquanto que o sorriso que não provoca pequenas rugas ao redor dos olhos ou que não vem acompanhado de uma postura corporal meio vergada, pode parecer forçado.

Depois de separar as regras universais, Birdwhistell dedicou-se aos gestos que contêm o significado consciente e explícito, cujos melhores exemplos são o gesto de cumprimentar ou o do dedão do caronista. Toda cultura tem seu próprio repertório gestual. Um italiano, quando vê uma garota bonita, puxa a ponta da orelha; um árabe alisa a barba, enquanto que o americano faz um movimento com as mãos tentando descrever-lhe as curvas. No entanto, esses gestos podem ser usados como comentário irônico se a mulher em questão não for atraente e a ironia se obtém graças a uma expressão do rosto. Do mesmo modo, um soldado vivido, quando faz continência, pode comunicar qualquer coisa, desde a aprovação até o ridículo. Isso depende apenas do seu jeito de ficar em pé ou da expressão facial, da velocidade ou da duração do movimento do braço ou simplesmente da escolha de um momento inadequado para o cumprimento.

Birdwhistell descobriu também que esses gestos são apenas parciais e que devem ser acompanhados de outros para que se alcance um significado. Isso levou o desenvolvimento da cinética a um grau apreciável. Porque, se os gestos são como os radicais linguísticos — "ceto", por exemplo, não significa nada se não lhe juntarmos o prefixo "ex" para fazer "exceto" —, o movimento do corpo também se parece com a linguagem em algumas coisas e pode, talvez, ser analisado através de um sistema semelhante àquele que os linguistas usam para analisar o discurso.

Desde 1959 o Professor Birdwhistell mantém seu próprio laboratório em Filadélfia, no Instituto Psiquiátrico do Leste, onde é Pesquisador-chefe e Diretor do projeto de Estudos da Comunicação Humana. Entrevistei-o nesse local. Por causa de seus trabalhos densos e eruditos, o homem foi uma surpresa para mim: alto, esportivo, cinquentão, com uma voz bem grave e um rosto que sorri com facilidade. Seus colegas o consideram "brilhante" e um "gênio louco", mas outros, sobretudo os psicólogos, lamentam que seu trabalho seja muito teórico, polêmico e altamente instigante, embora, magro em termos de dados sólidos que possam ser aproveitados por outros pesquisadores.

"Sou mais um pesquisador do que um fornecedor de respostas", confidenciou-me ele.

Esse prédio na Filadélfia parece mais um edifício comercial de periferia do que um laboratório de cientista. Corredores silenciosos, salas ensolaradas e depósitos repletos de parafernália cinematográfica. Talvez a cinética não existisse não fossem as câmaras de cinema ou o analisador de câmara lenta, um projetor que pode ser operado em qualquer velocidade e que permite o exame de quadro por quadro do filme.

Estudando os filmes, Birdwhistell descobriu que há uma analogia entre a cinética e a linguagem. Assim como o discurso pode ser repartido em sons, palavras, sentenças, parágrafos, etc., na cinética existem também unidades similares. A menor delas é o KINE, uma simples contração, um movimento mal perceptível. Acima do KINE, há movimentos mais amplos e mais significativos, chamados KINEMAS, portadores de significado quando vistos em contexto. Os americanos dispõem de apenas 50 ou 60 KINEMAS para o corpo todo, incluindo-se aí uns 33 para o rosto e para a cabeça. Estes últimos movimentos incluem quatro posições para as sobrancelhas (levantadas, abaixadas, contraídas ou movidas em separado), quatro posições para as pálpebras, sete para a boca, três maneiras de balançar a cabeça (assentimento simples, duplo e triplo), etc. É lógico que isso representa apenas uma fração muito pequena de todos os movimentos de que a cabeça e o rosto são capazes. Na verdade, excluindo-se o verdadeiro número astronômico de movimentos humanos anatomicamente possíveis, cada cultura confere significado para uma meia dúzia apenas.

Os kinemas são intercambiáveis, às vezes: um pode substituir outro sem alteração de sentido. As sobrancelhas, por exemplo: levantá-las num movimento bilateral simples significa quase sempre dúvida ou interrogação. Mas isso pode ser usado também para realçar uma palavra numa oração.

Dada a complexidade dos padrões de movimento humano, eles não podem ser analisados só com a vista. É preciso transcrevê-los primeiro e esse é um problema que aflige a maioria dos estudiosos da comunicação. Birdwhistell resolveu isso algum tempo atrás, inventando um sistema taquigráfico engenhoso, que tem sido usado e adaptado por outros cientistas desde então.

Para cada kine, Birdwhistell imaginou um símbolo taquigráfico. A direção do movimento de cada kine é registrado por um outro sistema de símbolos. As notações são simples e quase sempre gráficas: indica-se a cabeça inclinada de lado, por exemplo, com um H maiúsculo (H de "head", cabeça) que contém uma linha cruzada em diagonal. Um sorriso com todos os dentes é indicado por uma lua crescente, cheia de dentes. Os ombros encurvados são indicados por um T maiúsculo, cujas pontas da barra horizontal são ligeiramente arrebitadas, semelhantes ao teto de um pagode.

Essa taquigrafia peculiar é a chave de uma técnica de pesquisa denominada microanálise, um processo incrivelmente demorado e minucioso. Em velocidade normal a maioria dos filmes projeta cerca de 24 quadros por segundo. Portanto, para poder efetuar uma microanálise, o pesquisador deve registrar tudo — cada movimento das sobrancelhas, da mão ou cada mudança do corpo — em 24 quadros para cada segundo do filme. Registra-se isso através de um sistema de notação em largas folhas quadriculadas e o resultado fica parecendo um pouco a partitura de um maestro. Birdwhistell confessou-me que leva uma hora para analisar um segundo de filme e ainda comentou: "Percebi que, numá tarde, examinei dois segundos e meio de um filme cerca de 1.008 vezes."

Terminada a transcrição, Birdwhistell verifica as regularidades, isto é, os padrões que se repetem. Isso não é difícil achar. Em vinte minutos de filmes, as mesmas seqüências se repetem centenas de vezes. Uma das coisas mais impressionantes sobre o movimento do corpo humano é justamente sua repetitividade.

O significado da mensagem está sempre inserido num contexto e jamais em algum movimento isolado do corpo. Por exemplo: segundo o filme descrito no início deste capítulo, poder-se-ia cair na tentação de generalizar que esfregar o nariz significa sempre desaprovação. A verdade é que isso pode ser ou não. No entanto, fica claro que naquele contexto particular esse gesto deve ser interpretado exatamente assim. Nesse filme, o gesto era parte de um padrão que se repetia com insistência: a filha faz um gesto sedutor; a mãe coça o nariz; a filha recua.

Nunca contaremos com um dicionário digno de confiança, que contenha os gestos inconscientes, porque se deve buscar-lhes o significado sempre e somente dentro de algum contexto. Nunca se poderá dizer que quando a mulher se senta com os braços e as pernas rigidamente cruzados isso seja sinal de que ela é inabordável. Quase sempre isso é verdade. No entanto, para que se possa ter certeza, é preciso recorrer ao contexto, ver o que ela faz com o corpo, examinar as pessoas que a rodeiam, etc.

As descobertas de Birdwhistell, depois de anos de pesquisas cinéticas, cobrem uma vasta gama que vai desde o descobrimento de categorias inteiras de movimentos mínimos que acompanham a palavra falada, até observações de amplo alcance sobre psiquiatria, índices de sexo e relações humanas em geral. Birdwhistell aprendeu, por exemplo, que existem certos mini-movimentos tão inseparáveis da fala quanto a pontuação da frase escrita. Os americanos, por exemplo, costumam terminar uma frase afirmativa com uma leve inclinação da cabeça ou da mão ou baixando um pouco a pálpebra. Quando fazem uma pergunta, então, eles erguem a mão ou o queixo ou ainda abrem mais os olhos.

Algumas palavras e algumas frases se fazem acompanhar de "marcadores", isto é, pequenos movimentos particulares da cabeça, dos olhos, das mãos, dos dedos ou dos ombros. Usando os pronomes "eu", "me/mim", "nós/nos" bem como as palavras "isto" e "aqui", o marcador seria um gesto em direção do corpo de quem fala. Para os pronomes no plural, o gesto conclui com um giro lateral curto, pluralizante. Quando os ombros são usados em vez deste gesto, devem eles ficar curvos, na direção de uma linha vertical imaginária que passa pelo centro do corpo. Com pronomes como "você", "eles" e "aquilo" o marcador se distancia dessa linha imaginária. Com verbos no futuro, o marcador se projeta para frente; com verbos no passado, para trás. Isso parece tão lógico para os americanos, que é surpreendente saber que outros povos — os indígenas norte-americanos, por exemplo — acham esses marcadores confusos, às vezes, ou até mesmo ofensivos, quando combinados em sua própria língua.

O sistema de realce cinético é necessário também para o inglês dos Estados Unidos, porque ajuda a desfazer ambiguidades verbais. Quando se usa a expressão "cachorro quente" não é somente a ênfase vocal que nos diz se tratar de um cachorro no cio, de algum tipo de comida ou de uma simples exclamação. É preciso ainda o apoio de um discreto movimento corporal, um tipo de "inglês somático" que se realiza por meio de ligeiros movimentos com a cabeça, com as mãos, com os lábios, com os ombros, com os dedos, com o queixo, com a mudança de posição dos pés e das pernas e com trejeitos do torso.

Outra descoberta importante que os filmes corroboraram é que, às vezes, o comportamento não-verbal contradiz o que se está dizendo em vez de enfatizar. Um homem basicamente passivo e submisso — um tipo "masculinóide" na classificação de Birdwhistell — cuidará de imprimir toda autoridade de que é capaz naquilo que diz e no tom de voz que emprega, ainda que a postura caída de seu corpo ou a indecisão de seus gestos conservem-no tão pouco convincente como sempre. Eventualmente, observamos também casais que cumprem todo um repertório de gesto íntimo de galanteio, enquanto se empenham numa discussão intelectual sobre livros ou enquanto conversam sobre a fidelidade que guardam para com os respectivos cônjuges. Inversamente, podemos deparar com um diálogo fortemente sexualizado, inteiramente desacompanhado de qualquer comportamento de conquista. Neste caso, há uma tendência em acreditar mais no componente não-verbal, por ser menos provável que se encontre sob controle consciente.

A pesquisa em cinética propõe certas interrogações inevitáveis. Como pode o corpo humano comunicar, quando se trata de um elemento tão pequeno e imperceptível a ponto de passar desapercebido na vida cotidiana e ganhar relevo somente quando projetado em câmara lenta? Essa projeção não será uma distorção da vida real? Não é possível, também, que os entendidos em cinética estejam deduzindo mensagens corporais que, a rigor, não existem?

É meio difícil acreditar que as pessoas mandem e recebam mensagens, mesmo as não-verbais, sem terem plena consciência do que estão fazendo. Mas também é muita coincidência uma seqüência comportamental que se repete várias vezes — como a do nariz sendo coçado — e com os mesmos resultados. Talvez haja uma explicação biológica parcial para o fenômeno mental da atenção.

Os cientistas estão ainda tentando decifrar o mistério da atenção, esse sistema de filtro do cérebro humano que seleciona, dentro do alucinante caleidoscópio de sensações visuais, sonoras, etc., que recebemos, aquelas em particular a que damos atenção, nas quais se pensa e agimos conforme. É evidente que a gente vê e ouve muito mais do que "absorve", no sentido de ter consciência disso. Pare um momento de rejeitar todos os outros sons que lhe chegam aos ouvidos enquanto lê este texto; todas as sensações visuais que, no entanto, estão ao alcance de sua visão periférica; todas as sensações — o encosto da cadeira contra suas costas; os pés sobre o chão — que você esteve ignorando até agora. Os sinais de que não temos consciência, os que não exigem nossa atenção, foram aparentemente enfraquecidos pelo filtro ou absorvidos e não analisados. Mas não há dúvida de que algum impacto, em nível subliminar, eles tiveram e a pesquisa em comunicação humana tem insistido muito nesse aspecto.

Birdwhistell resumiu seu ponto de vista particular sobre a comunicação desta maneira:

> "Anos atrás comecei a me perguntar: Como o corpo encarna as palavras? Hoje em dia, em vez disso, eu me pergunto: quando convém usar as palavras? Elas são adequadas quando se ensina ou quando se fala ao

telefone, mas agora você e eu estamos nos comunicando em vários níveis e só em um ou outro desses níveis a palavra adquire alguma relevância. Ultimamente tenho pensado de outro jeito: o homem é um ser multissensorial. De vez em quando, ele verbaliza."

CAPÍTULO 5

## O CORPO É A MENSAGEM

Uma das teorias mais espantosas concebidas pelos comunicólogos é a de que o próprio corpo, eventualmente, comunica. E não somente por intermédio do movimento ou da posição que assume. A própria forma do corpo pode ser uma mensagem e até mesmo a maneira como os traços do rosto se organizam. Isso é uma teoria de Ray Birdwhistell que acredita na aparência física como complemento quase sempre culturalmente programado.

Birdwhistell acha que a aparência se aprende e não se nasce com ela. Quando a criança é pequena, seus traços costumam ser suaves e indefinidos: um narizinho sobre uma boquinha ansiosa e quase sem lábios; um rosto bochechudo e uns olhos muito próximos do quase nada. Mesmo as sobrancelhas são passíveis de mudança, uma vez que são bastante móveis e só aos poucos começam a se firmar a uma certa distância dos olhos. A distância exata é algo que o bebê aprende com os que o rodeiam: a família e os amigos. Birdwhistell diz que isso ajuda a explicar porque as pessoas de algumas regiões se parecem tanto, quando não é o caso de genes compartilhados. O nível da sobrancelha pode ser um traço distintivo. Há gente que tem as sobrancelhas bem juntinhas, enquanto outras — alguns ingleses de classe alta, por exemplo — têm sobrancelhas tão lá em cima e tão separadas que parecem dotados de um ar de surpresa permanente.

Os limites do couro cabeludo não se definem também ao nascer, mas vêm depois, o que significa que, até certo ponto, a altura da testa é traço adquirido. Em geral, a parte superior da cabeça define-se antes da parte inferior. O septo nasal se afirma entre os nove e os onze anos e por causa dos dois conjuntos de dente — os de leite e os permanentes — a boca, só mais tarde, vai tomar a configuração definitiva, o que acontece, quase sempre, depois da puberdade.

Assim como aprendem a movimentar o corpo, as pessoas aprendem também o jeito de mexer a boca e esses detalhes têm muito a ver com a aparência geral. Birdwhistell gosta de chamar a atenção para o fato de que seu rosto é "meio tradicional, típico dos estados centrais: lábio inferior meio grosso, as linhas risórias bem pronunciadas e má oclusão". A título de exercício, Birdwhistell transforma a boca, imitando o lábio delgado dos habitantes da Nova Inglaterra e, em seguida, imita os habitantes do lado ocidental do Estado de Nova Iorque, cujo lábio inferior projeta-se ligeiramente para frente e um pouco acima do superior.

Não é de se admirar, acredita ele, que marido e mulher acabem se parecendo um com outro e pode ser até verdade que o dono acabe ficando parecido com o seu cachorro. A semelhança entre marido e mulher não é difícil de se perceber em qualquer reunião, se deixarmos de lado algumas características como cor de cabelo e a expressão da boca e dos olhos.

Essas teorias sobre o rosto acabam sendo inquietantes para aqueles que gostam de conjecturar sobre semelhanças familiares. Elas põem em cheque o velho hábito de se tentar adivinhar com que lado da família a criança mais se parece e colocam também problemas interessantes como o *porquê* das crianças se parecerem com um dos pais e não com outro, sempre que a semelhança não seja um problema de estrutura óssea. Mas essas teorias também esclarecem como pode uma criança ficar parecida com os pais adotivos. As agências de adoção fazem o possível no sentido de combinar as aparências físicas, mas, de vez em quando, parece que o sucesso ultrapassa qualquer expectativa imaginável.

A idéia de que o marido e a mulher podem desenvolver certa semelhança entre si, coloca também algumas questões interessantes. Uma vez, estive numa festa com cinco casais, todos casados há mais de quinze anos. Quatro deles eram extremamente parecidos; o quinto não, e eu não conseguia descobrir porquê. A semelhança acentuada é sinal de bom relacionamento, de caráter fraco ou de outra coisa inteiramente diferente?

Isso não é o tipo de pergunta que os entendidos em cinética fazem com freqüência. A verdade é que os seres humanos são extremamente imitativos e maravilhosamente sensíveis aos sinais corporais alheios e a pesquisa em comunicação tem comprovado isso cada vez mais.

Birdwhistell acha que, além do rosto, nós adquirimos também a beleza e a feiúra, a graça e a deselegância. As crianças francesas, por exemplo, segundo observação dele, começam a ficar desinteressantes e pouco atraentes por volta dos sete anos, embora temporariamente, independentes da beleza que possam ter tido quando pequenas. Os japonesinhos se metamorfoseiam: de sua ves bonequinhos mudam para jovens envelhecidos com uma certa aparência agressiva e enrugada. Pode ser que, em cada cultura, dê-se por normal que as crianças, em determinada idade, fiquem, provisoriamente, desinteressantes.

É difícil de acreditar que algo tão concretamente físico como a aparência da criança possa ser culturalmente programado. Mas aqui os termos *beleza* e *feiúra* não se referem apenas à forma do rosto ou à posse de um perfil clássico. Referem-se, principalmente, ao modo de manter e conduzir o corpo e também o rosto, já que os músculos faciais podem se mostrar vivos, frouxos ou rigidamente contraídos.

Isso tudo não é atributo biológico. É reação, segundo indicam os estudos cinéticos de galanteio. Reação a outras pessoas, a necessidades internas e, num plano temporal de maior amplitude, reação a expectativas culturais.

A sociedade nos diz quem pode ser gracioso e quem não pode, o que vem a constituir grande parte do sindrome de beleza. Até uma geração atrás, um rapaz que medisse mais de 1,80 m era considerado alto demais e se imaginava que fosse desajeitado. No entanto, as expectativas mudaram e, hoje em dia, admite-se que o homem alto seja atraente. Entre as mulheres, as garotas de baixa estatura geralmente atingem a maturidade mais cedo e, como aprendem na adolescência a serem graciosas, poderão sentir-se bem seguras numa época em que suas amigas mais altas ainda parecem compridas, desajeitadas e jovens demais para aquele tamanho. Com freqüência impressionante, a mulher alta fica muito bonita quando chega aos trinta anos, que é justamente o momento em que suas colegas de faixa etária e de estatura mais baixa começam a enfrentar problemas, porque sua única alternativa — segundo as expectativas sociais — é continuar aparentando ter menos de vinte anos ou começar a engordar, enquadrando-se, pois, numa idade mediana precoce.

A forma do corpo é outra característica física que pode ser culturalmente programada. A rigor, essa forma é uma questão de estilo e os estilos mudam. O tipo esguio, que Birdwhistell chama de "tipo linear do Ivy League"[1] tornou-se comum nos últimos vinte e cinco anos da cultura norte-americana. Acontece que a figura feminina predominante no século XIX — que, hoje, seria considerada gorda — foi substituída pelo tipo meio masculinóide da década de '20 que, por sua vez, foi substituído pelo tipo

---

\* N. do T. — O termo IVY LEAGUE designa, originariamente, um grupo de universidades muito importantes, localizadas no nordeste norte-americano: Cornell, Harvard, Yale, Princeton, Columbia, Dartmouth e outras. Por extensão, esse termo conota elegância, sofisticação, refinamento, riqueza e, portanto, projeção social. IVY é o nome de um tipo de trepadeira que, tradicionalmente, recobre e ornamenta os prédios escolares dessas instituições.

masculinóide com busto dos anos '60. Quanto aos homens, o tipo em voga é ainda mais linear. Mesmo o tipo "hippie" conserva essa linearidade, que Birdwhistell explica:

> "O 'hippie' é um tipo encurvado para a frente e cabeludo que conserva a mesma linearidade extremada. Tem todo um aspecto de moleque de nove anos e faz tudo o que mãe sempre disse para não fazer: usa roupa suja, anda encurvado, tem o rosto murcho, desanimado e um sorriso claro, aberto e decente. Muito mais do que uma aparência indecisa entre homem e mulher, ele tem, na verdade, um jeito de pré-púbere. Um jeito que parece mais uma afirmação do tipo 'Estamos antes daquela idade onde essa diferença é importante' do que a negação propriamente dita da diferença entre os sexos. É lógico que estou generalizando. É preciso. É uma gente que se preocupa com tudo ou se rebela, mas que se uniformizou e que está pagando esse uniformismo com um grau de conformismo muito maior do que aquele que desprezam nos mais velhos."

O rosto adquirido e a maneira de conduzir o corpo carregam a marca de nossa cultura e funcionam também como nossa assinatura pessoal. É uma forma de indagar à sociedade se merecemos ser aceitos ou não. A criança viva e buliçosa consegue muito mais atenção e oportunidade do que a desenxabida. No entanto, nem todos querem se sobressair e alcançar o sucesso, porque isso acarreta novas responsabilidades e, a rigor, assusta muita gente. Sendo um pouquinho sem graça, as pessoas diminuem suas responsabilidades. Pode haver também o caso de autopunição, ou de punição aos pais ou a um dos cônjuges. A obesidade, por exemplo pode ser uma forma de autopunição e pode representar também uma maneira de se isolar de qualquer abordagem de caráter sexual. Outras pessoas, por outro lado, sentem-se mais confiantes, mais dominadoras quando são grandonas.

A mensagem que se transmite pelo aspecto pessoal não se refere apenas à pessoa, mas também àquilo que se está dizendo. Um discurso político inflamado, dito por um tipo de olhar opaco, rosto murcho, corpo mole, seria muito desinteressante. Através da postura, esse homem está dizendo que não precisam prestar-lhe atenção, porque não tem nada de interessante para dizer. Alguns analistas políticos acham que, no famoso debate de televisão, em 1960, entre Nixon e Kennedy, o contraste entre a vitalidade exuberante de Kennedy e o cansaço de Nixon, além de sua insipidez habitual, foi muito mais importante do que tudo o que disseram.

Os estudos de Birdwhistell sobre beleza e feiúra e suas afirmações sobre a aquisição do aspecto físico constituem uma forma nova de reflexão sobre a aparência. A beleza assume uma feição diferente quando se aceita o fato de que o aspecto é uma mensagem que se emite. Essa mensagem pode ser programada, em parte, pela sociedade. Contudo, não se pode descartar a possibilidade de considerá-la como mera questão de hereditariedade ou de sorte, segundo a crença de muitos.

CAPÍTULO 6

# CUMPRIMENTOS DE UM PRIMATA BEM VELHO

Nos primórdios da raça humana, antes da evolução da linguagem, o homem se comunicava através do único meio de que dispunha: o não-verbal. Os animais ainda se comunicam desse jeito e muitos deles conseguem trocar informações com um alcance bem mais amplo do que era possível imaginar até há bem pouco tempo atrás. De certa forma, o comportamento não-verbal do ser humano é extremamente parecido com o comportamento necessariamente não-verbal dos animais, sobretudo com o de outros primatas. Algumas coisas ainda comunicamos da mesma forma que os animais, mas desde o advento das palavras já não temos mais consciência disso.

Recentemente, os etologistas começaram a estudar, analisar e a comparar os sistemas de comunicação do homem e dos animais. Seus métodos e suas descobertas têm tido influência cada vez maior sobre os cientistas que cuidam da comunicação não-verbal. Já houve sugestões, inclusive, para que todo esse campo fosse chamado de "etologia humana".

O etologista é, basicamente, um biólogo, mas um biólogo que se preocupa, em particular, com o comportamento que permite ao animal adaptar-se ao seu meio ambiente, incluindo-se aí o meio social composto por outros membros da espécie. Quando sua atenção se volta para o ser humano, o etologista pergunta: "Até que ponto se pode entender o comportamento do homem como um produto do processo evolutivo?"

A melhor maneira de se estudar a evolução do homem é comparando sua atividade com a de seu parente mais próximo na escala zoológica: os macacos. Hoje em dia, já se sabe bastante sobre a organização social dos primatas, sua ecologia e suas formas de comunicação. E, com surpresa, observa-se que informações semelhantes sobre o homem são escassas, ainda que suas instituições, sua língua e seus processos mentais mais elaborados já tenham sido estudados com exaustão. Entretanto, ainda não há um corpus similar sobre seu *comportamento* quando namora, quando se casa, como cuida dos filhos, quando enfrenta os semelhantes, etc.

Ao abordar o comportamento humano, o etologista procura descrever as atividades diárias. Interessa-lhe, sobretudo, descobrir os esquemas universais de comportamento, pois se acredita que esses esquemas são os mais antigos de todos e que são fontes potenciais de informação sobre os padrões do homem primitivo e até mesmo do homínida. Algumas expressões faciais poderiam estar precodificadas nos genes que determinam a estrutura do cérebro e, por conseguinte, determinar um eventual comportamento. Quando, entre os primatas inferiores, se encontra também uma conduta humana universal, isso é tomado como prova adicional da natureza hereditária. Todavia, outros padrões universais podem ser determinados pela anatomia do homem. Já se registrou, por exemplo, que o símbolo para comida ou para o ato de comer é, universalmente, o gesto de levar a mão à boca. Mas como para todos os seres humanos a mão e a boca estão inevitavelmente vinculadas ao ato de comer, este gesto, ainda que hereditário, poderia, com igual probabilidade, estar simplesmente determinado por razões anatômicas.

Estudos recentes sobre formas de saudação fornecem alguns exemplos dos mais curiosos a respeito do comportamento comum entre homens e primatas. Tudo indica que todos os animais selvagens se cumprimentam e os símios se cumprimentam com gestos, iguaizinhos ao homem. Jane Goodall, a etologista famosa que viveu durante longos períodos entre os chimpanzés na floresta, observou que eles, às vezes, se abraçam e se beijam, chegando mesmo a juntarem os lábios. E observou também que se inclinam em reverência e apertam as mãos, quando não, trocam tapinhas nas costas, num gesto de calorosas boas-vindas.

Os etologistas acreditam que o cumprimento entre os animais funciona, quase sempre, como uma cerimônia de apaziguamento. Sempre que dois animais se aproximam há o perigo constante do ataque físico. Por isso, ambos ou um deles apenas cumpre o gesto de pacificação, a fim de demonstrar que não nutre nenhuma intenção belicosa. Qualquer um que duvide da função similar que o cumprimento exerce entre os homens, que experimente *não* cumprimentar os amigos e conhecidos durante uma semana. Sentimentos feridos, raiva, mágoas surgirão bem depressa. Quando o ser humano cumprimenta inclinando a cabeça, provavelmente estará demonstrando submissão, assim como os chimpanzés. O gesto de inclinar a cabeça é encontrável em culturas bastante diversas, bem como a mão estendida para o cumprimento.

O etologista austríaco Irenäus Eibl-Eibesfeldt acha que alguns aspectos do cumprimento podem ser realmente universais. Em todas as culturas que Eibesfeldt estudou, os amigos, quando se vêem à distância, trocam um sorriso, primeiro, e, depois, se estiverem de bom humor, perfazem um rápido movimento com as sobrancelhas — que o etologista chama de "flash" — e inclinam a cabeça. Ele filmou essa seqüência comportamental até mesmo entre os papuas que ainda vivem na Idade da Pedra e cujo primeiro contato com missões governamentais foi tão recente que é bem pouco provável que eles tivessem tido a oportunidade de aprender essa forma de comportamento.

Por outro lado, há exemplos fartos de que a saudação varia bastante de cultura para cultura. O antropólogo Weston La Barre afirma que os ilhéus de Andaman, no Golfo de Bengala, quando reencontram os amigos ou os parentes depois de algumas semanas, costumam sentar-se no colo um do outro, passam o braço pelo pescoço do conhecido e choram por alguns minutos. Se forem marido e mulher, o homem é que se senta no colo dela. No Japão, entre os Ainu de Yezo, quando um rapaz encontra a irmã, ele lhe toma as mãos por uns momentos, depois segura-a pelas orelhas, emitindo, então, o tradicional grito Ainu. Segue-se ainda um roçar de faces e de ombros. Se isso pode parecer ridículo, imaginem a reação de um Ainu diante de dois americanos que se tocam de leve no rosto e que beijam o ar ao mesmo tempo.

Como a saudação pode ser, simultaneamente, universal, para toda a humanidade e específica de cada cultura? A resposta fica clara quando se pensa na saudação como uma seqüência de atos e não como um ato isolado. O sorriso, o movimento das sobrancelhas e o "flash" ocorrem à distância, enquanto que o puxãozinho nas orelhas ou o roçar de rostos acontecem mais de perto quando examinados na seqüência. Na verdade, a análise cinética do cumprimento identificou cinco etapas diferentes e consecutivas, a saber: avistar-se e reconhecer-se; o cumprimento a distância, abanando a mão ou mexendo as sobrancelhas; a aproximação; um cumprimento mais próximo como um beijo, por exemplo; e, finalmente, o recuo momentâneo.

De vez em quando, a ordem varia: avista-se a pessoa, há o reconhecimento seguido da aproximação e, então, abana-se a mão, por exemplo. Às vezes, os indivíduos já estão próximos quando se avistam. Nesse caso, ainda executam uma curta dança, cometendo pequenos ajustamentos na postura e na posição durante uma espécie de aproximação estacionária. Entretanto, o ritual de saudação sempre termina com o recuo e a maneira de perfazê-lo pode ser significativa. Os partícipes podem girar o corpo enquanto se separam ou podem se encarar. Pode um deles ainda também virar-se enquanto o outro permanece parado. Essas pequenas diferenças indicam provavelmente o grau de afeto no relacionamento. Virar para o lado é, evidentemente, menos cordial do que encarar o outro de corpo inteiro. Aparentemente, quando se cumprimenta, as pessoas demonstram, de modo sutil, o tipo de relacionamento que mantiveram no passado ou, talvez, o tipo de relacionamento que pretendem manter no futuro.

A análise da saudação acima descrita foi feita pelo Dr. Adam Kendon, um psicólogo com interesses etológicos sobre o comportamento humano. Kendon trabalha no Hospital Estadual de Bronx em Nova Iorque e realizou pesquisas sobre o cumprimento em colaboração com o Dr. Andrew Ferver, um especialista em terapia familiar desse mesmo hospital.

Kendon adverte que seu estudo não é a "Bíblia do cumprimento" uma vez que baseou sua análise em apenas um filme. No entanto, o filme em si é fascinante. Vê-lo e ouvir Kendon discorrer sobre o que estava acontecendo, foi como observar o comportamento de animais desconhecidos.

O filme foi feito num jardim, durante a festa de aniversário de um garoto de cinco anos, e nos mostra os pais da criança cumprimentando os convidados de todas as idades que chegavam sozinhos ou em grupos. Ao todo, o filme continha setenta cumprimentos isolados e no dia em que entrevistei Kendon, ele estava ocupado analisando-os, decompondo-os em cinco etapas diferentes e buscando as semelhanças e as diferenças entre um cumprimento e outro.

Exibido em câmara lenta, via-se com clareza, logo na primeira seqüência, as etapas da saudação. Primeiro, vinha o encontro visual. Uma senhora com um vestido bem florido, sentada sob uma árvore, esticava o pescoço para ver quem chegava. Então, ela se levantava com um sorriso, mas que mostrava só os dentes de cima. Esse "sorriso superior", segundo designação de etologistas britânicos, começa a ser identificado como o sorriso típico de boas-vindas.

Cumprindo a aproximação, essa senhora se encaminhava para encontrar os convidados. Em câmara lenta, ela deslizava pelo gramado, suave como um balão solto, os longos cabelos esvoaçando. A cabeça inclinada para trás, ela dizia "Oi!" e, então, abaixando-a, ela desviava os olhos. Normalmente, Kendon explicou-me, essa breve inclinação da cabeça segue-se ao cumprimento a distância.

Chegando perto do lugar que, pelo jeito, representava para ela o limite de seu território (pois parou várias vezes nesse lugar sempre que ia cumprimentar os convidados), ela ficava parada, esperando. Como dona do território, ela firmava bem o olhar, mas seus convidados, em geral, aproximavam-se desviando os olhos. Quando se entra em território alheio, Kendon contou-me, raramente se olha seu dono diretamente nos olhos. Isso poderia parecer um desafio.

Imediatamente antes de chegar diante da dona da casa, uma convidada inclinou a cabeça perceptivelmente, um gesto tão comum nessa etapa que Kendon batizou-o de "interrupção prévia à saudação iminente". Em seguida, a convidada levantou o braço, cruzou-o diante do corpo, inclinou a cabeça e sorriu. Um psiquiatra interpretaria esse gesto de cruzar o braço como defensivo e talvez seja mesmo. Kendon fica intrigado com a informação de que Jane Goodall localizou esse mesmo gesto em chimpanzés, sobretudo nos subordinados que se aproximam de um outro mais dominante. Ou que são abordados por este.

Então, a convidada estendeu a mão com um movimento que deixou a palma a descoberto, um gesto impressionantemente parecido com o dos chimpanzés. O chimpanzé de hierarquia inferior estende a pata hesitante, o que parece um gesto de súplica, enquanto que o de categoria superior toma-a de maneira a infundir-lhe confiança.

As duas mulheres apertaram as mãos, recuaram e ficaram de lado, o que indica, se Kendon e Ferber estivessem certos, que o relacionamento entre ambas não é particularmente íntimo.

O filme mostra que o anfitrião cumprimentava de modo diferente. Enquanto a mulher se detinha no limite de seu território, sorridente, com os braços e os ombros para trás, a cabeça inclinada, seu marido avançava para os convidados com o pescoço estendido e levantava os braços para abraçá-los, num gesto de acolhida bem particular: erguia-os de maneira perpendicular ao corpo como se os punhos estivessem suspensos por cordéis. Os convidados masculinos, por outro lado, quando se aproximavam dele, mantinham o tronco ereto, sem esticar o pescoço e, quando erguiam o braço para abraçá-lo, faziam-no de maneira vertical, mantendo-o do lado de dentro, enquanto que o anfitrião mantinha o seu do lado de fora.

"Até agora foram apenas estas as observações que fizemos", Kendon explicou-me, "mas ficamos nos perguntando se a postura do dono da casa não é a de quem cumprimenta com jeito de dominante, o que se vê só em filmes nos quais o macho está sendo cumprimentado em seu próprio território". Vendo o filme, essa conclusão me pareceu lógica. O gesto do anfitrião era expansivo, aberto e cabia muito bem numa pessoa que se sentisse segura em seu próprio domínio. Os gestos dos convidados eram mais reservados.

Depois que o anfitrião e os convidados se abraçavam, havia um recuo e um ou os dois olhavam de lado. Kendon chama isso de "interrupção", atribuindo a esse gesto uma função de preservar o equilíbrio. Todo relacionamento, exceto o muito recente, tem seu próprio grau de intimidade e se o cumprimento for mais íntimo do que o relacionamento permite, algum tipo de interrupção se faz necessário para que as coisas voltem ao normal novamente. Talvez seja por essa razão que os cumprimentos íntimos sejam tão ritualísticos: o aperto de mão e o roçar de faces que, entre os americanos, substitui, na verdade, o beijo no rosto. Tudo aquilo que se ritualiza acaba perdendo aquela aura íntima e as conotações sexuais.

No filme sobre cumprimento, a câmara sempre captava gente se arrumando: alisando o cabelo, arrumando os óculos ou a roupa. Kendon observou que isso sempre acontecia logo antes ou logo depois de um encontro frontal e quase nunca enquanto as pessoas estavam conversando. Os outros primatas também se cuidam um bocado, catando-se a si mesmos ou catando a seus semelhantes. Parte desse exercício é claramente funcional e tem por fim melhorar a condição do pêlo ou da pele, mas o cuidado recíproco é também uma forma de socialização e o cuidar de si é, às vezes uma "atividade sucedânea". O animal, indeciso entre atacar e fugir, senta-se e se coça com fúria ou se arranca os pêlos, nervoso, enquanto faz gestos ameaçadores. Os especialistas em comunicação humana acham que nem sempre estamos sentindo coceira quando nos coçamos em público, sendo que os gestos consecutivos de nos arrumarmos ou de arrumar os cabelos raramente têm por fim o arranjo pessoal. O significado exato desses gestos varia segundo a situação. Arrumar-se, por exemplo, pode ser um preparativo para o galanteio, como já vimos, mas, com muita freqüência, pode também refletir, como no caso dos primatas inferiores, algum tipo de tensão interna que não conta com nenhuma válvula de escape naquele exato momento.

A maioria dos encontros humanos começa não só com cumprimentos, mas termina também com alguma forma de despedida. As pessoas se aproximam de novo e começam então um ritual de partida. Os etologistas lembram que, assim como no cumprimento, esse gesto contém uma certa dose de pacificação. Durante o encontro, presume-se que todos estejam ocupados com o que se passa, mas no momento de ir embora a agressividade contida pode liberar-se. Em todo caso, não há nada mais vulnerável do que alguém em fuga. Em algumas sociedades, por exemplo, é comum o indivíduo afastar-se do rei olhando-o de frente, curvando-se e, por via das dúvidas, protegendo as costas.

O ser humano pode, é lógico, pacificar com palavras e com rituais e, dependendo daquilo que dizem, gera-se a tranqüilidade recíproca. De qualquer forma, não vivemos com a sensação de perigo físico iminente sempre que encontramos alguém frente a frente. Mas ouvindo os etologistas e vendo o filme de Kendon, fica-se imaginando se, num nível inconsciente profundo, não conservamos aquela cautela física de nossos ancestrais primatas.

Algum dia, o pesquisador poderá analisar a despedida do mesmo modo como se faz hoje com o cumprimento de chegada. Isso talvez nos dê respostas a certas questões que intrigam como, por exemplo, numa reunião, a mulher que faz sinal para o marido, avisando-o que seria conveniente ir embora, sem usar uma só palavra. Já vi mulheres fazendo isso através de um movimento em direção à beirada do sofá, através do ato de recolher seus objetos ou de reorganizar a roupa. Quer dizer, representando algo assim como uma seqüência de partida. Um executivo — que prefere permanecer anônimo — contou-me que arranjou um jeito bem simples de acabar com uma reunião chata: ele começa a guardar seus papéis na maleta, distraidamente. Logo depois, os demais começam também a arrumar seus papéis, aparentemente contaminados por aquele comportamento, e o presidente, diante do que parece uma pressa generalizada em dar o fora, termina a reunião logo.

Nos estudos sobre comportamento em menor escala, como os cumprimentos, por exemplo, os etologistas têm trazido contribuição substancial para a pesquisa do não-verbal. Mais do que isso, o trabalho deles tem influenciado a reflexão de quase todos pesquisadores nesse campo. Muitos cientistas hoje em dia têm o hábito de comparar suas descobertas sobre a comunicação humana com a comunicação animal.

CAPÍTULO 7

# O ROSTO HUMANO

Sentada numa sala escura, uma estudante de enfermagem assiste a um filme com elementos que fariam parte de um pesadelo. Na tela, um ser humano, horrivelmente queimado no rosto e no corpo inteiro, contorce-se em agonia, enquanto pedaços de sua pele se descolam.
Essa moça não está sozinha nessa experiência desagradável. Uma entrevistadora está na mesma sala com ela, sentada de lado, frente a uma parede branca. Ela foi colocada ali para que não veja nem o filme, nem a estudante.
O filme macabro continua e a moça se remexe na cadeira enquanto os segundos escorrem devagar e em silêncio. Então, finalmente, aparecem umas palavras na tela: são as instruções para o espectador. A estudante deve descrever o filme com mentiras, como se ele mostrasse flores ou crianças brincando num parque. Há um ruído de roupas farfalhantes, o rangido de uma cadeira em movimento e a entrevistadora, respondendo a um sinal, vira-se para a moça e encara-a. Esta força um sorriso corajoso e diz: "Deve ser a primavera. Nunca vi tanta flor bonita!"
Esta engenhosa experiência foi imaginada por Paul Ekman, um jovem dinâmico e fluente, talvez o mais importante psicólogo na área de comunicação não-verbal. Seu escritório fica no Instituto Langley Porter em São Francisco, um velho casarão de tijolos marrons e de pé direito muito alto, cheio de escadas de madeira, tudo rodeado por respeitáveis pés de carvalho. O ambiente é deliciosamente informal: um grupo de uns vinte e tantos pesquisadores se distribui por ali, em mangas de camisa, mas o equipamento é formidável. Os cientistas se referem com respeito ao computador que Ekman mantém acoplado a um vídeo-teipe. O

aparelho foi desenhado por Ekman e sua equipe e basta fazer-lhe um pedido — algumas amostras, entre as várias, de gestos de mão à boca, por exemplo — para que isso se materialize na tela dentro de segundos. E as imagens podem ser projetadas bem devagar ou simplesmente paralisadas para um exame mais demorado.

O interesse de Ekman pela comunicação data de 1953, quando ele começou a pesquisar uma forma nova de avaliar o que ocorria numa terapia de grupo. Convencido de que o que se *dizia* numa sessão não era suficiente em termos de resposta, Ekman começou a investigar o comportamento não-verbal. Nos últimos sete anos, Wallace Friesen tem sido colaborador constante de Ekman em todos os projetos e, embora tenham estudado todos os tipos de movimento corporal, o principal tem sido o estudo do rosto.

O objetivo do filme exibido à estudante de enfermagem foi o de se aprender alguma coisa sobre a decepção. Quando alguém está mentindo, quais são as pistas no rosto e no movimento do corpo que denunciam a mentira? O depoimento da estudante de enfermagem foi filmado e gravado. Antes, no laboratório, ela já tinha assistido a dois filmes bem inofensivos e alegrinhos, depois do que lhe pediram um relato honesto. Desse modo, podia-se comparar sua reação corporal no momento em que disse a verdade e no momento em que mentiu, verificando-se depois, se, de alguma forma, ela deixava transparecer que mentia.

Todas as pessoas recrutadas por Ekman para essa experiência eram estudantes de enfermagem, porque, disse-me ele, "esse filme eu não gostaria de mostrar a qualquer um, exceto a quem tem que se acostumar a lidar com esse tipo de coisas". A maioria das pessoas mentiu deslavadamente, porque realmente queria aprender a não reagir de maneira ostensiva à mutilação física. Os resultados demonstraram, no entanto, que as enfermeiras incidiram em três categorias distintas: umas fingiam muito bem e de maneira extraordinária. A primeira análise cuidadosa do comportamento desse grupo não deu nenhuma pista de que estavam mentindo. Outras, talvez incapazes de fingir, desistiam logo durante a sessão e diziam a verdade. O terceiro grupo mentia, e muito bem. E a pista era o gesto. Era bem menor aquela gesticulação casual que normalmente acompanha e ilustra o discurso: a marcação de tempo, os desenhos imaginários no ar que indicam ou esquematizam a direção e o tamanho dos objetos, etc. Em vez disso, a maioria dos movimentos executados tendia a serem nervosos, crispados e curtos como lamber os lábios, esfregar os olhos, coçar-se, etc.

As primeiras análises das expressões faciais indicaram que os indícios seriam encontrados no começo, no fim e durante a experiência. Em outras palavras: as pessoas sabem fingir um rosto alegre, zangado ou triste, mas o que não sabem é como fazê-lo surgir de uma hora para outra, mantê-lo por certo tempo ou fazê-lo desaparecer. Um bom exemplo disso é o que os romancistas chamam de "sorriso fixo".

Até certo ponto, o homem é capaz de controlar o rosto e de usá-lo para transmitir mensagens. Nesse rosto também se reflete seu caráter, já que as expressões habituais ali deixam seu traço. Mas, o que interessa ao psicólogo é o rosto enquanto transmissor de emoções. Durante anos, os psicólogos têm-se preocupado com duas questões, sobretudo: o rosto expressa emoções com fidelidade? Em caso afirmativo, essas expressões faciais são emitidas e entendidas num nível universal pelo gênero humano? Em seu novo livro *Emotion in the Human Face*, Paul Ekman examina experiências realizadas nos últimos cinqüenta anos e conclui que, reanalisadas e retomadas em conjunto, essas experiências comprovam que as expressões faciais *são* um índice seguro de certas emoções básicas. Para o leigo, isso pode parecer chover no molhado, mas para Ekman isso é um ponto importante a ser comprovado, uma vez que muito de seu trabalho atual se baseia na crença de que há um tipo de vocabulário facial.

Mais de mil expressões faciais são possíveis do ponto de vista anatômico e os músculos do rosto são tão versáteis que, teoricamente, todas elas poderiam ser demonstradas em apenas duas horas. No entanto, só algumas têm um significado efetivo e inequívoco e Ekman acha que raramente elas se mostram em toda extensão, "exceto na cozinha, nos quartos ou nos banheiros", pois a etiqueta exige que, na maioria das situações, essas expressões fiquem sob controle. (Pense-se, por exemplo, na diferença entre um verdadeiro rangido de ódio, que é uma expressão exagerada na qual todos os dentes se põem à mostra e que surge em momentos de emoção extrema, e no sobrolho levemente franzido ou na boca tensa, que são expressões mais comuns.)

O problema de Ekman consistia em encontrar um método fiel para decodificar as expressões. Finalmente, trabalhando com Wallace Frieses e com o psicólogo Silvan Tomkins, Ekman chegou a uma solução engenhosa: um tipo de atlas do rosto denominado FAST (Facial Affect Scoring Technique.) Valendo-se de fotografias e não de descrições verbais, o FAST cataloga as expressões faciais a partir de três áreas: testa e sobrancelha; os olhos; e o resto do rosto: nariz, bochechas, boca e queixo. Para a emoção "surpresa", o FAST mostra fotos de testas franzidas com sobrancelhas arqueadas, com olhos escancarados e com bocas abertas em graus variáveis do "oh!" de espanto. Quem estiver interessado em classificar uma expressão facial basta comparar o rosto que lhe interesse, área por área, com as fotografias do FAST. Nenhuma legenda é necessária.

Atualmente, Ekman usa o FAST numa espécie de treinamento da sensibilidade visual. Seu objetivo é o de ensinar às pessoas — vendedores, advogados ou outro interessado qualquer — a reconhecerem melhor as expressões de emoção na conversa diária. Ekman começa por ensinar as expressões fundamentais e depois as mistas, nas quais uma área do rosto expressa uma emoção enquanto as demais expressam outra. Por exemplo: olhos e sobrancelhas indignadas encimando uma boca sorridente. Quase o mesmo efeito de mistura se produz quando as diferentes expressões se sucedem rapidamente. As expressões mistas acontecem quando duas emoções coexistem ou quando o hábito combina-as. Para alguém, a raiva pode estar fortemente associada ao medo, se, no caso, a raiva o assusta. Para outrem, o medo pode estar ligado à vergonha.

Durante o treinamento, em que há um uso intenso de fotos fixas e móveis, Ekman ensina os alunos a distinguir expressões fáceis de se confundirem — raiva e aversão, dor e surpresa, por exemplo — e a reconhecerem emoções que foram sufocadas. A "pièce de résistance", no entanto, é quando se ensina a diferençar uma expressão sincera de uma falsa. Em seguida ao treinamento, os alunos foram testados diante dos vídeo-teipes daquela experiência que registrara a decepção das enfermeiras. Quando se mostrava só a cabeça das estudantes, os alunos conseguiam distinguir, normalmente, com base na reação facial, quando as moças mentiam e quando falavam a verdade. Diante das mesmas fotos, os que não haviam passado pelo treinamento, não conseguiam, em geral, estabelecer nenhuma diferença.

É bem provável que o FAST possa servir como inestimável instrumento para os psicólogos que estudam a emoção. É difícil saber com certeza o que o ser humano está sentindo. Você pode perguntar-lhe e ele pode se recusar a responder, pode mentir ou pode nem saber o que está sentindo. No laboratório, o pesquisador pode medir o ritmo cardíaco, respiratório ou a reação galvânica da pele de um paciente. Mas embora essas medidas assinalem a presença de emoções, normalmente elas não estabelecem diferença entre uma e outra. Às vezes, o pesquisador examina a situação em que se encontra o sujeito e adivinha a emoção mais provável que possa emergir. Todavia, os riscos de erro são óbvios, nesse caso.

Antes de ser levado a sério pelos cientistas, o FAST teve que se mostrar digno de confiança. Uma das perguntas que se poderia fazer é se todas as pessoas que dele se utilizam chegam à mesma conclusão. As experiências de Ekman comprovam que sim. A outra pergunta é mais difícil de responder: o FAST consegue medir realmente o que as pessoas sentem? Como já disse antes, a dificuldade reside na impossibilidade de se saber com certeza o que um indivíduo sente, já que não se pode confiar em sua palavra simplesmente.

O problema das expressões universais tem preocupado os pesquisadores do rosto há anos e Paul Ekman e Ray Birdwhistell vêm mantendo uma polêmica a respeito já faz algum tempo.

Ekman acha que, graças a seus estudos comparados entre várias culturas, *existem* gestos universais. Que, no mundo inteiro, as pessoas riem quando felizes ou quando querem se mostrar contentes e que enrugam a testa quando estão bravas ou querem parecer bravas. Como já disse antes, Birdwhistell argumenta que certas expressões similares do ponto de vista anatômico podem ocorrer em todas as pessoas, mas o significado que se lhes empresta varia de cultura para cultura. Esta opinião, todavia, é da maioria. A maioria dos cientistas do setor acha que algumas expressões, pelo menos, são universais.

A prova mais citada por aqueles que acreditam nessas expressões universais é o estudo realizado acerca de crianças cegas de nascença. Descobriu-se, por exemplo, que todos os bebês externam um sorriso social por volta das cinco semanas, até mesmo os cegos, isto é, aqueles que não podem imitar quem os rodeia. As crianças cegas riem, choram, fazem beicinho e adotam as expressões típicas de raiva, medo e tristeza.

A prova de Ekman, entretanto, é um estudo comparado de cultura que ele fez com o auxílio de Friesen. Valendo-se cuidadosamente de fotos selecionadas de rostos que exprimiam as emoções básicas com intensidade — alegria, surpresa, medo, raiva, tristeza, nojo ou desprezo —, Ekman pediu a pessoas originárias dos Estados Unidos, Brasil, Japão, Nova Guiné e Bornéu que identificassem essas expressões e a maioria quase sempre coincidiu, inclusive os neolíticos Fore da Nova Guiné. (É preciso lembrar que os Fore estiveram isolados do mundo moderno até doze anos atrás.) Na mesma época em que Ekman fazia suas pesquisas nas florestas do Pacífico Sul e nas universidades norte-americanas, um outro psicólogo, Carroll Izard, desenvolvia uma pesquisa semelhante em dez culturas letradas, tendo chegado a resultados positivos e semelhantes.

No entanto, Ekman não interpreta o sorriso de um Fore, por exemplo, como um gesto invariável de prazer. Em toda cultura, há aquilo que ele chama de "regras demonstrativas", que definem quais as expressões adequadas a qualquer situação. Essas regras podem determinar que uma expressão seja moderada, exagerada, disfarçada ou suprimida inteiramente. E cada cultura, além de suas regras próprias, dispõe também de estilos faciais próprios. Os italianos, por exemplo, cuja gestualidade facial é extremamente mutável e altamente expressiva, podem achar difícil sondar os ingleses, por causa de seus rostos imperturbáveis.

As "regras demonstrativas" manifestaram-se claramente numa experiência recente que Ekman conduziu na América e no Japão, país este onde a etiqueta exige um sorriso em quase toda situação. O resultado foi idêntico em ambos os lados do Pacífico. Os indivíduos dispostos à experiência sentaram-se sozinhos numa sala para ver um filme tenso, menos um pouco do que aquele que fora mostrado às estudantes de enfermagem. Enquanto viam o filme, foram eles filmados e gravados, sem saber. Depois, um entrevistador entrou na sala — um japonês no Japão e um americano nos Estados Unidos — e pediu aos espectadores que descrevessem o que tinham visto. Durante a projeção, os japoneses e os americanos tiveram a mesma reação facial, mexendo os mesmos músculos faciais, nas mesmas situações aproximadamente. Na entrevista, os americanos continuaram a reagir de maneira visível, percorrendo toda uma escala de expressões que ia da surpresa ao nojo, enquanto que os japoneses descreviam o que haviam visto com um invariável sorriso polido. Só uma vez ou outra, quando desviavam o olhar do entrevistador a fim de reorganizar o pensamento, é que se percebia um relance de emoção evidente, nojo ou raiva talvez, mas tão passageiro que só poderia ser melhor visto num filme em câmara lenta.

A teoria de Ekman sobre as regras demonstrativas e a admissão da parte de Birdwhistell de que, do ponto de vista anatômico, *existem* realmente expressões faciais comuns a todos, parecem aproximar os dois pólos desta polêmica, apesar de serem bem diferentes os pontos de vista e os métodos de investigação. Aquilo que é evidente para Birdwhistell, Ekman considera anedótico. Por seu lado, Birdwhistell acha que experiências realizadas em laboratórios de psicologia são, quase sempre, manipuladas, artificiais e desligadas da realidade.

A próxima pergunta lógica é: se realmente existem expressões universais, como se desenvolveram elas?

Charles Darwin começou a pesquisa em 1872 com *The Expression of the Emotions in Man and Animals*. Comparando as expressões faciais de uma série de mamíferos, inclusive o homem, Darwin insinuou que todas as expressões humanas primárias poderiam ser rastreadas até um ato funcional primitivo. O grunhido de raiva, por exemplo, poderia ter-se desenvolvido a partir do ato de descobrir os dentes antes de morder.

A evolução do sorriso é mais difícil de explicar e uma série de teorias diferentes já foi proposta. Richard J. Andrew, por exemplo, parte do princípio de que alguns primatas, quando ameaçados, emitem um guincho de protesto, um rugido característico que é produzido com o beiço para trás, parecendo um sorriso. O macaco Rhesus faz isso e, às vezes, se põe numa posição defensivo-ameaçadora sem produzir esse barulho. O homem também usa o sorriso defensivo, mas em tom de pacificação: pensem, por exemplo, no sorriso amarelo de um convidado bem atrasado para o jantar. Embora pálido, seu sorriso funciona como um amortecedor importante contra uma eventual agressão, pois o sorriso se constitui num elo frágil mas vital que une os homens. Há histórias de guerra em que o soldado, treinado para a luta, desarma-se

literalmente diante do inimigo que lhe sorri ou que lhe oferece um bocado de comida.
O riso de prazer verdadeiro é mais difícil de explicar do que o defensivo, mas Andrews pensa que ele possa descender da careta que muitos mamíferos, inclusive o homem, fazem automaticamente quando espantados. Essa expressão de surpresa pode ter evoluído até se transformar no amplo sorriso de prazer. O humor adulto ainda depende da surpresa.

Em 1966, os psicólogos Ernest Haggard e Kenneth Isaacs comunicaram que, durante a projeção de um filme de psicoterapia em câmara lenta, haviam observado certas expressões faciais que apareciam e desapareciam em frações de segundos. Projetado em velocidade regular, essas expressões não eram perceptíveis. Diminuída a velocidade para 1/6 do normal, elas se tornavam visíveis pela maioria das pessoas. Estudos posteriores mostraram que essas expressões extremamente fugazes eram reveladoras. Parecia que sua ocorrência se dava quase sempre quando o paciente estava em conflito. "Eu não estava bravo" dizia alguém, enquanto, por um segundo, se mostrava aborrecido. Muitas vezes o que se dizia não estava de acordo com a expressão do rosto. Num paciente que falava sobre o quanto ele gostava de alguém, a expressão do rosto ia do prazer à raiva e voltava ao prazer com uma rapidez incrível. Haggard e Isaacs lembram que essas expressões, a que chamam de "micromomentâneas" ou simplesmente de "micros", não têm finalidade, consciente ou não, de transmitir mensagens, mas são antes uma espécie de vazamento, escoamento inadvertido dos verdadeiros sentimentos.
Parece que os "micros" não são, necessariamente, sempre invisíveis. Desde a última década do século passado uma série de experiências sobre percepção subliminar vem demonstrando que, freqüentemente, nós vemos muito mais do que supomos. Muita gente há de se lembrar da celeuma em torno da persuasão subliminar que surgiu por volta da década de '50. Um norte-americano, pesquisador de mercado, afirmava que conseguira aumentar as vendas de Coca-Cola e de pipoca num cinema, graças à projeção insistente das palavras "Coma pipoca" e "Beba Coca-Cola" na tela, enquanto o filme ia passando. Os anúncios espoucavam repetidas vezes, a cada três milésimos de segundo. Na verdade, era uma escrita invisível. Quando a experiência veio a público, muitos americanos protestaram alto contra a persuasão subliminar: as implicações políticas eram ameaçadoras, assustadoras. Contudo, outros experimentos comprovaram que esta forma está longe de ser a mais eficiente em termos de venda subliminar. Os limites entre o visível e o subliminar variam de pessoa para pessoa e de ocasião para ocasião, dependendo de indivíduo. Uma

mensagem que fosse projetada por um tempo suficiente que garantisse sua apreensão subliminar por parte da grande maioria de uma platéia, provavelmente seria vista de modo bem claro e consciente por algumas pessoas apenas.

Essas diferenças individuais de percepção foram muito bem demonstradas numa experiência levada a efeito por Paul Ekman. Primeiro, querendo investigar expressões micromomentâneas, ele mostrou um filme que continha bastante "micros" para alguns estudantes universitários e enfermeiras de postos de saúde. Os estudantes não conseguiram ver nada com o filme em velocidade normal, mas em câmara lenta sim. As enfermeiras, entretanto, mulheres com dez anos de experiência ou mais, fisgaram os "micros" imediatamente durante a projeção em velocidade normal.

A partir disso, Ekman começou a estudar os "micros" com um taquistoscópio, um aparelho que pode projetar figuras numa tela à velocidade de 1/100 por segundo. Passando as fotografias numa velocidade máxima, as pessoas diziam que não tinham visto nada.

> "A experiência com o taquistoscópio é a minha mágica favorita", disse-me o Dr. Ekman. "Você mostra-o para uma pessoa e ela pensa que está olhando uma simples tela branca." Então, ela dirá coisas que imagina serem pura conjectura e você lhe responde: "Agora vou provar-lhe que a maior parte daquilo que você viu era aquilo mesmo." Você lê então para ela as dez primeiras respostas que ela lhe deu e ela ficará assombrada. Todos nós temos um aparato perceptual que nos permite decodificar rostos em 1/100 de segundo, o que suscita uma pergunta muito interessante: Por que não o usamos? Acho que ensinamos às pessoas, sistematicamente, desde a infância, a não prestar muita atenção a esses gestos faciais fugazes, porque eles são muito sintomáticos."

É evidente que esse ensinamento se faz num nível subconsciente.

De certa maneira, o taquistoscópio é um meio bastante realista de apresentar um rosto, já que, amiúde, as expressões faciais desaparecem entre 3/4 e 1/2 segundo e estão sempre engastadas nas expressões precedentes e nas subseqüentes, sendo acompanhadas, além disso, por uma corrente de movimentos corporais ou de palavras que desviam a atenção. O olho humano tem de ser muito rápido para percebê-las. Desse modo, um rosto projetado por um taquistoscópio está muito mais próximo, talvez, daquilo que vemos na vida real do que as fotografias que podemos examinar com calma.

Durante suas experiências com o taquistoscópio, o Dr. Ekman descobriu um fenômeno interessante. Cerca de metade das pessoas submetidas ao teste deixava escapar, sistematicamente, alguma emoção. Cada uma delas tinha o seu ponto fraco em particular. Todo o resto era captado com precisão, mas em quase todas as fotos alguma coisa como expressões de raiva ou nojo, por exemplo, acabava se perdendo. As emoções que escapavam eram sempre as desagradáveis. Ninguém perdia as alegres. Evidentemente, havia algum bloqueio subconsciente que parecia estar relacionado com a personalidade do sujeito e com seu estado de espírito naquele momento.

Ekman continuou pesquisando esse bloqueio em outro estudo preliminar, no qual foram testados trinta sujeitos através do taquistoscópio e que puderam relaxar com um cigarro e uma bebida logo em seguida ao teste. A bebida de dez desses indivíduos continha um bocado de álcool e o cigarro de outros dez continha maconha. Quanto aos outros dez, a bebida era sem álcool e o cigarro era comum, tratando-se, portanto, de um duplo placebo. Testados novamente com o taquistoscópio, este último grupo reagiu mais ou menos como antes. O grupo sob efeito alcoólico reagiu um pouco pior no reconhecimento das emoções, exceto naquelas de nojo, nas quais demonstraram uma percepção mais aguda. Contudo, foi o desempenho do grupo de fumantes de maconha que mais interessou Ekman, já que há todo um folclore em torno dessa droga a que se atribui um grande aumento da sensibilidade. Na verdade, esse grupo mostrou-se significativamente pior no reconhecimento da tristeza e do medo e um pouco pior quando se tratava do ódio. Ekman insiste em afirmar que isso foi um estudo preliminar. O que ele ainda não investigou foi o estado de espírito — tanto a maconha quanto o álcool produzem efeitos totalmente diferentes segundo as circunstâncias — e foi por isso que ele intensificou o estudo das reações.

A maior parte dos pesquisadores dedicados ao estudo da comunicação não-verbal, que eu contactei, admite que está fazendo uma ciência ainda básica e que falta ainda muito tempo para se chegar a uma aplicação prática desse conhecimento. Paul Ekman acha, no entanto, que o estudo do não-verbal vai-se tornar uma área "muito quente" dentro de poucos anos, isto é, o tempo que leva para se conseguir respostas para algumas perguntas de fundamental importância. Quanto às aplicações práticas, Ekman prevê um grande número de estudos psicológicos sobre a emoção, que utilizem a expressão facial como parâmetro.

Em termos de psicoterapia, Ekman acredita que não vai haver nenhum grande salto para a frente, pois os terapeutas já estão usando o novo conhecimento sobre comunicação. Mas haverá um tremendo aproveitamento comercial. Diz Ekman:

"Imagino o aparecimento de institutos dedicados a treinar vendedores e candidatos a vendedor. Imagino o emprego bem difundido de expressões faciais durante as entrevistas pessoais. Imagino ver o uso da mensuração do comportamento facial em campanhas publicitárias. Aliás, já fui consultado a respeito. Mas não aceitei. E imagino também ver um treinamento cada vez maior do comportamento facial dos empregados em todo mundo dos negócios. Acho bem possível ensinar as pessoas a enganar melhor."

Algumas dessas previsões são bastante desconcertantes e quando fiz-lhe essa objeção, Ekman respondeu-me dizendo que tão logo o comportamento não-verbal se torne um conhecimento público, haverá alterações, mudanças. Assim que forem publicados os estudos descrevendo a maneira como as pessoas se traem ao mentir, esses escapes inadvertidos desaparecerão, dando lugar a outros, talvez. Isso põe um problema singular para o cientista social: seus estudos sobre comportamento podem, a longo prazo, desencadear mudanças no comportamento que, por sua vez, podem invalidar as investigações anteriores.

A idéia de um entrevistador de pessoal capacitado a "controlar", expressões faciais é algo de assustador e lembra 1984 de George Orwell, onde um homem cometeu um "crime facial" quando seu rosto deixou vazar pensamentos proibidos. Informadas de que os movimentos corporais comunicam, algumas pessoas se sentem vulneráveis, desprotegidas, a descoberto, mesmo quando em silêncio. Afinal de contas, qualquer um pode se recusar a falar, mas dificilmente seria capaz de deixar de mexer um músculo Freud escreveu: "Aquele que tem olhos de ver e ouvidos de ouvir pode ficar convencido de que nenhum mortal consegue guardar um segredo. Se os lábios ficarem silentes, falam os dedos. A traição brota pelos poros." Uma vez ouvi um senhor dizer a uma senhora: "Você percebeu que acabou de cruzar as pernas e os braços? Você está numa defensiva evidente." Isso era uma interferência na privacidade dela, uma coisa tão errada quanto ler e comentar a correspondência alheia.

Muita gente não achará graça na perspectiva, um pouco ridícula, de viver num mundo em que algumas pessoas aprendem a ler o rosto, enquanto outras aprendem a mentir com o rosto. No entanto, essa espécie de toma-lá-dá-cá educacional é tão velha quanto a humanidade: um inventa a lança; outro inventa o escudo; o primeiro aperfeiçoa a lança e assim vai.

De qualquer forma, acho que os benefícios potenciais da ciência superam em muito sua distorção potencial. Porque na medida em que as pessoas se tornam mais conscientes de sua expressividade facial, como é que elas podem deixar de se sintonizar melhor com os sentimentos alheios? O marido e a mulher, o paciente e o terapeuta estarão em condições de se interpretarem melhor, de captarem melhor a aflição, a raiva ou o desprazer, de avaliarem muito melhor a impressão que estão despertando no próximo.

E, se ao mesmo tempo, as pessoas se tornarem mais conscientes daquilo que fazem com o rosto, elas acabarão alcançando uma intimidade maior com seus sentimentos pessoais. E isso é realmente o que tentam conseguir os encontros de grupo, a psicoterapia, a cultura dos jovens e outros fenômenos da vida moderna.

CAPÍTULO 8

## O QUE DIZEM OS OLHOS

Imagine-se um dia sentado num lugar público. Ao levantar os olhos, você depara com um desconhecido que está olhando-o fixamente, e que não se altera nem mesmo quando você crava os olhos nele também. É quase certo que você vai olhar rapidamente para o outro lado e, depois de alguns segundos, você torna a olhá-lo para ver se ele continua encarando-o. Se isso acontecer, você repetirá essa operação sub-reptícia várias vezes e se, mesmo assim, a outra pessoa ainda persistir naquela atitude, você passará imediatamente do aborrecimento para a raiva ou para a desconfiança.

O olhar sustentado e fixo é uma forma de ameaça para muitos animais e para o homem. Um naturalista que estudou gorilas montanheses em liberdade[1] registrou a existência de combate de olhares entre os machos. O próprio pesquisador corria o risco de ser atacado se olhasse fixamente um animal.

Também o macaco Rhesus reage com violência quando outro macaco ou um ser humano olha-o fixamente. Em experiências de laboratório realizadas recentemente por Ralph Exline, um psicólogo da Universidade de Delaware, estudou-se a comunicação homem-macaco no que se refere ao comportamento ocular. Os macacos estavam enjaulados num lugar vazio e bem iluminado. Quando o pesquisador se aproximava de um macaco olhando para baixo, numa atitude tímida, quase não havia reação. Quando isso era feito de maneira mais agressiva, olhando-se diretamente seus olhos com expressão fixa, geralmente o animal começava a mos-

---

1) *The Year of The Gorilla* de George Schaller. University of Chicago Press, 1964.

trar os dentes e a balançar a cabeça ameaçadoramente. Quando o pesquisador, com a mesma expressão fixa, mantinha os olhos fechados, o bicho não reagia como se sentisse ameaçado. E, indo mais longe ainda nessa experiência, se o pesquisador se inclinasse para a frente e sacudisse a jaula, sempre com os olhos fechados, ainda assim o animal não se mostrava ameaçado, apenas alarmado.

Os macacos são extremamente sensíveis ao olhar fixo. Em outra experiência, vários macacos Rhesus foram expostos a olhares fixos de um homem escondido. Imediatamente começaram a se mostrar deprimidos, e ao se registrar suas ondas cerebrais, descobriu-se que, cada vez que o homem os olhava diretamente, produziam-se alterações nos padrões das ondas. É um mistério como eles sabiam quando estavam sendo olhados diretamente e quando não, uma vez que não podiam ver o homem. Esse comportamento, entretanto, parece estar ligado a uma experiência muito comum: de vez em quando, temos a incômoda sensação de estarmos sendo observados e essa suspeita se confirma quando nos viramos. Geralmente supomos que um som apenas perceptível ou um movimento ínfimo, captado pela visão periférica, nos dá a pista. É fascinante pensar que para os macacos, e quem sabe também para os homens, exista talvez alguma pista ainda mais primitiva. Ninguém sabe realmente o que ocorre com as ondas cerebrais do homem quando ele é encarado, mas um recente estudo demonstra que uma pessoa que está sendo olhada intensamente tende a apresentar um ritmo cardíaco mais acelerado. Uma das dificuldades de se falar em público é ter de enfrentar todos aqueles olhares fixos.

A ameaça potencial de um olhar fixo tem sido documentada através de toda a história da humanidade e em muitas civilizações existem lendas sobre o "mau-olhado", o olhar que causa danos a quem o recebe. Inscrições em plaquetas de barro datadas de três mil anos a.C. contêm referências a um deus do mau-olhado. O sábio judeu Rab, no século III a.C. afirmava que 99% das mortes eram causadas por mau-olhado. Acreditava-se que, em alguns casos, esses estranhos poderem visuais eram adquiridos fazendo-se um pacto com o diabo, e em outros era uma maldição que recaía sobre um inocente. Dizia-se que o Papa Pio IX, eleito em 1846, era um inocente possuído por essa estranha maldição. Considerava-se que sua bênção era infalivelmente mortal.[2]

Havia também uma crendice paralela, segundo a qual, os olhos grandes e fixos serviam de magia protetora, e por isso, ainda em 1947, os barcos que navegavam no Mediterrâneo costu-

---

2) Esta história sobre mau-olhado está muito bem contada no livro de Silvan Tomkins *Affect, Imagery, Consciousness*, volume 2.

mavam ter olhos protetores pintados na proa. Em 1957, foi apresentado, perante uma comissão do Congresso, o caso de um empresário norte-americano que contratara os serviços de uma pessoa para que, volta e meia, fosse olhar rapidamente seus empregados, numa muda ameaça para obrigá-los a trabalhar mais.

Por que o tabu do olhar fixo? É lógico que se pode explicar como herança biológica que recebemos de nossos ancestrais primatas. Experiências com crianças recém-nascidas mostraram que a primeira reação de uma criança depende dos olhos ou de formas semelhantes, como dois pontos numa cartolina branca. Alguns cientistas consideram isso como uma prova de que a reação humana ao olhar é inata. O lugar para onde uma pessoa está olhando indica qual o objeto de sua atenção. Quando um homem ou um macaco fixa o outro, isso indica que a atenção está inteiramente concentrada. Mas se não se demonstra quais são as intenções, isso é o suficiente para deixar nervoso até mesmo um primata. Essa atitude poderia explicar também porque uma pessoa se sente tão incomodada diante de um cego, cujo comportamento ocular proporciona pouquíssimos indícios de suas intenções.

Todas as culturas desaprovam o olhar fixo. Algumas mais severamente do que as outras. O psicólogo Silvan Tomkins demonstrou que a maioria das sociedades considera tabu o excesso de intimidade, de sexo ou a explosão de emoções muito livres. O grau permitido varia de uma cultura para outra, mas na mesma medida em que existem esses três tabus, existe também o tabu do contato ocular, já que intensifica a intimidade, expressa e estimula as emoções e é um elemento importante na exploração sexual.

Os norte-americanos interpretam o contato ocular prolongado como um sinal de atração sexual que deve ser escrupulosamente evitado, exceto em circunstâncias íntimas apropriadas. É fácil para um homem mostrar suas intenções sexuais com os olhos: um intenso olhar sobre os seios, as nádegas ou os órgãos sexuais, um olhar que varre de cima abaixo ou simplesmente um olhar diretamente nos olhos. O fato do contato ocular ativar a excitação sexual tão rapidamente deve ser talvez a causa de um episódio muito comum nas ruas: a mulher que abaixa imediatamente os olhos diante do olhar provocante de um homem.

Ensina-se às crianças a não olhar fixamente os seios e os órgãos genitais. Quase nunca se fala abertamente sobre isso, mas elas aprendem. Em muitas, senão em todas as sociedades, as meninas recebem instruções mais severas do que os meninos sobre o que podem ou não podem olhar. A relação entre sexo e contato ocular é, de fato, muito forte. Sempre se acreditou que o excesso sexual causa debilidade visual ou até mesmo cegueira.

Quando duas pessoas se entreolham, partilham o fato de que sentem prazer em estar juntas, ou de que estão irritadas ou sexualmente excitadas. Pode-se ler o rosto de outra pessoa sem olhá-la nos olhos, mas quando os olhares se encontram, não só sabemos como o outro está se sentindo, mas também ele sabe que nós conhecemos seu estado de espírito. De algum modo, o contato ocular nos faz sentir extremamente abertos, expostos e vulneráveis. Talvez seja essa uma das razões que leva as pessoas a fazer amor às escuras, evitando o tipo de contato que mais tende a aprofundar a intimidade sexual: o ocular.

Jean-Paul Sartre sugeriu, certa vez, que o contato visual é que nos faz real e diretamente conscientes da presença de outro ser humano dotado de consciência e intenções próprias. Quando os olhos se encontram, nota-se um tipo especial de entendimento de ser humano a ser humano. Uma moça que tomava parte em manifestações políticas declarou que fora advertida de que, caso enfrentasse um policial, deveria olhá-lo diretamente nos olhos. Disseram-lhe que, se ela conseguisse que ele a consíderasse como outro ser humano, a possibilidade de ser tratada como tal seria maior. Em situações em que se exige uma intimidade mínima — quando um mordomo atende a um convidado, por exemplo, ou quando um oficial repreende um soldado — o subordinado deverá evitar o contato visual, mantendo seu olhar sempre para frente.

As diferenças interculturais relativas ao comportamento ocular são consideráveis e algumas vezes importantes. O antropólogo Edward Hall observou que os árabes, às vezes, chegam-se bem perto para conversar e se olham atentamente nos olhos enquanto falam. No outro vértice da escala estão as sociedades do Extremo Oriente onde se considera falta de educação olhar a pessoa com quem se está falando. Para os norte-americanos, o olhar demorado dos árabes é irritante, mas evitá-lo definitivamente, como no Extremo Oriente, representa sintoma de doença mental. Os norte-americanos também acham estranha a etiqueta dos ingleses uma vez que eles, a não ser que estejam muito próximos, fixam intensamente os olhos de seu interlocutor. E os ingleses também balançam menos a cabeça quando concordam, já que são suas pálpebras e o olhar fixo que mostram que estão prestando atenção. O norte-americano costuma mudar continuamente a direção do olhar ou simplesmente não encara o rosto.

A forma de se olhar em lugares públicos também varia de um país para outro. "Meu primeiro dia em Tel Aviv, foi inquietante", conta um viajante. "As pessoas não só me olhavam fixamente, mas também me mediam de alto a baixo. Eu me perguntava continuamente se não estava despenteado, ou com a vista aberta ou simplesmente se não parecia norte-americano demais... Finalmente um amigo me explicou que os israelenses não consideram nem um pouco fora do normal encarar fixamente uma pessoa na rua." Na França admite-se que um homem olhe descaradamente uma mulher em público. Por outro lado, algumas francesas admitem que ficam aborrecidas nas ruas norte-americanas, porque se sentem como se fossem invisíveis.

Nos Estados Unidos seguem-se outras regras. O sociólogo Erving Goffman explicou que em lugares públicos, os norte-americanos se permitem "uma desatenção cortês", isto é, olham apenas o suficiente para que os outros saibam disso, mas não o bastante a ponto de parecerem curiosos ou intrometidos. Nas ruas adota-se um modo especial de olhar os outros quando se encontra a uma distância de dois metros e meio aproximadamente. Até se encontrar, mede-se a distância e quando o outro passa, baixa-se os olhos como que "baixando os faróis", segundo Goffman. Talvez seja um ritual excessivo, mas é usado constantemente em nossa sociedade.

Os norte-americanos acreditam que encarar uma pessoa em público seja uma intromissão na intimidade e ser surpreendido nessa atitude é embaraçoso. A maioria das pessoas enfrenta o problema de não saber onde olhar quando divide com outra um espaço pequeno, como o elevador, por exemplo. Por outro lado, quando uma pessoa deve encontrar-se com outra que ainda não conhece, em lugar público, o tabu do olhar fixo facilita a identificação: certamente será aquela que transgride a regra com um olhar direto e interrogativo. Os homossexuais dizem que, com freqüência, podem localizar outro homossexual em público, simplesmente porque este sustenta o seu olhar. O mesmo afirmam os viciados.

Os filmes também levam em conta o tabu do olhar fixo. Uma das diferenças essenciais entre os filmes comerciais e aqueles feitos em família é que, neste último caso, as pessoas olham diretamente para a câmara, como que reconhecendo a presença de um auditório. Algumas vezes essa regra foi transgredida com ótimos resultados. Nas primeiras cenas do *Satiricon* de Fellini, dois jovens garbosos vagam por um formigueiro humano povoado de personagens tão estranhos e monstruosos que quase não parecem seres humanos. A sensação de pesadelo da cena intensifica-se de modo notável porque, à medida que a câmara se movimenta, um ou outro monstro se aproxima e se deixa ver diretamente na tela, fazendo com que o público participe de modo inesperado e terrivelmente incômodo.

A maioria dos encontros começa com um contato visual. Como gesto inicial tem suas vantagens. É bom porque aquele que olha não precisa assumir a responsabilidade pelo contato, ao contrário do que aconteceria se o cumprimento fosse verbal. Não obstante, segundo Goffman, quando um norte-americano permite que o outro capte sua olhada, tornam-se ambos coniventes com o que venha a acontecer. Por essa razão, as camareiras desenvolveram uma capacidade de não se deixar olhar nos olhos quando estão muito ocupadas. As crianças aprendem essa função do contato visual desde muito cedo. Aos dois anos de idade, quando estava amarrado na cadeirinha e queria sair dali, meu filho virava constantemente a cabeça para mim, mas não dizia nada até conseguir captar meu olhar.

Pode-se mudar completamente o sentido de uma situação, estabelecendo-se o contato visual ou não. O homem que corre para tomar um ônibus e chega no exato momento em que o motorista fecha as portas e sai, olhando para frente, iria sentir-se bem diferente se, ao fechar as portas, o motorista continuasse seu caminho olhando-o fixamente. Até as regras de etiqueta estabelecem uma grande diferença entre não cumprimentar uma pessoa, fingindo não tê-la visto, ou olhá-la e negar-se a reconhecê-la, o que seria bem mais grave.

O comportamento ocular é talvez a forma mais sutil da linguagem física. A cultura nos programa desde pequenos, ensinando-nos o que fazer com os olhos e o que esperar do próximo. Como resultado disso, quando alguém muda a direção do olhar e encontra ou não resposta de outrem, o efeito produzido é inteiramente desproporcional ao esforço muscular realizado. Mesmo quando o contato é efêmero, como geralmente é, a soma do tempo dedicado a olhar a outra pessoa sempre transmite alguma coisa.

O movimento dos olhos, é lógico, indica aquilo que uma pessoa está vendo. Estudos sobre comunicação demonstram um fato inesperado, segundo o qual esses movimentos também regulam a conversa. Durante a troca diária de palavras, enquanto se presta atenção àquilo que estão dizendo, o movimento dos olhos proporciona um sistema de sinalização, que indica ao interlocutor quando é sua vez de falar.

Essa descoberta foi feita na Inglaterra através dos estudos realizados pelo Dr. Adam Kendon.

Dois estudantes que não se conheciam foram levados a um laboratório e pediu-se a eles que se sentassem e começassem a conversar. Enquanto isso, ambos eram filmados. A escala que registrava o tempo gasto na observação recíproca mostrou uma variação entre 28 e um pouco mais do que 70% do tempo, mas, apesar disso, o padrão que surgiu foi muito claro.

Imaginemos duas pessoas que se encontram num corredor. Vamos chamá-las de John e de Alison.

Logo depois dos cumprimentos iniciais, Alison começa a conversa, sem encarar John. Conforme a prosa vai ficando animada, Alison encara-o, de vez em quando, geralmente no fim de uma frase ou de uma oração. Cada vez que isso acontece, John concorda com a cabeça, murmura um "sim..." ou indica, de alguma outra maneira ainda, que está escutando-a. Ela, por sua vez, desvia o olhar. O tempo gasto para encarar e para desviar os olhos é o mesmo e só se altera em caso de dúvida ou de engano. Quando termina o que estava dizendo, Alison demora mais o olhar em John. Tudo indica que, se não fizer isso, John vacila ou fica quieto, sem saber que é sua vez de falar. Quando John começa a falar e Alison o escuta, ela olha para ele por muito mais tempo do que quando estava falando. Alison costuma desviar o olhar por pouco tempo. E agora, quando seus olhos encontram os de John, cabe a ela dar algum sinal de continuidade. É fácil de se perceber a lógica que está por trás desse comportamento. Alison olha para o outro lado no início da conversa ou quando tem alguma dúvida, isso para não se distrair enquanto coordena seus pensamentos. Olha para John de vez em quando para assegurar-se de que ele a escuta, a fim de ver como reage ele, ou talvez pedindo permissão para continuar. E enquanto ele fala, ela olha-o constantemente para demonstrar que está prestando-lhe atenção e que é educada. A importância do comportamento ocular como sinal de trânsito da conversação se nota claramente quando ambos usam óculos escuros: as interrupções são mais freqüentes e as pausas são mais prolongadas do que normalmente.

Na pesquisa, Kendon descobriu também que, quando se interroga uma pessoa, deve-se olhá-la firme nos olhos, a não ser que se trate de uma pergunta atrevida ou que se trate de um tema muito tenso. Se o que foi dito surpreende o ouvinte, este tende a encarar o locutor, se se tratar de coisa agradável. Caso contrário, a tendência é a de desviar os olhos.

No entanto, Kendon lembra que esses dados se aplicam a uma conversa relativamente normal. Presume-se que as pessoas, quando em família ou quando se conhecem muito bem, podem não se comportar dessa forma.

O tempo que uma pessoa gasta em encarar o outro tende a ser igual em cada grupo de dois estudantes observados. Todavia, um estudante que fazia par com uma pessoa e logo em seguida com outra, mostrou marcantes diferenças de comportamento nas duas experiências. Isso sugere que, de algum modo, pode-se chegar a um entendimento muito sensível e inteiramente não-verbal com o objetivo de se manter o olhar num determinado nível.

Também parece certo que, durante uma conversa social entre duas pessoas que não se conhecem, há uma redução generalizada no intercâmbio visual. Talvez porque o excesso de troca de olhares transforme o tema da conversa em assunto muito pessoal. Dois estudantes, um rapaz e uma moça, parecem atrair-se muito mais. O estudo mostrou que quanto mais um sorria para o outro, menos eles se olhavam. Foi a moça que tomou a iniciativa de evitar o contato visual, procurando olhar de lado nos momentos em que aumentava o nível emocional. Esse comportamento, portanto, não tinha nenhuma relação com a função reguladora ou de "sinal de tráfego", mas fazia parte do vocabulário expressivo dela. Era como se dissesse: "sinto-me perturbada".

Os sinais visuais mudam de significado segundo o contexto. Existe uma grande diferença entre receber um olhar demorado de alguém que esteja falando — nesse caso, pode ser até lisonjeiro — ou perceber o mesmo olhar em alguém que nos fala. Para quem escuta, receber uma olhada fixa e demorada é incômodo e inesperado. Mais ainda, durante um silêncio amistoso, o olhar pode ser decididamente perturbador. Uma pessoa pode expressar muitas coisas através do olhar. Basta apenas exagerar levemente os padrões habituais. Escutar, olhando muito "de lado", pode significar que não há acordo quanto ao que se diz. Por outro lado, a mesma atitude enquanto se fala pode significar que não há muita segurança quanto àquilo que está sendo dito ou que se deseja modificar o que está sendo dito. Encarar o próximo que fala pode significar concordância ou, simplesmente, atenção. Se, enquanto você fala, você olha firme para a outra pessoa, isso mostra que você quer saber a reação de seu interlocutor ou que está muito seguro daquilo que está dizendo.

Na verdade, a pessoa que fala pode controlar o comportamento de quem está escutando através de movimentos oculares: impedir uma interrupção ou incitar à resposta mediante o olhar fixo.

Mencionei antes que a soma dos olhares entre as pessoas varia enormemente. Parece que o comportamento ocular não se resume à partilha de um mesmo código. Os movimentos oculares de cada um são influenciados pela sua personalidade, pela situação em que se encontra, por suas atitudes para com as pessoas que o acompanham e pela importância que desfruta dentro do grupo. Também é certo que tanto os homens como as mulheres olham de maneira totalmente diferente. O psicólogo Ralph Exline, a quem se atribui a maioria dessas pesquisas, realizou, durante anos, dezenas de experiências para estudar estas e outras variações desse comportamento específico, bem como sua interação. Os pacientes escolhidos, estudantes em geral, foram encaminhados para um local especial e se pediu a eles que fizessem algo para se distrair. Enquanto isso, seu comportamento ocular era registrado e filmado através de um espelho especial.

Uma das descobertas mais importantes de Exline garante que o olhar firme está diretamente relacionado com o agrado. Quando uma pessoa gosta de outra, é provável que a olhe com mais freqüência do que o habitual e que o olhar também seja mais prolongado. A outra pessoa interpretará isso como um sinal de cortesia, mostrando que seu interlocutor não está totalmente absorto no tema da conversa, mas que também se interessa por ele como ser humano. É evidente que o comportamento ocular não é a única chave de atração. Naquilo que se faz e que se diz, devem ser levadas em conta também as expressões faciais, a proximidade, o contato físico, etc. Mas para a maioria de nós é mais fácil dizer "você me agrada" com o corpo e especialmente com os olhos do que com palavras.

O comportamento ocular pode ser crucial nas etapas iniciais de uma amizade, porque se realiza sem esforço. Numa casa cheia de gente, mesmo antes de se trocar uma palavra, duas pessoas podem iniciar uma completa relação preliminar somente com os olhos: fazer contato, curvar-se timidamente, interrogar, sondar, escolher ou recusar. Uma vez iniciada, a conversa continuará acompanhada por reações não-verbais, em que o comportamento ocular desempenha papel preponderante.

Assim como podem transmitir atitudes e sentimentos, os movimentos oculares podem também expressar a personalidade. Uns olham mais que os outros. Aqueles que, por natureza, são mais carinhosos, são capazes de olhar muito, do mesmo modo como aqueles que, segundo os psicólogos, sentem mais necessidade de afeto. Denominada também "motivação de amor", a necessidade de carinho é o desejo de se alcançar um relacionamento gostoso, afetivo e íntimo com as outras pessoas, necessidade que todos sentimos em maior ou menor grau.

Realmente não constitui surpresa saber que as pessoas que procuram afeto e que se apreciam mutuamente, tendam a se olhar diretamente no rosto e nos olhos. Na verdade há muita sabedoria popular relacionada com o movimento dos olhos, e quando examinadas, algumas crendices resultam corretas. Por exemplo, a pessoa perturbada ou desgostosa *trata* de evitar o olhar do próximo. Da mesma forma, é certo que se olha menos quando se faz uma pergunta pessoal do que quando se pergunta algo de cunho geral. Mais ainda, algumas pessoas desviam nitidamente o olhar quando estão faltando com a verdade.

Este último fato ficou definitivamente demonstrado em uma das experiências mais engenhosas de Exline. Como sempre, as pessoas escolhidas eram estudantes. Examinados aos pares, foi-lhes dito que o objetivo da experiência era estudar a formação de decisões de grupo. Para cada par foi mostrada uma série de cartões e pediu-se que adivinhassem o número de pontos que cada um continha. Os estudantes deviam discutir juntos a provável quantidade e chegar a um acordo para dar uma única resposta. Mas um estudante de cada parceria estava combinado previamente com o pesquisador.

Depois de se mostrar meia dúzia de cartões, fazia-se de conta que chamavam o pesquisador ao telefone, de modo que este devia se ausentar do ambiente. Durante essa ausência, o instigador induzia seu companheiro a falsificar a prova, lendo a resposta na folha do pesquisador. Alguns aceitavam imediatamente, outros resistiam, mas permitiam que o companheiro olhasse a folha, convertendo-se em cúmplice passivo.

Ao voltar, o pesquisador demonstrava um ceticismo crescente em relação às respostas dos dois, até que finalmente os acusava de fraude. Durante a tensa entrevista que se seguia, controlava-se o comportamento ocular do desventurado estudante. Isso era registrado e comparado com outro registro feito anteriormente, numa fase mais relaxada da experiência.

Exline não queria provar apenas a teoria dos olhares evasivos. Queria estudá-los também como se relacionavam com uma determinada variante da personalidade e com o grau em que cada indivíduo manipula seus semelhantes. Todas as pessoas fizeram um teste escrito, antes de ir ao laboratório para submeter-se à experiência. Segundo esse teste, foram classificados em diversos graus de "maquiavelismo" ou de tendência em manipular o próximo. Concluiu-se que os manipuladores, enquanto negavam haver olhado as respostas, olhavam o pesquisador com maior firmeza do que os não manipuladores. Mais ainda: depois de serem acusados, aumentou a duração de seus olhares, embora, na entrevista anterior à experiência, todos tivessem tido duração semelhante. Dessa forma, o contato visual de cada um era afetado não só pela necessidade de ocultar informações, mas também pela categoria de pessoa em que se enquadrava.

Outra influência importante sobre o comportamento ocular é a do sexo. Parece que as mulheres, pelo menos em laboratório, olham mais que os homens, e uma vez estabelecido o contato visual, sustentam-no por mais tempo. Também há outras diferenças mais sutis. Tanto os homens como as mulheres olham mais quando alguém lhes é simpático, mas os homens intensificam o tempo do olhar quando escutam, enquanto que as mulheres o fazem quando são elas que estão falando. Uma explicação plausível para essas diferenças parece residir no fato de se ensinar às meninas e aos meninos a controlar suas emoções de forma distinta. As mulheres, em geral, sentem-se menos inibidas quando devem expressar o que estão sentindo e são mais receptivas às emoções alheias. Parece que não só dão maior importância à informação que se transmite através do olhar — informação sobre as emoções — mas que também sentem uma necessidade maior de saber, especialmente quando se trata de alguém que lhes é simpático, como ele ou ela reage diante do que está sendo dito. Na verdade, ao se pedir a uma mulher que converse com alguém que ela não possa ver, ela falará menos do que o habitual; por outro lado, um homem quando conversa com alguém que não pode ver, fala mais do que o normal.

Outra experiência realizada por Exline esclarece melhor a relação existente entre o comportamento ocular e a emotividade. Exline pediu a seus pacientes que fizessem um inventário sobre sua personalidade, no qual se perguntava, entre outras coisas, quanto afeto eles davam aos outros e quanto pretendiam receber. A maioria dos homens mostrava-se disposta a dar e a receber menos do que a maioria das mulheres. No entanto, houve alguns casos de homens mais afetivos e de algumas mulheres menos afetivas do que a média correspondente. Quando Exline examinou a interação visual desses indivíduos, descobriu que os homens afetivos trocavam olhares na mesma proporção que as mulheres, enquanto que as mulheres menos afetivas apresentavam um comportamento ocular semelhante ao do homem médio.

Entre os homens, assim como entre os animais, o modo de olhar reflete freqüentemente o *status*. Em geral, o animal dominante desfruta de mais espaço visual. Quando um macaco-chefe capta o olhar de um subordinado, este abaixa os olhos ou olha de lado. Alguns etologistas afirmam que a estrutura de domínio entre os primatas se organiza e se mantém segundo quem pode olhar a quem, muito mais do que com atos agressivos. Cada vez que os macacos cruzam o olhar e um deles o desvia, confirma-se o lugar que corresponde a cada um na estrutura do poder. Provavelmente também parece certo que, entre os seres humanos, o executivo se considere no direito de olhar abertamente a secretária e que esta deveria olhar seus botões. Caso esse esquema fosse alterado, algo não estaria funcionando bem.

Até agora nos referimos exclusivamente aos movimentos oculares, como se o olho em si fosse algo inexpressivo. Sem dúvida, as pessoas parecem responder também, em nível subliminar, às mudanças que se produzem dentro do olho, às variações do tamanho da pupila. Um psicólogo de Chicago, Eckhard Hess, está pesquisando um novo campo que ele denomina "pupilometria". Em 1965, escreveu no *Scientific American*:

> "Uma noite, há uns cinco anos, estava na cama folheando um livro que tinha belas fotos de animais. Minha mulher olhou-me por acaso e observou que a luz não devia ser suficiente, porque as minhas pupilas pareciam maior do que o normal. A mim parecia que a luz da mesinha de cabeceira era mais do que suficiente, mas ela insistiu que as minhas pupilas estavam dilatadas. Como psicólogo interessado em percepção visual, esse pequeno episódio chamou a minha atenção. Mais tarde, quando tentava conciliar o sono, lembrei que alguém me havia dito que existia uma relação entre o tamanho da pupila de uma pessoa e sua res-

posta emocional a certos aspectos do meio ambiente. Neste caso, era difícil encontrar um componente emocional. Mas, bem que podia se tratar de um interesse intelectual e, quanto a isso, ninguém ainda havia falado sobre o tamanho da pupila.

Na manhã seguinte, dirigi-me ao meu laboratório na Universidade de Chicago. Quando cheguei, selecionei um determinado número de fotografias, todas de paisagem, exceto uma que era de uma garota seminua. Quando meu ajudante James M. Polt entrou, submeti-o a uma pequena experiência. Misturei as fotografias por cima da cabeça, de forma que eu também não pudesse vê-las, e mostrei-as uma a uma, observando os olhos de James enquanto ele as observava. Quando cheguei à sétima, houve um notável aumento no tamanho de suas pupilas; olhei a fotografia, embora já soubesse tratar-se daquela da garota nua. A partir de então, Polt e eu iniciamos uma pesquisa sobre a reação entre o tamanho da pupila e a atividade mental."

Hess parece ter encontrado um índice bastante seguro e mensurável daquilo que as pessoas pensam e sentem. Em suas experiências, ele pede às pessoas que olhem através de um visor especialmente desenhado, enquanto lhes mostra *slides*. Enquanto a pessoa está olhando, uma câmara cinematográfica filma seus olhos, que se refletem num espelho que há no interior do visor. Os *slides* são mostrados aos pares, sempre com uma luminosidade igual àquela que se segue ao estímulo posterior, de modo que a mudança do tamanho da pupila não seja devido à mudança da intensidade de luz. Hess encontrou uma imensa gama de respostas pupilares, desde a extrema dilatação quando a pessoa observa um *slide* interessante ou agradável, até a contração máxima que ocorre quando vê algo desagradável. Como era de se supor, a pupila dos homens se dilata mais do que a das mulheres diante da imagem de uma moça nua e a pupila das mulheres se dilata mais do que a dos homens diante de uma mãe com seu filho ou de um homem nu. As crianças e os jovens de todas as idades, desde os 5 até os 18 anos, reagem mais diante do sexo oposto, embora este sinal involuntário, de preferência, nem sempre corresponda ao que dizem verbalmente.

Em experiências anteriores, os homossexuais reagiram com maior entusiasmo diante de nus masculinos do que de nus femininos. Pessoas famintas reagiram mais diante de imagens de comida do que aquelas que haviam acabado de comer. E as fotos de horror produziram uma reação negativa e constrangedora a não ser aquelas tão horríveis que chegavam a produzir um choque e, nesse caso, a pupila aumentava para em seguida diminuir.

Quando ao mesmo tempo se media a reação galvânica da pele, obtinha-se uma resposta semelhante e esse tipo de reação pode ser considerado um índice seguro do estado emocional.

O tamanho da pupila é afetado não somente pela visão, mas também pelo gosto e pelo som. Quando as pessoas provavam líqüidos distintos, suas pupilas se dilatavam de acordo com cada um, tanto os agradáveis quanto os desagradáveis, mas aumentavam quando se tratava de um sabor preferido. As pupilas também aumentavam invariavelmente com a música, mas um apreciador da música folclórica, por exemplo, reagia mais diante do som de um violão do que diante dos primeiros acordes da Nona Sinfonia de Beethoven.

A pupila começava a aumentar quando se apresentava às pessoas um problema de aritmética mental; alcançava o tamanho máximo quando se chegava ao resultado final e logo começava a diminuir. Entretanto, as pupilas não voltavam a seu tamanho normal até que a pessoa tivesse verbalizado a resposta. Se lhe pedissem que tirasse a prova do resultado, a pupila tornava a aumentar. Hess considera que a pupilometria, como ele chama seus estudos, pode servir para medir a capacidade de decisão de uma pessoa. "Embriológica e anatomicamente, o olho é uma extensão do cérebro", escreve Hess. "É quase como se uma parte de cérebro pudesse ser examinada pelo psicólogo."

O homem é capaz de reagir à mudança do tamanho das pupilas nos encontros cotidianos? Existem provas para se supor que sim. Parece que um mágico que faz truques com cartas pode identificar a carta pré-selecionada por outra pessoa porque as pupilas desta aumentam ao tornar a vê-la; e também se diz que os vendedores chineses de jade vigiam as pupilas de seus clientes para descobrir quanto uma peça lhes agrada, pedindo então, um alto preço por ela. Mas a evidência *científica* de que a pupila humana reage nesses termos, foi obtida através de uma experiência na qual Hess mostrou um grupo de fotografias a vários homens. Entre elas havia duas da mesma garota bonita, idênticas em todos os detalhes, menos no tamanho da pupila, que havia sido retocada: numa delas, as pupilas foram aumentadas e na outra diminuídas bastante. A reação dos homens, medidas através da reação de suas pupilas, foi duas vezes mais fortes diante da foto cujas pupilas tinham sido aumentadas. Ao serem interrogados depois da experiência, a maioria acreditava que ambas as fotos eram iguais, embora alguns tivessem dito que uma delas lhes parecera mais suave ou bonita. Ninguém havia percebido a diferença dos olhos, e isso parece indicar que as pupilas maiores podem ser mais atraentes aos homens num nível subliminar, possivelmente porque isso seja talvez a reação de uma mulher quando está interessada no homem a seu lado.

Hess mostrou também que as mulheres preferem as fotos de homens com as pupilas aumentadas e fotos de mulheres que as tenham contraídas. Os homossexuais também preferem as fotos de mulheres com as pupilas contraídas e, coisa curiosa, o mesmo acontece entre os homens do tipo "Don Juan", que podem estar mais interessados numa conquista do que numa reação sincera. Assim, parece certo que todos reagimos de acordo com o nosso modo de ser ao sinal sexual emitido pelo tamanho da pupila.

As aplicações práticas da pupilometria são óbvias. Na Idade Média as mulheres usavam, às vezes, beladona para dilatar as pupilas e parecer mais atraentes. Em nossos dias, pesquisadores já se utilizaram da descoberta de Hess para aumentar o impacto da propaganda e de certos produtos, estudar o processo de decisão e avaliar o efeito de certos tipos de experiências nas atitudes inter-raciais. A pupilometria pode transformar-se, algum dia, numa maneira de se testar o progresso alcançado na psicoterapia: verificar-se, por exemplo, se uma fobia já foi superada.

Duvido, no entanto, que a observação da pupila possa ser de uso prático para o cidadão comum que olha distraidamente. Embora pareça ser uma arte que todos os vendedores deveriam aprender, no geral as circunstâncias não costumam ser favoráveis. Realmente esses vendedores chineses de jade devem ter uma vista muito boa. Afora o risco que se corre sempre quando se olha firme para um desconhecido, existe a possibilidade de que o vendedor se aproxime demais do cliente para ver suas pupilas e, se a luz for propícia, isso pode alarmá-lo a ponto de fazê-lo fugir.

Para o leigo parece existir muita informação sobre o comportamento ocular. Tudo se pode resumir numa única pergunta angustiante: como pode uma pessoa discernir através do movimento dos olhos o que a outra está pensando numa determinada situação, se se pode atribuir isto a tantos fatores diferentes? Se alguém, a quem acabamos de conhecer, nos olha com insistência devemos achar que o agradamos, que ele é afetuoso, ou que tem muita necessidade de afeto? Ou será que seu *status* é tão superior que automaticamente ele acredita dispor de maior espaço visual? Se se trata de um encontro entre homens, será uma afirmação de superioridade? Se se trata de um homem e você for uma mulher, será uma aproximação sexual? Ou uma repulsa? Estas perguntas que podem ser importantes para um cientista que tenta decifrar o código corporal, em geral, é só uma perda de tempo para o leigo. Na maioria das situações, a intuição somará tantas pequenas mensagens não-verbais que permitirão chegar a uma conclusão, ou pelo menos, a uma idéia. Mas feito isso, é possível que o elemento segundo o qual se foi mais *consciente*, depois da expressão facial, seja o comportamento ocular.

Tudo isso nos leva a um fator básico mas que poucas vezes se leva em conta: a afirmação de que "olhamos para ver" é uma verdade correta apenas em parte nos encontros cara a cara.

CAPÍTULO 9

# A DANÇA DAS MÃOS

Já virou uma piada velha dizermos que se "a mão de fulano for amarrada, ele fica sem falar". No entanto, a verdade é que muitos de nós nos sentiríamos incômodos se tivéssemos que renunciar à dança das mãos com a qual acompanhamos e ilustramos nossas palavras.

A maioria das pessoas percebe a gesticulação alheia, mas, em geral, ignora-a, não lhe atribuindo nenhum sentido. Contudo, esses gestos comunicam. Às vezes, eles ajudam a esclarecer, quando a mensagem verbal não é muito clara. Em outros momentos, eles revelam, de modo involuntário, as emoções. Mãos muito apertadas ou que se mexem nervosamente são um sinal que os demais podem perceber fácil. Às vezes, também, o gesto tem uma funcionalidade tão clara que o significado torna-se inequívoco. Num dos filmes de pesquisa, uma mulher cobria os olhos toda vez que comentava algo de que se envergonhava e, quando falava sobre o relacionamento com o seu terapeuta, ela arrumava a saia.

Grande parte da gesticulação comum vincula-se, na verdade, ao discurso, como uma forma de ilustrar ou sublinhar o que se diz. Há gestos que assinalam coisas, outros que sugerem distância ("Ele chegou pertinho *assim*...") ou direção: "Temos de ir mais *pra frente*." Alguns deles representam um movimento corporal (brandir o punho ou fazer arabescos com a mão) e outros desenham o tamanho ou a forma no ar. Outros ainda marcam as etapas de uma narrativa em curso: "*Aí* ele se sentou e *aí* ele disse..."

Cada indivíduo tem seu próprio estilo gestual e, em parte, esse estilo reflete sua cultura. Nos Estados Unidos, os gestos servem quase sempre como indicadores de origens étnicas, pois cada cultura produz seu próprio estilo característico de movimento corporal e esse estilo, a rigor, persiste muito mais do que um dialeto ou um sotaque "estrangeiro". Os especialistas acreditam que nos Estados Unidos a gestualidade étnica quase sempre alcança a terceira geração. Os membros de uma família de italianos meridionais, por exemplo, que tenham vivido nos Estados Unidos por três gerações, podem ainda gesticular com a expansividade e o talento dramático dos italianos. Teoricamente, o estilo de movimentação pode persistir para sempre se, em cada geração, as crianças forem criadas dentro de um quisto étnico. Por outro lado, uma criança educada fora desse enclave, e que for enviada à escola bem cedo, provavelmente aprenderá um jeito diferente de se movimentar.

Albert Scheflen já lembrou que, às vezes, o estilo de movimento se confunde com os traços físicos. Talvez, quando a gente diz que alguém parece francês ou judeu, o que queremos dizer é que esse alguém se move de maneira elegante, como um francês, ou de um jeito *staccato* como um judeu. Há pessoas bilíngües que mudam os gestos quando mudam de língua. Fiorello La Guardia, por exemplo, o ex-prefeito de Nova Iorque, gesticulava em idiche e em italiano (ver Capítulo 4). Outros não. Daí podermos encontrar gente que fale um bom inglês, mas com uma cinética ídiche absolutamente perfeita. Nesse caso, seu inglês não *soará* tão bom quanto realmente é, porque seus movimentos não se casam com a língua.

A investigação sobre os estilos gestuais começou em princípios de 1940, através de um estudo realmente notável levado a efeito por David Efron. Seu objetivo era refutar os cientistas nazistas que afirmavam serem as diferenças gestuais uma herança racial e, por isso, Efron estudou os imigrantes italianos e judeus do Lower East Side de Nova Iorque. É difícil saber se o livro que resultou dessa pesquisa foi que realmente começou a onda atual de interesse pela comunicação não-verbal ou se os cientistas simplesmente o redescobriram na década de '50, quando então a pesquisa em comunicação finalmente começou a ser levada a sério[1]. Mas, de qualquer maneira, o livro de David Efron — *Gesture and Environment* — é uma mina de informações sobre a história do gesto, além de ser, como já observou um pesquisador, "o trabalho individual mais abrangente sobre cinética". Efron usou uma variedade de técnicas de pesquisa em sua análise: suas observações pessoais, esboços de flagrantes realizados por

---

1) David Efron desapareceu de cena depois de publicar *Gesture and Environment* em 1941, e os pesquisadores em comunicação se perguntavam o que poderia ter acontecido com ele. Paul Ekman localizou-o recentemente em Genebra, onde Efron passou 22 anos trabalhando nos escritórios da Organização Internacional do Trabalho. *Gesture and Environment* foi publicado de novo em 1972.

um artista e filmes. A fim de analisar os filmes, Efron traçou um quadriculado na tela e executou medições diretas da direção que os gestos seguiam.

Para começar, Efron descobriu que *existiam*, realmente, diferenças consideráveis no estilo gestual. Os judeus, quando gesticulam, conservam as mãos bem perto do peito e do rosto e o antebraço junto às laterais do corpo, de forma que o movimento começa no cotovelo. Em geral, gesticulam com uma só mão, de modo entrecortado e carregado de energia nervosa. Dois deles, em conversa, gesticulam simultaneamente, quase sempre, e o locutor pode inclusive aproximar-se do outro e agarrá-lo pela lapela. Os judeus também costumam se valer de gestos que marcam o tempo ou que indicam direção. Os imigrantes italianos, por outro lado, empregam gestos mais amplos, abertos, tendendo à expansividade, delineando formas, desenhando-as, buscando a simetria e usando as duas mãos. São mãos que se movimentam em todas as direções, muitas vezes com todo o braço estendido. Os italianos também tendem a tocar seu próprio corpo e não o de seu interlocutor, com movimentos enérgicos e animados, mas também suaves e homogêneos.

Efron passou a estudar, então, a segunda geração de italianos e de judeus e descobriu que aqueles que mantinham laços tradicionais com a comunidade étnica ainda conservavam o estilo gestual, enquanto que os que haviam sido assimilados pela vida americana já começavam a perdê-lo. Efron chegou mesmo a distinguir gestos híbridos que participavam de dois estilos. O que ficou definitivamente comprovado é que o estilo gestual não é herança racial.

Em 1942, resenhando o livro de Efron, Gardner Murphy fazia especulações sobre as forças que moldam o estilo gestual numa cultura. Desenvolvendo algumas explicações oferecidas por Efron, Murphy escreveu:

> "A gesticulação dos italianos parece ser a expressão de uma existência vivida em aldeias onde o espaço é livre, a estrutura familiar é clara e definida e a conversa é muito semelhante ao canto e à dança em termos de valor expressivo. Sob condições de perseguição econômica e social, o gesto do judeu europeu tende a ser um gesto de fuga ou, diante de uma dificuldade, um gesto de agressão endereçada apenas ao objeto imediatamente mais próximo. A vida metropolitana nas cidades norte-americanas faz com que ambos os estilos percam seu sentido cada vez mais e se tornem inúteis. Não se trata somente de imitar a norma norte-ameri-

cana. Trata-se de realçar o papel positivo do gesto na vida social."[2]

Em *Nonverbal Communication*[3], um livro importante entre os primeiros no assunto, Jurgen Ruesch e Weldon Kees resenharam o estudo de Efron e prosseguiram na descrição do estilo gestual dos franceses, alemães e norte-americanos.

Os franceses, escreviam Ruesch e Kees, usam poucos movimentos, mas com elegância e precisão, em manifestação estilizada das emoções. Não são nem expansivos como os italianos, nem insistentes como os judeus, nem angulares e incisivos como os alemães; as áreas corporais mais expressivas são o rosto e a "zona da espinha" — uma referência à pose característica de soldado — enquanto que o movimento das mãos e dos braços é usado geralmente para reforçar uma afirmação. Nos Estados Unidos, em geral, o gesto carece daquela intensa estilização do francês ou daquela participação interpessoal dos italianos. Além disso, há grandes diferenças de estilo entre as regiões.

Em *Male and Female*[4] Margaret Mead levantou essas diferenças. Comparando os Estados Unidos com sociedade mais simples, menos evoluídas do ponto de vista técnico e, por conseguinte, mais homogêneas, nas quais existe um único estilo de movimento para todos, Margaret Mead escreveu:

> "Nem todos os homens cruzam as pernas com aquela mesma masculinidade confiante... Nem todas as mulheres caminham aos saltinhos ou se sentam e descansam com as pernas bem juntas, mesmo dormindo. O comportamento de cada norte-americano é, em si, um compósito, uma versão imperfeita do comportamento de outros que, por sua vez, não decorre de um modelo único... mas, antes, de uma série de modelos, cada um diferente, estilos desenvoltos de individualidade, carentes de autenticidade, da precisão de um estilo grupal. A mão que se estende para o cumprimento, para enxugar uma lágrima ou ajudar uma criança que caiu, não tem nenhuma garantia de ser aceita (se for aceita) no sentido com que é oferecida...
> 
> "A linguagem e os gestos dos norte-americanos incluem a transitoriedade, a possibilidade de ser mal

---

2) Extraído de uma resenha de Gardner Murphy, publicada no *The Annuals of the American Academy*, 1942, vol. 220.

3) *Nonverbal Communication* de Jurgen Ruesch e Weldon Kees. University of California Press, 1956.

4) *Male and Female: A Study of The Sexes in a Changing World* de Margaret Mead. Dell Publishing, 1949.

compreendida quando um relacionamento se aprofunda, a possibilidade de se construir um código rápido que sirva para o momento, a necessidade de sondar outra pessoa, de encontrar alguma forma precária, demasiado explícita, imperfeita, de comunicação imediata."

Assim como dispõe de estilo de movimentação próprio, cada cultura tem também seu repertório de emblemas. Emblema é um movimento corporal que possui um significado preestabelecido, como o dedão levantado que pede carona ou o indicador que passa pela garganta para indicar morte.

Paul Ekman realiza pesquisas sobre emblemas universais, num trabalho paralelo ao da investigação sobre expressões faciais. Trabalhando no Japão, na Argentina e entre os Fore meridionais da Nova Guiné, Ekman levantou até agora entre dez e vinte emblemas possivelmente universais, isto é, movimentos corporais que transmitem a mesma mensagem nessas três culturas altamente divergentes. Pode ser que esses emblemas não existam em todas as sociedades, mas Ekman acha provável que, se uma cultura tiver realmente qualquer emblema para essas frases ou palavras, esses emblemas serão os que Ekman apontou.

Um exemplo é o do sono, indicado pela cabeça inclinada e o rosto aninhado na palma da mão. Outro emblema é o de barriga cheia, representado pela mão que esfrega ou dá tapinhas na barriga. Ekman acredita que se deve às limitações da anatomia humana a universalidade desses gestos. Quando a musculatura permite que uma ação se realize de mais de uma maneira, aí então haverá diferenças culturais nos emblemas. Por exemplo: apesar do emblema de comida requerer sempre uma pantomima na qual há um movimento de se levar a mão à boca, no Japão uma das mãos toma a forma de uma tigela imaginária mais ou menos na altura do queixo, enquanto que a outra atira comida imaginária para dentro da boca. Na Nova Guiné, entretanto, onde as pessoas comem sentadas no chão, o braço estende-se todo, a mão apanha um bocado imaginário e leva-o à boca. Na Argentina, o emblema de suicídio faz-se com a mão em forma de pistola, apontada para a têmpora, enquanto que no Japão, usa-se a pantomima de arrancar as tripas através do hara-kiri.

Às vezes, culturas diferentes usam o mesmo emblema mas com um significado bem diferente. Botar a língua pra fora, nos Estados Unidos, é um gesto de grosseria infantil, mas na China meridional isso significa constrangimento. No Tibete, o mesmo gesto é um sinal de polida deferência, enquanto que nas Ilhas Marquesas a língua para fora quer dizer "não".

É evidente que, visitando um país estrangeiro, uma pessoa pode enfrentar problemas inesperados se usar o emblema errado. Um professor norte-americano, dando aula na Colômbia, estava falando com seus alunos sobre crianças em idade pré-escolar e quando estendeu o braço com a palma da mão para baixo, a fim de mostrar a idade das crianças, a classe começou a rir. Parece que esse gesto é usado na Colômbia para indicar o tamanho de animais, nunca de seres humanos. Isso foi o tipo da ocorrência que inspirou dois bolsistas da Fulbright na Colômbia a escreverem, talvez, o primeiro manual de tradução de emblemas[5]. Embora alguns professores de língua tenham já observado que as pessoas não esperam que o estrangeiro gesticule com perfeição, ainda que sejam perfeitamente bilingües, parece razoável que os estudantes aprendam um mínimo da cinética de uma língua, enquanto estiverem absorvendo seu vocabulário; e é bem provável que se ensine língua desse jeito no futuro.

A gesticulação tem sido estudada de um ponto de vista inteiramente diferente pelos especialistas em cinética, que nela vêem um elemento perfeitamente esquematizado dentro da corrente regular e até mesmo repetitiva dos movimentos corporais.

Adam Kendon fez uma análise detalhada da gesticulação de um homem, filmado enquanto falava com um grupo informal de umas onze pessoas. Com o auxílio de um lingüista, Kendon segmentou o discurso do homem, não em unidades gramaticais, mas em unidades fonéticas, baseadas nos ritmos e esquemas de entonação do discurso em si. Seguiu-se a descoberta de que essa conversa de dois minutos poderia ser analisada em três "parágrafos" que continham onze "subparágrafos", os quais, por sua vez, eram formados por 18 locuções (cada uma equivalendo a uma sentença), divisíveis novamente em 48 frases.

Em seguida, Kendon fez uma descoberta surpreendente. Cada nível de discurso era acompanhado de um esquema contrastante de movimento corporal, de maneira que, quando o orador passava de uma frase para outra ou de uma sentença para outra, seu corpo também mudava de movimentação. Durante o primeiro parágrafo, por exemplo, o homem gesticulava só com o braço direito; no segundo, com o esquerdo; no terceiro, com os dois. Num subparágrafo ele podia usar movimentos amplos com todo o braço durante a primeira sentença; movimentos de punho e de dedos apenas, na segunda sentença; e flexão de todo antebraço durante a terceira sentença. O mesmo acontecia em termos de frase.

Kendon disse-me que aquele homem do filme estava, de certa forma, representando a estrutura gramatical do que dizia, através da gestualidade. Ademais, ele associava, com regularidade, alguns

---

5) O livro chama-se *Handbook of Gestures: Colombia and the United States*, e seus autores são Robert Saitz e Edward Cervenka.

movimentos com certas frases ou idéias particulares. Em determinado momento ele disse: "Os britânicos são autoconscientes", enquanto descansava as mãos no colo, os dedos entrecruzados, as palmas para dentro e os polegares para cima. No parágrafo seguinte, ele retomou a idéia, expressando-a um pouco diferente, mas acompanhada da mesma posição das mãos.

Tudo isso está em perfeito acordo com as descobertas da cinética sobre a pose, segundo as quais o homem adota uma série diferente de posições: uma para falar, outra para ouvir, havendo mesmo diferenças na posição do falante enquanto pergunta, enquanto dá ordens, enquanto explica, etc. E graças à microanálise já se chegou também à conclusão de que os movimentos corporais mudam de direção, coincidindo com os ritmos do discurso, de tal maneira que, ainda em nível silábico, o corpo pode dançar ao ritmo das palavras.

Um problema que anda provocando o interesse de Kendon é o do contexto no qual as pessoas gesticulam ou não. O homem do filme, observou Kendon, fazia um pequeno discurso, provavelmente muito bem pensado com antecedência e pronunciado com tranqüilidade. Sabendo mais ou menos o que vinha em seguida, ele adequou os gestos com o fluxo das palavras, com naturalidade e facilidade, talvez sem consciência.

No entanto, a gesticulação ocorre também durante o discurso hesitante. Kendon já notou que, quase sempre, quando uma pessoa pára no meio da frase em busca de uma palavra, esta se apresenta através das mãos. Uma senhora que dizia: "Eles trouxeram uma mesa enorme com uma a-a-a... torta em cima", fazia gestos horizontais e circulares no ar, em forma de bolo, enquanto hesitava em cima do "a-a-a-a". Kendon lembra que as pessoas podem esboçar em gesto o que está prestes a ser dito em palavras. E continua:

> "Também é verdade que se você pedir a alguém que repita o que disse porque você não entendeu direito, a gesticulação virá durante a repetição, se não veio na primeira vez. A gesticulação emerge quando uma pessoa tem mais dificuldade para se expressar ou quando o esforço para se fazer entender é maior. Quanto maior a excitação, mais ela exige de seu corpo a ponto de gesticular cada vez mais."

Esta explicação encontra apoio numa experiência levada a efeito por Howard Rosenfeld. Esse psicólogo descobriu que as pessoas instruídas a parecerem amistosas e simpáticas riam e gesticulavam muito mais do que aquelas a quem se deu instruções em contrário.

Quando alguém gesticula, há uma consciência apenas periférica do fato. Percebe-se um pouco a dança das mãos do próximo, mas, em geral, observa-se muito mais o rosto do que as mãos. No entanto, as mãos são maravilhosamente articuladas. Setecentos mil sinais diferentes são possíveis com elas, usando-se poses combinadas do braço, da munheca e dos dedos em movimento. Edward A. Adams, um professor de arte na Universidade Estadual da Pensilvânia, já observou que "os gestos manuais são também econômicos, rápidos de usar e podem ser executados mais depressa do que o discurso articulado".

Através da história tem ocorrido linguagem de sinais na qual os gestos substituíram efetivamente as palavras. Na verdade, alguns cientistas admitem que a primeira língua do homem foi a do gesto e chamam a atenção para o fato de que, aparentemente, as pessoas aprendem a linguagem do sinal com maior facilidade. As crianças surdas-mudas inventam um sistema próprio de comunicação gestual se não lhe ensinarem logo um sistema estabelecido.

No entanto, nos nossos dias, falamos muito mais com a língua do que com as mãos, o que é, evidentemente, o jeito mais eficiente. A voz humana é capaz de nuanças muito mais ricas e muito sutis e aquele que fala com as mãos haverá de ficar, necessariamente, sem fala se tiver que usá-las em outros misteres. Mesmo assim, a gesticulação transmite uma porção de coisas. Ela funciona como pista para as tensões de um indivíduo; ela pode dizer da origem étnica de alguém, assim como se transformar, também, na expressão direta de um estilo pessoal.

CAPÍTULO 10

# MENSAGENS PRÓXIMAS E DISTANTES

A noção do eu individual não se restringe aos limites da pele. Ela passeia dentro de uma espécie de bolha particular, representada pela quantidade de ar que se sente existir entre o "eu" e o "outro". Essa é uma verdade facilmente demonstrável quando nos aproximamos gradualmente de uma pessoa. A certa altura, o outro começa, irritado ou distraído, a se afastar. As câmaras já registraram o tremor e o movimento imperceptível dos olhos que denunciam o rompimento da bolha. Foi Edward Hall, um professor de antropologia da Universidade de Northwestern, quem primeiro fez considerações a respeito dessa sensação intensa de espaço pessoal e a partir desse seu trabalho desenvolveu-se uma nova área de estudo — a proxêmica — definida por ele como "o estudo da estruturação inconsciente do microespaço humano"[1].

A preocupação principal de Hall se concentra nos desentendimentos que podem surgir entre pessoas de cultura diferente quanto à manipulação do microespaço. Para dois adultos norte-americanos, por exemplo, a distância conveniente para se manter uma conversa é de cerca de 70 centímetros. Os sul-americanos gostam de ficar mais perto, o que cria um problema quando um americano do norte e um do sul se encontram face a face. O sul-americano, ao se colocar numa distância que julga conveniente para a conversa, pode ser considerado "desagradável" pelo norte-americano. E o norte-americano pode parecer "distante" quando trata de se afastar a fim de criar uma distância que lhe

---

1) Hall desenvolveu o conceito de proxêmica em dois livros altamente agradáveis: *The Silent Language* (Fawcett, 1959) e *The Hidden Dimension* (Doubleday, 1959 e 1966.)

seja conveniente. Uma vez, Hall observou uma conversa entre um latino e um norte-americano, que começou na ponta de um corredor de uns 12 metros e terminou na outra extremidade, tendo-se deslocado os dois "numa série contínua de pequenos recuos, da parte do norte-americano, e de pequenos avanços, da parte de latino".

Se os latinos e os norte-americanos se desentendem quanto à distância social recíproca, os árabes e os norte-americanos são ainda menos compatíveis em termos de hábitos espaciais. Os árabes adoram a aproximação. Hall explica que "os árabes do Mediterrâneo pertencem a uma cultura táctil e, durante a conversa, eles, praticamente, cercam o próximo. Pegam na mão, olham no olho e respiram de perto. Uma vez perguntei a um árabe como ele sabia que estava atingindo outra pessoa... e ele, olhando-me como se eu estivesse louco, me disse: "Se eu não o atingir, é porque está morto."

O interesse do Dr. Hall pelo uso humano do espaço começou em princípios de 1950 quando ele era diretor do Ponto Quatro no Instituto Nacional de Serviço Exterior. Em conversa com alguns norte-americanos que haviam vivido no estrangeiro, Hall percebeu que muitos deles haviam sido extremamente afetados por diferenças culturais tão sutis e tão fundamentais a ponto de se sentirem seus efeitos num nível pré-consciente. A esse fenômeno se dá o nome, em geral, de "choque cultural".

O problema é que, relativamente falando, os norte-americanos vivem numa cultura de "não-contato". Em parte, isso é resultado de nossa herança puritana. O Dr. Hall lembra que passamos anos ensinando às crianças que não se amontoem ou que não se encostem em nós. Costumamos equiparar proximidade física com sexo, de forma que, ao vermos duas pessoas muito junto, imaginamo-las conspirando ou namorando. Quando somos forçados a ficar muito perto de alguém — no metrô lotado, por exemplo — tratamos de compensar a situação com cuidado: desviamos o olhar, damos as costas e, em caso de contato físico real, os músculos do lado em que se dá o contato ficam tensos. Muitos de nós achamos que essa é a única maneira conveniente de se comportar.

"Não agüento aquele cara", me dizia um corretor da Bolsa uma vez, referindo-se a um colega. "Às vezes tenho que ir com ele no elevador e ele, simplesmente, se esparrama inteiro. É como se eu estivesse embaixo de uma montanha de geléia quente."

Os animais também reagem ao espaço e de um modo previsível para cada espécie. Muitos têm, por exemplo, um ponto de fuga e uma distância crítica. Se algum bicho suficientemente ameaçador atravessar o ponto de fuga do animal, este foge; mas se ficar acuado e a ameaça continuar avançando até um ponto crítico, o animal ataca. Parece que os domadores controlam os leões porque conhecem bem a distância crítica do bicho. O domador atravessa esse limite sensível e o leão se atira contra ele, caindo, como por acidente, naquela banqueta que os separa. Na mesma hora, o homem recua aquém da distância crítica. E o leão fica onde está, porque nada mais o induz ao ataque.

A bolha de espaço pessoal representa o mesmo tipo de margem de segurança. No momento em que um estranho a atravessa, surge imediatamente a necessidade de fugir ou de atacar. Um manual de polícia admite esse fato quando aconselha o investigador a se manter bem perto do suspeito, sem nenhuma mesa ou qualquer outro tipo de obstrução e recomenda uma aproximação maior na medida em que avança o interrogatório.

No entanto, o grau de proximidade pode transmitir mensagens muito mais sutis que uma ameaça. Hall lembra que esse grau expressa muito bem a natureza de qualquer encontro. Na verdade, ele confeccionou uma escala hipotética de distâncias, cada uma delas apropriada para um tipo de relacionamento nos Estados Unidos. Um contato de 45 centímetros é uma distância própria para discutir, para fazer o amor ou para uma conversa íntima. Neste caso, até uma discussão sobre o tempo torna-se altamente suspeita. A essa distância as pessoas se comunicam não só através da palavra, como também do tato, do cheiro e do calor do corpo, percebendo cada um dos interlocutores a rapidez da respiração, a mudança de cor ou de textura da pele do próximo. Entre 45 e 75 cm é a fase próxima, que Hall chama de distância pessoal. É a bolha espacial do indivíduo numa cultura de não-contato como a nossa. Uma mulher pode sentir-se à vontade dentro da área de seu marido, mas pode sentir constrangimento se outra mulher tentar invadi-la. Para a maioria das pessoas, a distância pessoal, entre 75 e 1,40 m, é limitada pela extensão do braço, isto é, o limite do mundo físico. Trata-se da distância apropriada para discutir assuntos pessoais.

A distância social fica entre 1,20 e 2,10 m. Num escritório, as pessoas que trabalham junto, normalmente, conservam essa distância durante uma conversa. No entanto, quando um chefe permanece a essa distância de sua secretária e olha-a de cima para baixo, a posição assume um aspecto de domínio. A distância social mais ampla, entre 2,10 e 3,60 m, vai bem na conversa formal. As mesas de gente importante, normalmente, são grandes o suficiente para manter as pessoas a essa distância. Acima de 4 metros entra-se na distância pública, apropriada para discursos ou alguma outra forma muito solene de conversa. A escolha da distância apropriada é muito importante. Conheci uma moça que recusou, em questão de segundos, uma proposta de casamento, feita por um rapaz a quem ela acreditava amar. Ela tomou essa decisão quando ele fez a proposta sentado numa cadeira a mais de 2,50 m de distância.

Hall acha que o ser humano não só tem um sentimento acentuado quanto ao espaço, mas também uma necessidade biológica e real de amplitude. A importância disso evidencia-se através dos estudos feitos sobre população de animais. Até há pouco tempo, os cientistas acreditavam que o crescimento demográfico do mundo animal era determinado por uma combinação entre o estoque limitado de alimento e a existência de predadores naturais. Daí eles prognosticarem, em caso de superpopulação humana, que uma fome mundial e uma guerra por comida haveriam de reduzir a quantidade de habitantes. Hoje em dia, no entanto, há indicações de que o espaço pode ser tão vital para o homem quanto a comida. Em experiências com ratos, tem-se observado que muito antes de surgirem problemas verdadeiros com comida, eles vão ficando tão tensos com a falta de espaço a ponto de se comportarem de um jeito bizarro: na realidade, eles ficam de um jeito deprimentemente humano. Os machos podem virar homossexuais, correm em bandos, violentam, matam e saqueiam. Ou, simplesmente, desistem de tudo e se tornam completamente indiferentes. Esse fenômeno de desânimo completo chama-se "colapso de comportamento".

Num mundo que enfrenta problemas de superpopulação, as implicações disso são alarmantes. No entanto, alguns cientistas ainda se perguntam se, neste caso, é lícito generalizar a partir dos animais. Há indícios também de que para o homem (e para os ratos, possivelmente) o importante não é a quantidade de espaço disponível ou a preservação da bolha individual, mas, antes, o número de indivíduos com os quais se tem de conviver à força. Se isso for verdade, portanto, nas grandes cidades, as pessoas poderiam ser acomodadas de modo a não se importunarem reciprocamente e, sendo assim, todo o mundo sobreviveria bem, independente da densidade populacional por metro quadrado. Por outro lado, há também provas crescentes de que em certas áreas do mundo, a fome possa estar a um passo e, por conseguinte, muito mais próxima do que um colapso de comportamento.

Todavia, em termos menos dramáticos, a aglomeração tem uma influência decisiva sobre o comportamento e essa influência age de modo diferente sobre o homem e sobre a mulher. O homem, apertado num espaço pequeno, torna-se desconfiado e combativo. As mulheres, na mesma situação, ficam mais amistosas e mais íntimas, tendendo a se apreciarem mais e a acharem a experiência mais agradável do que se estivessem reunidas num ambiente maior. Numa sala pequena e apertada, um júri masculino dará um veredicto mais severo; um júri feminino será mais tolerante.

Outros psicólogos andam intentando experiências com base nas observações de Hall sobre o comportamento proxêmico do norte-americano e os resultados indicam que a maneira humana de se localizar no espaço pode ser determinada, não apenas pela cultura e pelas peculiaridades em causa, mas, também, por outros valores. Numa festa muito concorrida, as pessoas ficam, necessariamente, bem juntinho para conversar e o mesmo ocorre, segundo indicam algumas observações, em lugares públicos, como as ruas ou os parques. Adam Kendon lembra que, em público, as pessoas precisam evidenciar com maior ênfase que estão juntas de verdade — que estão "com", para usar um termo técnico — e, desse modo, defender uma pequena bolha de privacidade. Quando dois indivíduos ficam mais perto do que a situação ou o ambiente parecem permitir, pode ser somente porque eles se gostem. Os estudos psicológicos têm demonstrado que as pessoas escolhem se aproximar mais de quem gostam do que de quem não gostam. Os amigos se aproximam mais do que os conhecidos e os conhecidos mais do que os estranhos. Há provas também indicando que, em situações íntimas, os introvertidos mantêm uma distância bem maior do que os extrovertidos; e que as mulheres ficam mais perto quando conversam do que os homens.

O Dr. Augustus F. Kinzel, um psiquiatra de Nova Iorque, tem estudado aquilo que ele chama de "zona de pára-choque", em prisioneiros violentos e não-violentos. Pondo um prisioneiro por vez, no centro de uma sala pequena e nua, Kinzel caminhava devagar em sua direção, tendo-o instruído antes a que gritasse quando estivesse chegando perto demais. Os que registravam um bom índice de violência, reagiam prontamente quando Kinzel ainda estava a uns 1,20 m, mas os não-violentos não diziam nada até a distância de uns 45 cm. Os violentos diziam sentir-se ameaçados, como se Kinzel fosse atirar-se sobre eles. Esta experiência parece sugerir que, algum dia, a proxêmica possa fornecer uma técnica simples para detectar o potencialmente violento, mas Kinzel adverte que seu método não parece servir para indicar positivamente a *todos* os indivíduos dessa condição, pois alguns possuem uma "zona de pára-choque" apenas normal. E Kinzel lembra: "Pode haver outros tipos de comportamento ligados também a grandes "zonas de pára-choque" que ainda desconhecemos."

Outra série de experiências assustadoras está sendo levada a efeito por um psicólogo de nome Robert Kleck. Ele mostra que pessoas inválidas podem ter uma boa razão para se sentirem solitárias ou isoladas por causa da distância mantida pelas pessoas com quem estão em contato. Kleck pediu a estudantes universitários que entrassem numa sala e conversassem com quem estivesse lá dentro. Às vezes, ele dizia que essas pessoas eram epiléticas, outras vezes não. Quando se dizia que se tratava de um epilético, os estudantes sentavam-se mais longe. A mesma reação ocorreu, quando Kleck usou um falso aleijado. Tudo isso se torna mais perturbador se se pensa que o indivíduo provavelmente deixa transparecer sua reação negativa através de outras formas não-verbais.

O espaço pode também proporcionar um sinal de *status*. Ao mostrar um curta-metragem mudo, no qual um "executivo" entrava na sala de outro, as pessoas foram firmes no julgamento sobre a importância de cada um dos personagens. Para essa decisão, os espectadores se valeram de pistas temporais e espaciais: quanto tempo o homem atrás da mesa demorou para responder à batida na porta; quanto tempo demorou para ficar de pé e até que ponto o visitante avançou na sala. Quanto mais este avançava, mais importante ele era considerado. E, logicamente, seu *status* diminuiu quando o homem atrás da mesa demorou em lhe responder. Em pequenas situações como esta, inúmeras vezes por dia, um indivíduo afirma silenciosamente sua superioridade ou desafia o próximo ou ainda garante que sabe o seu lugar.

O comportamento espacial em público tem sido objeto de investigação da parte do Professor Robert Sommer da Universidade da Califórnia, campus de Davis, e de um bom número de outros psicólogos. Numa experiência realizada numa biblioteca de faculdade, o pesquisador escolhia uma vítima que estivesse rodeada de cadeiras vazias e se sentava ao seu lado. Isso violava certas regras sociais implícitas, pois já que há espaço suficiente, espera-se que se mantenha uma certa distância. A "vítima", normalmente, reagia com gestos defensivos e com mudanças abruptas de posição ou tratava de se afastar. E se o pesquisador, não contente de se sentar perto, ainda tentava se aproximar mais, a vítima quase sempre fugia. Raramente alguém esboçou qualquer tipo de protesto verbal, pois, embora as pessoas sejam dotadas de forte sentimento a respeito de um espaço conveniente em lugares públicos, dificilmente esses sentimentos se materializam em palavras.

Os norte-americanos seguem outras regras não-verbalizadas em termos de espaço. Quando duas ou mais pessoas estão conversando em público, elas imaginam que o terreno em que estão lhes pertence temporariamente, e que ninguém se atreverá a invadí-lo. Os especialistas em cinética têm notado que isso realmente acontece. Na verdade, se alguém rodear o grupo, ele o fará com a cabeça perceptivelmente baixa. Se o grupo estiver bloqueando a passagem e ele tiver que atravessá-lo, ele juntará umas palavras de desculpa ao mesmo tempo em que baixa a cabeça. Por outro lado, Hall observou que, para o árabe, o espaço público é espaço público. Se um árabe estiver esperando um amigo num saguão de hotel e um desconhecido estiver melhor localizado, o árabe pode caminhar e ficar pertinho dessa pessoa. Muitas vezes, essa tática resulta na retirada do outro. Furiosa, mas em silêncio. A menos que se trate também de outro árabe, é lógico.

As pessoas, às vezes, tratam de demarcar um pedaço de território público apenas pela localização que escolheram. Numa biblioteca vazia, quem quiser ficar sozinho escolhe a última cadeira na ponta de uma mesa retangular, mas quem quiser desencorajar, ostensivamente, a aproximação, senta-se numa cadeira bem no meio da mesa. A mesma coisa se pode ver nos bancos de jardim. Se o primeiro que chega se senta numa ponta, o segundo senta-se na outra e, depois disso, o próximo normalmente não se anima a ocupar o lugar do meio. Por outro lado, imaginando-se um banco pequeno, se alguém se sentar exatamente no meio pode ser que o banco fique só para ele por um certo tempo.

A posição relativa que um indivíduo escolhe pode ser um sinal de *status*. Um líder de grupo, por exemplo, automaticamente se dirige para a cabeceira da mesa. E parece também que um grupo de jurados, sentado em torno de uma mesa retangular e empenhado em eleger seu porta-voz, tende a eleger um dos que ocupa a cabeceira. Além disso, aqueles que escolheram a cabeceira costumam ser gente de projeção, que tomam parte relevante na discussão.

Adam Kendon afirma que qualquer grupo de pessoas que esteja conversando de pé assume aquilo que ele chama de configuração. Se a forma for circular, é quase certeza que todos ali estão em pé de igualdade. Formas não circulares tendem a projetar uma posição "capital", cujo ocupante normalmente é o líder, formal ou informal. Os lugares dos alunos numa classe são quase sempre impostos fisicamente e isso pode afetar o comportamento. Num grupo de seminário, reunido em forma de U, os que ficarem de lado participam menos do que os que estiverem na ponta, porque o contato visual com o professor é mais fácil. Quando os estudantes se sentam em fila, os que estão no meio falam mais dos que os que ficam de lado e, neste caso, novamente, a facilidade de contato visual parece ser a explicação.

Outros estudos demonstram que duas pessoas diante de uma situação competitiva, normalmente se sentam uma em frente a outra. Se a expectativa for de cooperação, elas se sentam de lado e se for uma conversa comum a posição é em ângulo reto. Quando os representantes de duas companhias se reúnem, os grupos, automaticamente, se põem frente a frente, tendo a mesa no meio. No entanto, se a reunião for suspensa para o almoço, é provável que eles se sentem de maneira alternada no restaurante, onde um funcionário ficará esprimido entre dois outros da companhia concorrente. Uma vez que a reunião se defina como social, as pessoas se misturarão com o mesmo empenho que demonstraram logo no começo, quando não era para se misturar.

O espaço comunica. Quando um bando de gente se amontoa numa roda de conversa — numa festa, por exemplo, ou no pátio de uma escola — cada um exprime sua posição no grupo por intermédio do lugar que ocupa. Ao escolher certa distância, ele indica o grau de intimidade que deseja; ao escolher o lugar principal, por exemplo, ele demonstra o papel que gostaria de desempenhar. Quando o grupo se firma numa configuração em particular, quando cessam todas as mudanças, isso é sinal de que as negociações não-verbais também cessaram. Todos os interessados estão de acordo, ainda que provisoriamente, quanto à ordem hierárquica e quanto ao nível de intimidade que se deve manter e, talvez, quanto a outras relações também.

CAPÍTULO 11

# INTERPRETANDO POSTURAS FÍSICAS

Muita gente acha que postura física é um assunto chato que só serve de motivo para a mãe ficar falando. Mas, para os psicanalistas, a postura de um paciente oferece, às vezes, uma pista de primeira qualidade a respeito da natureza de seus problemas. Estudos recentes de comunicação humana têm examinado a postura naquilo que ela expressa em termos de atitude do homem e de seus sentimentos em relação àqueles que o cercam.

A postura é um dos indícios não-verbais mais fáceis de ser apanhada e ficar-lhe à espreita pode ser muito engraçado. A primeira coisa a se observar é o "eco" da postura.

Foi Albert Scheflen que descobriu que as atitudes corporais de uma pessoa ressoam, ecoam em outra com uma freqüência espantosa. Dois amigos se sentam exatamente do mesmo jeito, cruzando a perna direita em cima da esquerda, por exemplo, e as mãos entrelaçadas atrás da cabeça. Ou, numa imagem especular, um deles cruzando a perna esquerda em cima da direita. Scheflen chama isso de postura congruente e acredita que sempre que as pessoas estejam de acordo, há uma tendência a compartilhar a postura também.

Quando umas quatro pessoas ou mais se reúnem é comum surgirem vários modelos distintos de postura. Rapidamente, pode-se perceber que não se trata de coincidência: se alguém apruma o corpo, os outros participantes do grupo farão o mesmo, até que todos se tornem, novamente, congruentes. E se você ouvir o que dizem, você descobre que os que pensam do mesmo modo sobre o assunto em pauta, sentam-se também do mesmo modo.

Os programas de entrevista na televisão oferecem numerosos exemplos de posturas assemelhadas, tanto quanto qualquer festa.

Observar as posturas durante uma discussão, ao vivo ou na TV, é um exercício especialmente interessante, porque, às vezes, você consegue ver quem está ao lado de quem, antes mesmo que cada um fale. E quando um deles estiver para mudar de lado, um sinal será emitido por meio da reacomodação do corpo. Entretanto, quando dois velhos amigos estiverem discutindo, pode surgir uma postura congruente durante a altercação como a enfatizar o caráter imutável de sua amizade. Os namorados, mesmo no meio de uma briga, ficam tão parecidos entre si, às vezes, como se fossem aqueles suportes de livro. A congruência está relacionada também, às vezes, com *status*. As pessoas de nível mais ou menos igual quase sempre assumem postura igual, o que não ocorre muito entre professor e aluno, chefe e secretária. Quando irrompe uma discussão num grupo que tenha líder, este pode cruzar as pernas a fim de ser congruente com uma das facções e os braços a fim de se mostrar congruente com outra. Desse jeito, ele se recusa a tomar partido.

Alguns psicanalistas são muito conscientes das implicações da ressonância da postura. A falecida Frieda Fromm-Reichmann assumia, às vezes, a postura de um paciente a fim de ver se conseguia obter uma idéia melhor daquilo que ele estava sentindo. Outros terapeutas usam a congruência de maneira diferente. Um pesquisador que analisava um filme de psicoterapia com o objetivo de procurar uma relação entre a postura assemelhada e os movimentos de acordo verbal, acabou descobrindo que o terapeuta havia imitado deliberadamente a postura de seus pacientes a fim de *estimular* o acordo.

Assim como a postura congruente expressa acordo, as incongruentes podem ser usadas para se estabelecer uma distância psicológica. Um filme rodado num dormitório feminino mostra um casal de jovens sentado num sofá: a moça está de frente para o rapaz, que, também sentado, olha para o lado e tem os braços e as pernas numa posição como se estivesse formando uma barreira. Nesse jeito impassível, ele se conserva por oito minutos, virando a cabeça para a garota, uma vez ou outra, quando lhe diz alguma coisa. No fim desse tempo, entra outra garota na sala, o rapaz se levanta e sai com ela. Por meio dessa postura ele estava deixando bem claro que a primeira garota não era sua namorada.

As vezes, quando as pessoas são forçadas a se sentarem muito mais perto do que desejam, inconscientemente elas arrumam os braços e as pernas como barreiras. Dois homens, espremidos num sofá, podem virar-se ligeiramente de lado e cruzar as pernas de dentro para fora ou podem proteger o lado comum do rosto com a mão ou com o braço. Um homem e uma mulher sentados de frente, numa distância muito próxima, podem cruzar o braço e talvez a perna, recostando-se na cadeira. Usa-se também o corpo para estabelecer limites. Quando alguns amigos estão numa fila, sentados ou em pé, os dois que ficam nos extremos podem estender um braço ou uma perna como se estivessem excluindo os intrusos.

Mudar a postura, assim como a gesticulação, parece coincidir com a mudança da linguagem falada. Scheflen descobriu que, numa conversa, o indivíduo mexe a cabeça e os olhos a cada grupo de sentenças, normalmente quando acaba de expor um assunto e, quando uma grande mudança no assunto ocorre, há também um grande movimento do corpo. Mesmo durante o sonho ocorrem mudanças na postura cada vez que se chega a um final lógico. Os cientistas que estudam o sonho afirmam que as pessoas se mexem na cama durante episódios de um sonho ou entre um sonho e outro, mas raramente durante o próprio transcurso do sonho.

Scheflen descobriu também que a maioria das pessoas dispõe de um repertório de posturas incrivelmente limitado e que as mudanças se dão em seqüências previsíveis. Num filme que Scheflen analisou, o paciente virava a cabeça para o lado direito e evitava olhar a terapeuta, cada vez que ela lhe falava; quando respondia alguma coisa, ele a olhava de frente como desafiando-a; e, cada vez que saía do assunto, ele balançava a cabeça e virava os olhos para a esquerda.

Todo mundo tem um jeito característico de conservar o corpo quando anda, senta ou fica em pé. Isso é tão pessoal quanto a assinatura e, muitas vezes, parece ser uma pista de caráter bastante digna de confiança. Pense-se, por exemplo, no modo de John Wayne se movimentar — firme, sólido, empinado — e no jeito solto, meio curvado de um outro homem alto como Elliot Gould. Muitos de nós conseguimos reconhecer as pessoas que conhecemos bem, mesmo que estejam longe, só pelo jeito de andar ou, às vezes, pelo jeito de ficarem em pé.

A postura de um homem nos fala de seu passado. A própria conformação de seus ombros pode ser indicativa de cargas sofridas, de fúria contida ou de timidez pessoal. Em centros como o Instituto Esalen acredita-se que, eventualmente, os problemas psicológicos pessoais podem incorporar-se à estrutura do corpo. Uma mulher que atravesse um longo período de depressão pode ficar com o corpo mole e os ombros arriados sob o peso dos problemas. Talvez desapareça o motivo de sua depressão, mas a postura permanece, já que alguns músculos encolheram, outros esticaram-se e novos tecidos conjuntivos se formaram. Ela pode até continuar a se sentir deprimida porque seu corpo ainda se ressente da depressão. É possível, no entanto, que se seu corpo pudesse ser redisciplinado e devolvido ao equilíbrio adequado, suas condições psíquicas também poderiam melhorar. Essas teorias fazem parte de uma medicina somatopsíquica que parte do princípio de que a condição do corpo afeta as emoções. (A medicina psicossomática, por outro lado, diz que as emoções afetam o corpo.) Alexander Lowen[1], um psiquiatra, junta psicoterapia com terapia física. Uma outra técnica, denominada *Rolfing*, homenagem à sua inventora Ida Rolf, compreende massagens intensas e dolorosas destinadas a liberar os músculos cronicamente tensos e contraídos, devolvendo-os ao seu lugar. Embora o Rolfing não esteja preocupado com problemas internos, seus pacientes, às vezes, melhoram sensivelmente nesse particular.

A postura não é apenas um índice de caráter, mas uma expressão de atitude também. Na verdade, muitos dos estudos psicológicos que têm sido feitos a respeito analisam-na enquanto revelação dos sentimentos de um indivíduo no seu relacionamento com o próximo.

Durante o julgamento dos Sete de Chicago, o advogado de defesa, William Kunstler, fez objeções formais à postura do juiz. Kunstler assinalou que, durante o sumário de acusação, o juiz Julius Hoffman prestava toda atenção inclinando-se para frente, mas durante o sumário de defesa, ele se inclinava tanto para trás na cadeira, que parecia quase dormindo. A objeção foi recusada.

Há posturas consideradas convenientes e inconvenientes para muitas situações sociais em nossa cultura. Não se fica escarrapachado durante uma reunião de negócios, assim como não se põe o pé na mesa durante um jantar. E, de maneira bem deliberada, pode-se transmitir uma mensagem, adotando-se uma postura inadequada, conforme a situação.

Entre os norte-americanos, a postura pode ser um indício não apenas de *status* relativo, mas também de afeição ou desafeição recíproca, entre duas pessoas. E os sinais são um pouco diferentes para os homens e para as mulheres. Já foi observado por um pesquisador que, se um homem estiver um pouco inclinado para frente, mas à vontade e com as costas curvas, provavelmente ele gosta da pessoa com quem está. Por outro lado, se ele ficar recuado na cadeira, isso pode ser um sinal de desagrado. No entanto, se estiver em companhia de outro homem que o desagrade e que lhe signifique ameaça ao mesmo tempo — o mensageiro de uma companhia recebendo ordens de seu vice-presidente, por exemplo — esse mesmo homem pode se sentar duro e tenso. Mas, a companhia de uma *mulher* desagradável, ele pode demonstrar apenas pela displicência no sentar. Aparentemente, não há mulheres suficientemente ameaçadoras que façam um homem sentar-se de maneira tensa. As mulheres demonstram

---

1) N. do T. — A obra de Alexander Lowen está sendo publicada, no Brasil, pela Summus Editorial.

o agrado com a mesma postura inclinada para frente, embora sempre demonstrem o desagrado jogando-se para trás. Nunca se sentam duras, seja qual for o sexo da companhia que esteja à sua frente. Isso talvez não se deva a que nunca se sintam ameaçadas, mas sim porque nunca chegaram a aprender os sinais que os homens usam para negociar o *status*. A experiência que deu margem a estas observações foi muito criticada pelos especialistas em cinética, porque se afastou da observação natural. Ela foi realizada com gente a quem se pediu que se sentasse e se *imaginasse* na companhia de alguém agradável ou desagradável. Todavia, outra pesquisa apóia essa teoria e há, além disso, uma certa lógica nos resultados.

Há uma espécie de folclore sobre posturas e o modo de interpretá-las. A mulher que cruza os braços na frente dos seios, por exemplo, pode ser tomada como tímida, fria ou simplesmente passiva, por muita gente. Se seus braços caírem ao longo do corpo, ela pode ser vista como mais aberta e accessível. Os atores usam essas posturas de maneira bem consciente. Na televisão, quando um suspeito argumenta com um investigador, é quase certo que este se conserve de braços cruzados caso o roteiro preveja uma resposta negativa. Se não estiver de braços cruzados, os matizes da situação podem ser sutilmente diferentes. Nas primeiras sessões de uma terapia de grupo, quando os participantes se mostram ainda defensivos e pouco à vontade para dizer o que pensam, costuma-se pedir a eles que se sentem com os braços e as pernas abertas, tendo em vista a teoria de que desse jeito eles se *sentirão* mais relaxados e se comportarão de modo aberto para com os demais. No entanto, como sempre, os membros não se constituem como mensagem completa em si mesmos. Uma inclinação da cabeça, um sorriso atraente, uma ligeira inclinação dos ombros — tensões corporais mínimas, na verdade — e o efeito de braços cruzados, por exemplo, produziriam resultados bem diferentes.

Um psiquiatra, que registrou durante anos a postura dos pacientes que tratava, descobriu que alguma delas eram quase previsíveis em determinadas situações. Cada paciente tinha uma posição básica no divã e ela se alterava com movimentos de braços ou de pernas ou do corpo, numa coincidência regular com certas afirmações verbais. Um paciente, por exemplo, quando falava da mãe, mantinha o corpo de um jeito diferente de quando falava do pai. Toda vez que ele se sentia defensivo, ele cruzava os braços de forma a proteger o peito ou o abdome; quando agressivo ou masculino, ele enfiava as mãos no bolso.

Os especialistas em cinética começaram a examinar a postura num contexto amplo e novo, trabalhando em cima de filmes rodados em lugares públicos: ruas de uma cidadezinha onde as pessoas se reuniam para um desfile, um piquenique no campo ou o campus de uma universidade. Até agora, as descobertas indicam que aqueles que ficaram fora da ação, que permanecem na periferia de um grupo olhando-o a distância, conservam o corpo um pouco diferente do que os que estão participando. Aqueles, tipicamente, jogam todo o peso do corpo numa só perna, em vez das duas, põem as mãos na cintura, às vezes, e levantam a cabeça, inclinando-a para trás. Um calouro de universidade, querendo parecer "blasé" numa rodinha de bate-papo, pode adotar semelhante pose. Alguém que deseje realmente participar do bate-papo, por outro lado, vai inclinar-se para a frente e esticar o pescoço.

Os pesquisadores sociais têm investigado também a orientação, isto é, o grau em que duas pessoas se colocam frente a frente. Entre os primatas não humanos, que não dispõem de fala, isso é uma pista de vital importância para se saber suas intenções. O chimpanzé indica o sentido de sua atenção por meio da posição do corpo e do lugar para onde está olhando.

Os homens fazem a mesma coisa, embora de maneira mais disfarçada. As pessoas podem se encarar firme usando o corpo inteiro, só a cabeça, a parte superior do corpo ou as pernas. É difícil estudar a orientação, cujos resultados têm sido bastante ambíguos, mas é provável que a firmeza com que se encara indique o grau de atenção que se esteja dando. Quando se olha alguém de frente, o impacto emocional é diferente do que quando se mantém o corpo desviado da conversa, à qual se dá atenção apenas ocasionalmente, virando-se a cabeça. Na verdade, pode-se cortar inteiramente uma conversa, dando-se as costas para o interlocutor. Mas, olhar de frente para alguém e virar a cabeça de vez em quando tem o mesmo efeito, embora menos drástico.

Freqüentemente, em grupos de três pessoas ou mais, elas dividirão a orientação do corpo. Normalmente, vê-se que cada uma delas dirige a parte superior do corpo para um dos companheiros e a parte inferior para outro. Se isso não acontecer, se, ao contrário, duas delas se orientarem inteiramente entre si apenas, a terceira sentir-se-ia inexplicavelmente de fora, não importa o cuidado que tivessem as outras duas de incluí-la na conversa em termos verbais.

As experiências de orientação indicam que tanto os homens como as mulheres enfrentam mais diretamente os homens desagradáveis de alto *status* e que enfrentam menos diretamente as mulheres de *status* mais baixo. De novo, a ameaça potencial parece importante: é o patrão diante da mulher da limpeza.

Existem aproximadamente mil posturas anatomicamente possíveis e relativamente confortáveis. Entre elas, cada cultura seleciona um certo repertório limitado. Isso é o que afirma Gordon Hewes, que estudou a postura numa escala mundial. Nós, no

Ocidente, nos esquecemos de que há outras maneiras de se sentar e de ficar em pé, diferentes daquelas a que estamos acostumados. É impressionante saber que "pelo menos um quarto da humanidade costuma ficar de cócoras para descansar ou para trabalhar". Boa parte das crianças fica fácil e confortavelmente nessa posição durante horas, mas em sociedades como a nossa, onde ficar de cócoras é considerado desconfortável, incômodo e grosseiro, os adultos já perderam essa capacidade. O repertório de posturas de uma cultura modela seu mobiliário e o mobiliário, por sua vez, exige certas posturas. Quando um estilo de vida está em transição, ocorre, às vezes, um desencontro entre postura e mobiliário. No Japão, por exemplo, onde as pessoas em casa costumam se sentar no chão, vemos, eventualmente, as pessoas se acocorarem nos assentos do teatro ou nos trens.

Se ficar de cócoras nos parece incômodo, a postura de cegonha, adotada por nilóticos de algumas regiões da África, nos parece impossível. Os homens ficam apoiados durante horas em uma só perna, enquanto a outra se dobra, eventualmente apoiada na perna estendida.

Nas culturas que estudou, Hewes descobriu que é raro as mulheres se sentarem ou ficarem em pé com as pernas abertas, uma posição comum entre os homens. Cada cultura possui posturas que considera correta e outras que considera incorretas, embora aquilo que seja considerado como educado numa sociedade possa estar próximo do escândalo em outra.


Entre todos os comportamentos não-verbais, a postura é, como já afirmei, o elemento mais fácil para o leigo observar e interpretar. De certa forma, é embaraçoso descobrir que os movimentos corporais, tidos como mais ou menos arbitrários, são tão circunscritos, previsíveis e, às vezes, reveladores. Mas, por outro lado, é delicioso saber que todo o nosso corpo responde continuamente ao desenvolvimento de qualquer contato humano.

Assim que um indivíduo se torna mais consciente de sua postura, ele pode compreender, subitamente, que já esteve compartilhando posturas com um amigo ou que o acompanhou numa mudança de posição. Ou, em outra situação, pode perceber que já formou uma barricada com suas pernas e braços. Esse tipo de autoconsciência aguda pode ser um primeiro passo em direção a um maior conhecimento de si mesmo.

CAPÍTULO 12

## OS RITMOS DO CORPO

Assim como fizeram os outros especialistas em cinética, o Professor Condon trabalhou com filmes, observando, analisando e levantando padrões. A partir dessa pesquisa, Condon ficou ciente de um fenômeno fascinante e surpreendente: em questão de segundos o corpo humano dança continuamente ao compasso do próprio discurso. Sempre que há fala, a mão e os dedos se movem, a cabeça se inclina, piscam os olhos, todos os movimentos, enfim, coincidem com esse compasso. Curiosamente, esse ritmo se interrompe em caso de doença ou quando surgem danos cerebrais. Esquizofrênicos, crianças autistas, portadores do mal de Parkinson, de epilepsia branda, afásicos ou gagos estão fora de sincronia consigo mesmos. A mão esquerda pode acompanhar o ritmo do discurso enquanto que a direita está completamente defasada. Resulta disso, no filme ou na vida real, uma ligeira impressão de desajeitamento, uma sensação de que alguma coisa no movimento dessa gente não anda lá muito bem.

"Depois de passar horas e horas vendo aqueles filmes", disse-me Condon, "comecei a vislumbrar com visão periférica, a pista: na verdade, *quem escuta* também se mexe em sincronia com o discurso de quem fala. Comecei, então, a examinar esse aspecto sistematicamente e isso me levou ao estudo da sincronia interacional".

É difícil de acreditar em sincronia interacional até começarmos a vê-la em filmes, uma vez que, no dia-a-dia, ela normalmente acontece de um modo muito rápido e muito sutil para se perceber. Mas nas dezenas e dezenas de filmes que Condon analisou, lá está ela, quer sejam filmes sobre norte-americanos de classe média, quer sejam esquimós ou bosquímanos. Ela aparece sempre que as pessoas conversam. Mesmo quando um ouvinte parece estar sentado, absolutamente quieto, a microanálise revela que seus olhos piscam ou que seu cachimbo sol baforadas em sincronia com as palavras que está ouvindo. Quando duas pessoas conversam, vinculam se elas não apenas pelas palavras que trocam entre si, mas também por um ritmo comum. É como se elas fossem levadas pela mesma corrente. Às vezes, mesmo em silêncio, as pessoas se movimentam junto, ao que parece, reagindo ante sugestões visuais na falta das verbais. É possível fazer experiência com sincronia interacional usando uma técnica muito simples: peça a um amigo que marque o ritmo com os dedos e, depois, fale com ele. As batidinhas do dedo começam a coincidir rapidamente com as acentuações e divisões silábicas de seu discurso. Parece que o ritmo do discurso humano consegue ser tão irresistível quanto o ritmo de um "rock" da pesada.

A sincronia interacional é uma coisa sutil. Não se trata de simples imitação de gesto, embora isso possa acontecer às vezes, mas é simplesmente um ritmo compartilhado. A cabeça de quem fala pode mexer-se para a direita e exatamente nesse momento, levanta-se a mão de quem o ouve. Na mesma hora em que a cabeça inverte o movimento, a mão pode mudar de direção. Se a cabeça mexer depressa, a mão também o faz, ou talvez o pé ou a outra mão ainda.

É natural que se pergunte para que pode servir a sincronia interacional, uma vez que as pessoas virtualmente a ignoram. Condon acredita que ela seja a base sobre a qual se assenta a comunicação humana; que sem ela a comunicação não seria possível. Ela comunica ao locutor que o ouvinte *está* ouvindo. Na verdade, se a atenção do ouvinte se desvia, a sincronia diminui ou se interrompe por completo. Condon possui um filme de dois psiquiatras conversando e andando no mesmo ritmo. Depois de certo tempo, dois outros indivíduos se aproximam e os psiquiatras interrompem a conversa a fim de darem atenção aos recém-chegados. No momento em que os psiquiatras começam a prestar atenção a essa nova conversa, a sincronia entre eles se interrompe. Alguns minutos depois, retomando a conversa, restabelece-se o ritmo recíproco.

A sincronia interacional varia. Às vezes ela é bem fraquinha; às vezes ela se intensifica. Duas pessoas sentadas podem mexer a cabeça num só ritmo; depois podem juntar o movimento dos pés ou das mãos; dentro em breve parece que elas estarão dançando com o corpo todo. A experiência interna nesse movimento é um sentimento de grande harmonia, a sensação de que realmente está havendo comunicação recíproca, apesar da conversa poder ser inteiramente banal. Num nível subliminar, pois, a sincronia interacional exprime variações sutis mas, importantes em um relacionamento.

Condon levou oito anos de pesquisa minuciosa e paciente para aprender o que sabe sobre sincronia. Durante todo esse tempo, seu laboratório foi o Western Psychiatric Institute and Clinic de Pittsburgh, onde ele é Professor Associado de Comunicação Humana.

Quando o entrevistei, Condon advertiu-me de que suas descobertas ainda devem ser vistas como "experimentais". Elas possuem, lembrou-me ele, mais ou menos o mesmo valor que as observações de Konrad Lorenz sobre os animais selvagens. Em mais de uma centena de filmes, Condon corroborou sua descoberta original e outras pessoas que já viram os filmes observaram a sincronia também, mas a prova ainda não foi tratada em termos estatísticos e experimentais.

Numa sala não muito grande, Condon exibiu-me uma série de seus filmes. O primeiro mostrava uma conversa entre um branco e um negro, desconhecidos entre si, trazidos para o laboratório do WPIC e a quem se pediu que se sentassem e conversassem a fim de fornecerem dados para um estudo de comunicação humana. Os dois, muito bem vestidos, se sentaram um de frente para o outro. O negro era um estudante jovem; o branco era um pouco mais velho. Recostando-se nas cadeiras, eles discutiam educadamente as vantagens da educação universitária, posição defendida pelo negro, sobre o trabalho qualificado, ponto defendido pelo branco.

Condon mostrou-me o filme num projetor manual, passando os fotogramas. Em câmara lenta, o som parecia ao do Pato Donald; às vezes, parecia mais o uivo do vento ou o grito de focas. Mas a cadência era sempre clara, mesmo quando as palavras não o eram. Aos poucos, comecei a ver que cada homem, quando falava, mexia-se de acordo com seu próprio ritmo. De repente, com o canto do olho notei que eles se mexiam juntos. O branco falava e apesar do negro estar sentado bem quieto, cada vez que se mexia, seu movimento coincidia com alguma acentuação vocal da frase que o outro estava pronunciando.

Condon explicou-me que nessa primeira parte do filme, eles estavam discutindo e que não havia muita sincronia. Divorciados das palavras, os gestos pareciam um pouco agressivos quando assinalavam, enfatizavam ou cortavam o ar. Então, o branco disse, contradizendo-se: "Eu quero... Eu não quero..." Pude ver, então, que sua cabeça afastou-se para trás, os seus dentes se puseram à mostra, suas sobrancelhas ficaram arqueadas enquanto, num gesto impetuoso quase como uma tapa, ele deu um soco no ar.

Imediatamente, o negro endireitou-se na cadeira. Daí em diante o tom do encontro foi curiosamente diferente. Onde antes havia sincronia esporádica, agora havia movimento conjunto no nível da frase, no nível da palavra, até mesmo no nível da sílaba, numa dança intrincada e densa. Deu-se lugar a um jogo complexo de mãos. Logo depois de uma pausa, um deles começou a falar e o outro se aproximou com um movimento de corpo exatamente no mesmo ritmo. O estudante tirou seu cachimbo do bolso e o ritmo do gesto foi um "ta-ta-ta-tum", perfeitamente sincronizado com a fala do outro.

A primeira parte do filme, segundo Condon, revela uma luta de dominação-submissão. É difícil dizer o que aconteceu exatamente no momento do soco no ar, mas, com certeza, alguma coisa mudou. Talvez esse gesto isolado e enérgico tenha decidido o problema da dominação.

Condon passou em seguida um outro trecho rápido do filme, no qual se mostrava Jane Goodall, a etóloga, acompanhada de um par de chimpanzés selvagens. De cócoras, Jane tentava arrancar o cacho de bananas de um deles, que, em resposta, joga a cabeça para trás, mostrando-lhe os dentes e esbofeteia o ar numa seqüência muito semelhante àquela do filme dos dois jovens.

Voltando ao primeiro filme, Condon chamou minha atenção para algumas das sutis diferenças culturais na maneira de negros e brancos usarem o corpo. Cada vez que o branco mexia simultaneamente a cabeça e as mãos, elas se moviam no mesmo compasso. No negro, observava-se, às vezes, um efeito sincopado: as mãos se moviam num ritmo mais rápido que, todavia, guardava relação com o movimento da cabeça. Em certo momento uma das mãos do estudante mexia quase duas vezes mais depressa do que a outra. Os brancos, explicou Condon, acham quase impossível fazer isso, mesmo quando tentam. Quando brancos e negros se reúnem, cada um experimenta certas dificuldades para se ajustar às delicadas diferenças dos movimentos corporais do outro.

Os pesquisadores estão começando a achar que os norte-americanos negros e brancos se movimentam de modo realmente diferentes. Os negros são, em geral, mais rápidos, mais sutis e mais sensíveis a nuanças não-verbais e parece que informam um bocado por meio de pequenos movimentos de ombros, mãos e dedos. Muitos pesquisadores acreditam que possa haver diferenças importantes no comportamento do olho também; que em famílias negras pobres, as pessoas se olham diretamente menos do que em famílias de classe média branca. Isso fica por conta do fato de que, ao se encontrarem com os brancos, os negros se sentem observados de maneira incômoda, enquanto que os brancos acham que os negros evitam encará-los. As diferenças na movimentação corporal, é lógico, não são causa de preconceito. Entretanto, se brancos e negros não se "lêem" a contento, isso não melhora em nada o relacionamento interracial.

Paul Byers, um antropólogo da Universidade de Columbia, mostrou-me um filme rodado num jardim de infância. Numa seqüência de dez minutos, uma garotinha negra tentou captar o olhar da professora branca em 35 tentativas e foi feliz apenas em 4, enquanto que uma menininha branca conseguiu 8 contatos em 14 vezes. E não se tratava de um caso de favoritismo. A análise demonstrou que a sincronização da criança branca era simplesmente melhor: a garotinha negra continuava olhando mesmo quando a professora estava se dedicando a uma outra criança. Enquanto isso, a menina branca se poupava, esperando que a professora ficasse livre. Nesse filme, várias vezes a professora tentava tocar as duas crianças negras, mas as tentativas se perdiam por pouco, ou porque ela hesitasse, insegura de não ser bem recebida, ou porque a criança, encolhendo os ombros com certa graça e rapidez, fugia-lhe das mãos. Byers acredita que o filme demonstra problemas na interpretação de movimentos corporais e não preconceito.

O terceiro filme que Condon me mostrou era um exemplo de sincronia extremada. Um homem e uma mulher — um empregador e um candidato ao emprego — sentavam-se de frente um para o outro, numa seqüência que, em velocidade normal, deixava ver apenas uma abundante variação de posições: o homem cruzava e descruzava as pernas e a mulher se mexia na cadeira. No entanto, quando o filme foi-me passado em câmara lenta, a sincronia tornou-se clara. Num mesmo quadro, os dois começavam a se inclinar um em direção ao outro; detinham-se exatamente na mesma fração de segundo; levantavam a cabeça; reclinavam-se nos assentos e ficavam quietos ao mesmo tempo. Era exatamente como uma complicada dança nupcial de certos pássaros ou, segundo a analogia preferida de Condon, ambos se comportavam como marionetes movidos pelos mesmos cordéis. Condon disse-me que esse tipo de sincronia intensa ocorre com freqüência entre homem e mulher. Durante o namoro, essa é uma das formas através da qual o homem e a mulher podem falar muito sem dizer nada.

Os homens e as mulheres podem ser dotados de estilos um pouco diferentes de sincronia, acrescenta Condon. Nos encontros entre homem e homem que Condon observou até agora, o balanço e o ritmo são bem diferentes das seqüências que envolvem homem e mulher. Os movimentos entre homens, em geral, são mais moderados e, embora possa haver um jogo complicado de mãos, a proporção de corpo que intervém não é tanta e o ritmo não se entrelaça tão estreitamente.

"Parece que a vida humana está profundamente integrada ao movimento rítmico comum que existe a sua volta", Condon escreveu. "No útero, o bebê se mexe junto com os movimentos da mãe. Depois do nascimento, esse movimento e o ritmo continuam..."

As análises cinéticas já ensinaram a Condon que mesmo os bebês pequenininhos são dotados de uma sincronia própria. Embora seus movimentos pareçam casuais e intempestivos, todas as partes do corpo respondem a um mesmo ritmo. E aos três meses e meio, às vezes antes, o bebê já se movimenta segundo o ritmo da fala da mãe.

"Na verdade, existe uma intensa sincronia entre a mãe e a criança", diz Condon, "muito sinuosa, descontraída e extensa. Ambas se isolam, durante horas, por meio de movimentos comuns. Os filmes de uma chimpanzé cuidando do filhote mostra a mesma coisa".

No lote seguinte de filmes que Condon passou havia ilustrações do tipo de patologia que bloqueia a sincronia interacional. O primeiro filme era de uma garotinha muito bonita, de uns três anos, de longos cabelos escuros e de olhos enormes. Trouxeram-na para o laboratório do WPIC porque os médicos suspeitavam que ela fosse surda, embora os testes auditivos nada acusassem. Condon achava que, tivesse ela audição normal, os filmes mostrariam-na mexer-se em sincronia com a fala dos outros. No entanto, o filme mostrou que em vez de reagir à voz humana, ela reagia com extrema sensibilidade a sons inanimados. A mãe dela ia deitando, bem devagar, um colar de contas sobre uma mesa, o que produzia um ruído suave, semelhante a um tamborilar. Os ombros e a cabeça da garota respondiam, delicadamente, segundo o compasso das contas. Um pediatra tamborilava na mesa e a garota se mexia de acordo com esse ritmo. Crianças normais não reagem desse jeito ao som. Condon já experimentou ruídos fortes com elas, como fechar livros com estrépito, por exemplo, e mesmo assim elas acompanham o ritmo.

Mais tarde, diagnosticou-se que a garotinha do filme era autista.

"Pobrezinha", disse Condon, "era como se o mundo dela fosse composto de ruídos, reagindo diante deles da mesma maneira que uma pessoa normal reage diante do discurso humano".

No filme seguinte, uma mulher de vestido decotado estava sentada num sofá junto com um homem, enquanto um garoto, em primeiro plano, brincava no chão. A mulher reclamava sobre o menino que, segundo ela, não comia direito. Pelo tom de voz, que assumia um timbre agudo e irritado ao se referir ao filho, e pelos gestos, sobretudo um que parecia apunhalar o garoto com o dedo, ela exprimia sua rejeição pela criança. Mas, enquanto ela falava, o menino se levantou e movimentou o corpo em sincronia perfeita com as palavras maternas e desapareceu de cena para reaparecer, segundos depois trazendo um travesseirinho que ofereceu a ela num gesto que parecia de súplica ou de pacificação. A mulher apanhou-o com uma expressão fria, dura e severa da qual me lembrei por muito tempo.

Um outro filme mostrava a mãe e suas gêmeas, uma das quais esquizofrênica. Nos trinta minutos de filme, a mãe e a filha sã mexiam-se juntas e compartilhavam as posturas, durante

95% do tempo. Num determinado quadro do filme, elas chegavam até mesmo a arrumar o vestido ao mesmo tempo. A esquizofrênica raramente compartilhava do ritmo ou da postura com as outras duas. Na verdade, nas poucas vezes em que ela adotava a postura da mãe, esta mudava de posição quase que imediatamente, como se procurasse um meio de manter a filha à distância. E, sempre que se referia à filha doente, ela gesticulava na direção da menina com a palma das mãos viradas para baixo, que diziam claramente: "Fique pra lá." De vez em quando, a garota reagia, virando a cabeça bruscamente de lado e alheando-se da conversa.

"Essas são as grandes mensagens", disse-me Condon seriamente. "Quando você tiver visto bastante filmes, você aprende a aceitá-los como parte da realidade."

No entanto, Condon advertiu-me de que não há nenhuma relação simplista de causa e efeito nesses processos. A rejeição materna não provocou a esquizofrenia da filha. Na verdade, a criança doente pode ter sido pobre em comunicação desde o começo. Mas Condon tem um outro filme que mostra a mãe com duas gêmeas de oito anos de idade (uma normal e outra não), no qual se encontra o mesmo comportamento de exclusão rítmica e corporal. Atualmente, Condon dispõe de vários filmes com mães de gêmeos normais, nos quais as mães se dão muito bem com ambas as crianças. Parece, pois, que a sincronia interacional pode ser não apenas uma forma de expressar harmonia, mas também de incluir ou excluir os demais.

Num outro filme de um adolescente problemático e seus pais, mãe e filho comportavam-se em clara aliança contra o pai. Na verdade, em determinado momento, o menino começou a discutir com o pai e a mãe reforçou-lhe o comportamento, adotando imediatamente a postura do filho e movimentando-se em alta sincronia com ele. Em outro momento, a mãe e o pai se ajustaram muito bem e o rapaz reagiu imediatamente com raiva: "Muito bem. Agora vocês me põem de fora, me repelem!". Isso proporciona, segundo Condon, uma nova verificação de que existe tanto inclusão como exclusão.

Condon imagina que adaptar-se ao ritmo alheio pode ter, mais ou menos, o mesmo efeito da postura compartilhada, uma vez que isso proporciona uma sensação de intimidade, de harmonia. As pessoas são extremamente sensíveis aos movimentos alheios. Edward Hall possui uma coleção de fotografias, tiradas em galerias de arte, de gente que, sem perceber, adota a postura das esculturas expostas.

"As pessoas são dotadas dessa notável sensibilidade sem o saber", lembra Condon. "Que eu saiba, pode haver centenas e centenas de níveis diferentes para se expressar intimidade ou distância num relacionamento: postura, sincronia, contato visual, etc. A vida fica muitto mais interessante quando estudamos isso. Chega a ficar mesmo uma delícia. Acho que, quando as pessoas aprenderem isso, haverá matizes de prazer, de relacionamento compartilhado que ainda não conhecemos. Isso porque nossa sensibilidade aumentará."

O filme mais impressionante que Condon me mostrou foi, talvez, o último, no qual se viam dois pacientes conectados a um eletroencefalógrafo que lhes registrava as ondas cerebrais enquanto conversavam. Nma das câmaras focalizava os pacientes e a outra filmava as agulhas do aparelho, que tracejavam linhas sinuosas num papel quadriculado que deslizava. O resultado foram dois filmes. No filme do eletroencefalógrafo vêem-se os traços alinhados de 12 agulhas: as 6 da direita são do homem e as 6 da esquerda são da mulher. Essas linhas são mais ou menos como o rastro de patinadores não muito hábeis que estivessem esquiando ao som de uma música que não se ouve. As agulhas não se movimentam para a esquerda ou para a direita ao mesmo tempo, mas iam de um lado para o outro em sincronia, aumentando ou diminuindo a velocidade. De um jeito meio mágico, era como se as agulhas estivessem conversando entre si.

Isso me lembrou uma observação, que Paul Byers me fizera, meio brincando: que a sincronia interacional ou o relacionamento rítmico poderia fornecer explicações para a percepção extra-sensorial ou até mesmo para a comunicação entre homem e planta, esse fenômeno estranho através do qual certas pessoas, só porque se concentram numa planta, amando-a um pouquinho mais talvez, conseguem fazê-la crescer bem mais do que uma outra tratada exatamente do mesmo modo, com a mesma quantidade de água, de luz, etc. Byers disse: "O que somos nós, afinal de contas — nossas ações, nossa percepção — senão disparos nervosos, ritmos?" E ainda acrescentou que, quando os jovens falam de "vibrações boas ou más", inconscientemente, eles estão falando exatamente disso.

Condon é bastante cauteloso quanto ao filme do eletroencefalógrafo. Tudo o que se pode dizer, adverte ele, é que isso é muito sugestivo e é um fenômeno digno de ser explorado. No entanto, há problemas em trabalhar com o aparelho. Ninguém consegue dizer exatamente o que eles medem, exceto que refletem a atividade elétrica do cérebro, junto com a contração muscular do olho que pisca. Um cientista afirmou que, tentar explorar o cérebro com um aparelho desses, é o mesmo que tentar descobrir como funciona o motor de um carro, usando-se um estetoscópio no capô.

Todavia, os registros que Condon conseguiu através do eletroencefalógrafo parecem mostrar configurações complexas de mudança relacionada com o fluxo do discurso e ele pretende fazer novos estudos a fim de identificar a natureza dessa relação.

Condon está convencido de que o sistema bioelétrico — sistema nervoso do corpo que funciona através de descargas elétricas dos nervos — capta a sincronia interacional e se confunde profundamente com ela. Condon acredita também que o sistema nervoso vibra ritmicamente em resposta à fala e compara todo esse mecanismo a dois motores elétricos, conectados em sincronia, de tal maneira que se se produz uma alteração na oscilação de um, o outro também reagirá. Assim como os motores se conectam por fios, os seres humanos se conectam pelo som.

"O ser humano liga-se incrivelmente à linguagem e ao som audível", Condon explicou-me. "Esse é o processo mais evoluído. Acho que tudo aquilo que ocorre nesse nível vincula-se, automaticamente, de tal maneira, que todo o organismo está engrenado e não existe uma separação real entre a linguagem e a cinética."

Parece que as pessoas se sincronizam com os outros não porque prevêem o esquema do discurso alheio, mas sim através de uma reação imediata, semelhante a um reflexo. Em filmes projetados a 24 ou 48 quadros por segundo, a sincronia parece instantânea. Os movimentos paralelos começam no mesmo quadro do filme. No entanto, quando se usa uma câmara em alta velocidade e quando há 96 imagens por segundo, começa-se a perceber um espaço entre a fala e o gesto. É como se o som chegasse ao ouvinte e fosse processado rápido num nível neurológico inferior onde se produz o impacto, segundo o ritmo de quem ouve. Talvez isso explique porque o ritmo compartilhado quase nunca chega ao nível da consciência.

Quando duas pessoas que não falam a mesma língua agem entre si, a sincronização é entrecortada e diluída. É que o esquema de discurso de um não é apenas estranho ao outro, mas também é possível que, num nível mais básico, mais biológico, o ritmo de ambos seja meio colidente. Já que o discurso, os movimentos do corpo e as ondas cerebrais parecem estar ligados de maneira extraordinária, outros ritmos fisiológicos, como o cardíaco, por exemplo, podem ser também afetados. Há certas provas que apóiam essa teoria. Com o auxílio de um metrônomo pode-se colocar em fase vários ritmos fisiológicos, em homens e animais. Estudos realizados sobre seres humanos que ouvem canções de ninar — seja em alemão, chinês, inglês ou qualquer outra língua (parece que uma canção de ninar é igual em qualquer língua) — indicam que, à medida em que a ouvem, a respiração das pessoas começa a ficar cada vez mais suave e regular, como durante o sono, e entra em sincronia com a estrutura frásica da canção. Enquanto isso, diminui o ritmo cardíaco e a reação galvânica da pele permanece inalterada. Quando, em idênticas condições, se submete um paciente ao jazz, sua respiração e sua reação galvânica tornam-se irregulares. Talvez o ritmo fisiológico básico acompanhe o ritmo da língua, de forma que a cadência se mostre francesa ou inglesa não apenas na fala mas também no conjunto inteiro.

Segundo Condon, seus trabalhos, que se limitavam a um nível "micro" durante anos, agora começam a se tornar "macro" também. Na medida em que trabalha com lapsos mais prolongados, Condon descobriu que certos intervalos rítmicos ocorrem com tamanha freqüência que se é tentado a pensar que eles fazem parte do organismo como um todo. Muito amiúde ocorre no organismo uma batida forte uma vez por segundo, que se aproxima do ritmo cardíaco humano. Isso não é tão regular a ponto de se poder reduzir simplesmente a sincronia interacional a uma vibração por segundo. O ajuste rítmico do movimento corporal é demasiado preciso, mas, com freqüência, o ritmo do coração está presente.

A explicação para isso pode estar no fato de que, quando no útero, o bebê vive nove meses ao ritmo constante do coração materno. Descobriu-se também que os recém-nascidos que ouvem a gravação de um coração humano pulsando, choram menos e aumentam mais de peso do que os outros bebês da mesma idade. Portanto, não seria de surpreender que o ritmo do coração fosse um ritmo humano básico.

Adam Kendon analisou diversos filmes de sincronia interacional e admite que a adoção de um ritmo comum por parte de duas pessoas não significa sempre uma grande harmonia ou total atenção recíproca. Às vezes, isso pode comunicar coisas mais sutis. Quando alguém começa a falar, por exemplo, o ouvinte pode demonstrar intensa sincronia durante alguns segundos, a ponto talvez de repetir os mesmos gestos de quem fala, o que indica uma grande atenção. Depois, o ouvinte pode relaxar e ficar quieto por algum tempo, mal movendo qualquer músculo. No entanto, logo que haja evidências de que o amigo esteja chegando no final de suas afirmações, o ouvinte começa a se mexer novamente de maneira bem perceptível. Agora, seus movimentos adotam o ritmo do outro mas não imitam seus gestos. Em vez disso, quase que imediatamente, aquele que fala começa a espelhar aquele que ouve. Ao começar a se mexer nesse momento, o ouvinte parece que está dando sinal de que agora ele deseja falar. Seus movimentos podem também ajudá-lo a pronunciar a primeira palavra no momento exato. Assim como os músicos marcam o compasso batendo o pé, à espera da hora de entrar, uma pessoa pode aguardar o ritmo da outra a fim de ficar pronta para falar quando o outro terminar.

Kendon, Condon e outros interessados no estudo da sincronia interacional acham que ainda têm muito que aprender. O próprio Condon tem planos de caminhar em duas direções: de um lado, rumo à microanálise cada vez mais minuciosa na investigação do sistema nervoso; de outro, rumo à macroanálise dos filmes de psicoterapia e de aconselhamento familiar. Nesses filmes, Condon já encontrou provas visíveis de como uma pessoa pode "identificar-se" com outra: o pai com o filho, o estudante com o professor, etc. O adolescente do filme mencionado anteriormente havia adquirido alguns gestos da mãe, sobretudo uma espécie de malabarismo manual que ela usava quando se sentia indecisa. Essa gestualidade se apresentava mesmo quando a mãe não estava por perto. Essa mímica inconsciente é muito comum. O indivíduo sempre incorpora um gesto, um sorriso ou uma variante de entonação de alguém a quem ele admira.

"Dessa forma podemos começar a demonstrar a identificação em termos comportamentais. Podemos encontrá-la na entonação e em outras qualidades vocais, assim como na movimentação corporal. A cada dia que passa, descubro identificações como essa no pessoal mais jovem deste laboratório", disse-me Condon, referindo-se a traços comportamentais copiados dos membros mais velhos. "Observei uma configuração gestual particular e uma maneira de sorrir em que eu mesmo já me pilhei. De vez em quando, me surpreendo nessa atitude e penso: Puxa vida!"

As descobertas de Condon estão sendo utilizadas atualmente para treinar os psicoterapeutas. O terapeuta jovem observa nos filmes a maneira pela qual o psiquiatra mais experiente reforça um assunto. Por exemplo: o paciente chega num assunto que é importante e o terapeuta se inclina para frente e começa a se mexer em intensa sincronia. Os bons terapeutas usam o corpo desse modo, instintivamente. Dessa forma, nas lições de cinética, cuida-se de educar o analista principiante muito mais no sentido de interpretar o comportamento corporal do paciente do que no sentido de lhes ensinar a manipular seu próprio corpo.

No aeroporto de Pittsburgh, a caminho de casa, depois de horas vendo filmes de sincronia interacional, topei com a coisa acontecendo perto de mim: dois aviadores veteranos e uma interessante comissária loira, velhos amigos, com certeza, estavam de pé e, eventualmente se tocavam, inteiramente absortos numa conversa animada. Suas cabeças e mãos dançavam harmoniosamente numa sincronia perfeita.

CAPÍTULO 13

## OS RITMOS DO ENCONTRO HUMANO

Imagine-se sendo entrevistado. Para um emprego, uma promoção ou qualquer outra coisa. Você chega meio tenso, mas, maravilha das maravilhas!, o entrevistador é um ouvinte perfeito. Ele está ali, sentado, atento, afável, prestando-lhe toda a atenção, permitindo que você fale à vontade. Toda vez que você se detém para testar-lhe a reação, ele está ali, com uma pergunta pronta, dando a entender que quer ouvir muito mais. É uma sensação ótima.

De repente, no entanto, muda tudo. Você pára e espera que ele diga alguma coisa e ele ali, rosto inexpressivo. O silêncio espicha, espicha até se tornar insuportável. Achando que talvez ele não o tenha entendido, você reconstrói a última frase. E ele ali, quieto, em silêncio. Então, você tenta um outro assunto. Você fala mais um pouco meio a esmo e pára de novo. Silêncio. Com receio de perguntar se houve alguma coisa de errado, você começa a gaguejar nervosamente. O tempo se arrasta enquanto você se debate, procurando dizer alguma coisa que atraia de novo o interesse daquele homem, alguma coisa que mereça uma resposta. Finalmente, parece que você tocou no ponto certo, pois, dessa vez, quando parou, o entrevistador abriu a boca para fazer uma pergunta estimulante. No entanto, agora você se sente agitado, afogueado, infeliz e antes de perceber isso, você, irritado, já despencou a falar mal do chefe anterior e dos chefes em geral. Mas, a cada pausa, vem o homem com uma pergunta, uma expressão de interesse e, aos poucos, você começa a se sentir mais calmo e a esquecer o incômodo anterior.

Esse tipo de entrevista que acabei de descrever não é, de jeito nenhum, habitual. Trata-se de uma "entrevista de interação programada", um instrumento de diagnóstico altamente complexo e apurado. Qualquer informação que o paciente transmita — nesse caso, você — não tem nenhuma relevância. Mesmo o entrevistador, aparentemente atencioso, vai-se lembrar muito pouco dela. O que interessa não é o que se diz, mas o quando e a duração daquilo que se diz. Sempre que o entrevistado fala, um observador, ou o próprio entrevistador, marca o tempo da resposta. Cada vez que se faz uma pergunta, o observador anota quanto tempo levou para a resposta.

A técnica da anotação, em si, é extremamente simples. Ela é feita com uma caixinha preta do tamanho de uma caixa de fósforos. Embora pareça bastante inofensiva, essa caixinha está conectada a um gravador e um computador. Cada vez que o paciente fala, o observador aperta um botão marcado com a letra A. Cada vez que fala o entrevistador, ele aperta o botão B. Os botões também são apertados quando há assentimentos de cabeça, sorrisos e outros comportamentos não-verbais, desde que estejam claramente vinculados à conversa. O resultado final é um registro cronológico exato, um tipo de carta cronológica, que mostra a duração e a freqüência das respostas (em termos científicos, da "atenção") e essa carta aponta também os silêncios, as interrupções, etc. Nesse registro, o comportamento do entrevistador pode ser tomado como uma constante porque ele já foi treinado a responder no momento exato, a falar durante um tempo exato ou a ficar em silêncio em certos momentos e durante um tempo.

O ser humano é extremamente regular em seu esquema de fala e de audição. Se alguém que já tenha passado por esse diagnóstico for entrevistado de novo dentro de algumas semanas, meses ou até mesmo um ano depois, seu comportamento será muito semelhante nessa segunda oportunidade. Falará com a mesma freqüência e cada vez que o fizer será por um intervalo aproximadamente igual e reagirá da mesma maneira à tensão. Aparentemente, o ritmo de conversa de uma pessoa é uma das características mais previsíveis e mais estáveis. Segundo as mensurações da entrevista de interação programada, essa característica revela um bocado do relacionamento dessa pessoa com os outros.

Todo o mundo usa o ritmo de conversa para interpretar o relacionamento. Se pararmos para pensar nisso, conseguimos caracterizar quase todas as pessoas que conhecemos por meio do jeito de falar. Um responde só depois de uma pausa pensativa e fala devagar, em intervalos prolongados, como se estivesse ganhando tempo deliberadamente a fim de pensar enquanto fala; outro corre para terminar o pensamento alheio, tomando uma tangente própria, e termina a observação tão depressa quanto começou. Se imaginarmos os dois tentando conversar entre si, teremos uma idéia completa da forma como a ação recíproca dos diferentes ritmos interacionais pode afetar uma relação. Os efeitos dessa ação mútua são, quase sempre, muito mais sutis do que se imagina e muito mais previsíveis, exercendo sua influência, é lógico, num nível subconsciente, via de regra. As palavras são uma grande fonte de distração para muitos de nós. Ficamos muito preocupados com o que as pessoas dizem para notar como se disse. Contudo, se fosse possível neutralizar as palavras, substituindo-as por sílabas sem sentido, por exemplo, o significado do "quando" e do "quanto tempo" se tornaria claro.

E, na verdade, isso é o que foi feito e muito bem feito numa experiência realizada na Universidade de Cornell. Os psicólogos recrutaram três estudantes de pós-graduação, deram-lhes um assunto para discussão e os três foram gravados e filmados enquanto conversavam. Depois disso, uns cem "juízes" foram convidados a ver a gravação. Metade viu o vídeo-teipe e a outra metade viu apenas um jogo de luzes: um painel com três lâmpadas que se acendiam e se apagavam, sem nenhum som. Cada uma dessas lâmpadas representava um dos estudantes, sendo que as três reproduziam exatamente o encontro. Quando se acendia a primeira, isso significava que o estudante estava falando. Segundos depois, se uma segunda lâmpada se acendia, isso significava que o estudante estava sendo interrompido. Sempre que as luzes estivessem apagadas, isso significava silêncio. Todos os juízes, depois de terem visto o vídeo-teipe ou o jogo de luzes, preencheram um questionário no qual uma das perguntas principais era: que estudante era dominante e qual era submisso? Os juízes que haviam visto apenas o painel de luzes não tiveram dificuldade maior em responder do que os que haviam visto apenas a gravação.

O quanto uma pessoa fala e o padrão que sua fala assume são determinantes preciosos da maneira como os demais reagem diante dela. Estudos psicológicos têm demonstrado que o mais falante num grupo detém o mais alto *status* e está mais apto a ser escolhido como líder. É verdade também que os outros membros do grupo lhe reservam os sentimentos mais ambivalentes. Aquele que sempre interrompe está, provavelmente, pronto para dominar. Aquele que se mete rápido na conversa sempre que haja uma oportunidade é geralmente um tipo agressivo, um cara de "arranque automático" na linguagem dos executivos. Esses conhecimentos são quase evidentes. No entanto, o ritmo de interação humana revela muitas outras características mais sutis também.

Foi um antropólogo, o Dr. Eliot Chapple, quem "descobriu" os ritmos de interação, inventando não apenas métodos para medi-los, mas também um computador, denominado cronógrafo de interação. O Dr. Chapple desenvolveu o primeiro modelo do cronógrafo nos fins da década de '30, usando-o durante anos para selecionar candidatos às grandes companhias e lojas. Desde 1961 ele é diretor de uma seção do Rockland County Hospital que emprega o cronógrafo para diagnosticar e tratar adolescentes problemáticos e para avaliar psicopatas adultos.

Quando visitei o sanatório mental de Rockland, situado ao norte da Manhattan, o Dr. Chapple explicou-me alguns dos elementos básicos de biologia que estão por trás do seu trabalho. O corpo humano é uma meada vasta e intrincada de ritmos que ocorrem em diversos níveis de tempo: desde o ciclo menstrual e o ritmo respiratório e cardíaco, mensuráveis por batidas e inspirações por minuto, até os dez arrepios por segundo que constituem o ato de tiritar. A maior parte dos sistemas internos do corpo é governada por ritmos circadianos, que são ciclos com a duração de um dia, cujo ponto alto se alcança a cada vinte e quatro horas. Cada indivíduo tem uma hora no dia em que sua temperatura está mais baixa e seu ritmo cardíaco mais devagar. O açúcar no sangue, a atividade glandular, o metabolismo, a divisão celular, a sensibilidade para remédios e outras coisas mais variam de acordo com esses ciclos previsíveis de vinte e quatro horas. Algumas pessoas trabalham melhor de manhã, enquanto outras ficam mais dispostas à noite, isso porque seus sistemas corporais conhecem o pico da eficiência nessas horas. Não é de surpreender que os períodos de atividade e inatividade sejam paralelos a outros ritmos do organismo e acompanhem também um ciclo de vinte e quatro horas.

Os ritmos biológicos existem em cada etapa da escala evolutiva desde a ameba até o homem, inclusive as plantas. Eles variam de espécie para espécie, dentro da qual ainda variam de indivíduo para indivíduo. No entanto, em qualquer indivíduo esses ritmos são altamente regulares e característicos. Além disso, se se isolar do corpo uma única célula, pode-se detectar-lhe os ritmos circadianos, o que indica que os fatores biológicos de diferenciação entre uma pessoa e outra começam já no nível celular.

Não é difícil de aceitar que a temperatura do corpo flutua segundo o ciclo circadiano, mas é difícil de aceitar a idéia de que os padrões de interação sejam tão previsíveis. Agrada-nos pensar que falamos porque temos algo a dizer e paramos de falar quando já dissemos tudo. No entanto, os anos que Chapple passou testando centenas de pessoas não permitem nenhuma dúvida de que o padrão está ali.

Um padrão parcialmente inato, diz Chapple. Ele acha que o ritmo futuro de interação do indivíduo manifesta-se pela sua atividade (ou inatividade) já quando bebê. Todavia, antes que o ritmo se cristalize lá pelos três ou quatro anos, a experiência pode mudá-lo consideravelmente. Se se submeter o bebê a uma tensão intensa logo no primeiro ano, poderá haver mudanças psicológicas em seu ritmo de interação para o resto da vida.

A experiência atua também sobre a hereditariedade de outra forma. Estudos têm demonstrado que, quando a mãe se aproxima de um bebê de alta atividade, ele relaxa, enquanto que, em caso de baixa atividade, o nenê reage animado à aproximação materna. Entretanto, se a mãe for desajeitada ao cuidar do bebê muito ativo, ela pode excitá-lo demais e impedi-lo de se relaxar. E o bebê sossegado continua sossegado se a mãe tiver cuidado em não excitá-lo. Se a mãe fica aborrecida porque seu bebê é pouco ativo ou porque se sente incapaz de acompanhá-lo na agitação, a reação dela se incorpora ao relacionamento com a criança que, por sua vez, reagirá à atitude materna: desse modo, começa o complicado processo da formação do caráter.

Desde a primeira infância, o ritmo básico de um indivíduo afeta seu relacionamento com os outros. Dessa forma é fácil ver-se que, durante toda a vida, ser-lhe-á importante encontrar pessoas, cujo ritmo de interação complemente o seu. Chapple afirma que "um dos grandes prazeres é encontrar o ouvinte perfeito: aquela sensação de bem-estar que se adquire ao se saber que se pode falar ou não quando se quer". No entanto, essa complementaridade é muito difícil. A maioria das pessoas que encontramos opera em tempos que não coincidem com o nosso.

Duas pessoas que ainda não tenham estabelecido um relacionamento agradável, ficam, durante certo tempo, tateando um ritmo comum. Primeiro, elas podem ficar se interrompendo sem querer ou uma delas termina uma frase sem que o outro esperasse, de maneira que há certa demora em responder. Há certas pistas não-verbais que indicam quando uma pessoa está prestes a terminar o que está dizendo — ligeira alteração da entonação ou do movimento ocular, por exemplo — mas quando a conversa realmente desliza é porque seus participantes chegaram a um ritmo estável, recíproco. No entanto, isso pode representar coisas diferentes para cada um deles. Para um, o esquema pode ser natural e cômodo; para outro, pode exigir um certo esforço.

Cada pessoa dispõe de um ritmo básico próprio, aquele dos momentos em que ela está se sentindo bem ou está em companhia de pessoas queridas e agradáveis. A maioria das pessoas muda de ritmo dentro de uma certa escala e, na verdade, dispõe de uma série completa de sub-ritmos como as harmonias na música. Normalmente, um homem age num ritmo quando com a esposa ou com velhos amigos e, em outro, quando próximo ao chefe. Esses ritmos secundários não são fortuitos, mas, é incrível, ao serem analisados por um computador, parecem ser múltiplos matemáticos de um compasso básico: um duplo ou um médio, por exemplo. Algumas pessoas são extremamente flexíveis e dispõem de vários sub-ritmos. Outras não. Estas são os tagarelas compulsivos ou aquelas que falam pouco, quase grunhindo.

Os ritmos de interação ajudam muito a explicar alguns dos paradoxos do relacionamento humano: pessoas que parecem ter tudo em comum e que simplesmente não se suportam e outras que se dão muito bem apesar da aparência em contrário.

Um dos motivos para o desajustamento entre marido e mulher pode ser a discrepância dos ritmos básicos de interação. Isso não se mostra evidente durante o namoro, uma vez que, nesse momento, ambos estão muito empenhados e dispostos a se ajustarem. Às vezes, depois do casamento, alguns casais mal ajustados parecem chegar a um padrão estável que logo depois se desfaz. Conheço uma senhora que, dois anos depois de casada, começou a reclamar do marido que não lhe respondia. Ele demorava tanto para responder, que ela se irritava. Ele disse que nunca tinha sido muito falante e que ela sabia muito bem disso antes de se casar. Este é um caso em que a tensão era cumulativa. Na medida em que ia crescendo, essa tensão levou ambos os indivíduos a se tornarem cada vez mais rígidos e menos propensos a se ajustarem até o ponto em que os ritmos desemparelhados que, até então, não se haviam mostrado importantes, começaram influir pesadamente no descontentamento recíproco.

Também é verdade que os indivíduos não mantêm relações isoladas com outras pessoas isoladas, mas, ao contrário vivem no meio de todo um sistema de relacionamento, de maneira que o desequilíbrio rítmico num ponto acaba se compensando com o equilíbrio rítmico do outro. Desse modo, um homem casado com uma mulher muito loquaz pode dar-se muito bem, se ele for caladão ou se ele dispuser de muitos amigos que lhe permitam dizer o que pensa. Se, por um acaso, ele vier a perder alguns desses amigos, pode ser que venha a achar insuportável o seu casamento.

A princípio, os registros de interação realizados pelo Dr. Chapple foram feitos em situações naturais, observando conversas entre casais, amigos ou estranhos. Entretanto, ainda que fosse normalmente possível, através de análises estatísticas caprichadas, determinar o ritmo básico de interação de qualquer indivíduo nessa situação, a tarefa não era fácil, pois, a todo momento, as pessoas estavam se ajustando entre si. Além disso, quando o Dr. Chapple usava entrevistadores, mesmo psiquiatras hábeis que faziam as mesmas perguntas, o entrevistado sempre se mostrava bem diferente com cada um. Assim, o Dr. Chapple começou a treinar entrevistadores, a programar seu comportamento, eliminando, dessa maneira, o fator pessoal. E descobriu-se, então, que os entrevistadores a quem se ensinou não apenas o que dizer, mas também o quanto deviam demorar para dizer, o quanto esperar para responder e como controlar a expressão facial, tinham condições de provocar registros apurados e consistentes.

Desse jeito, desenvolveu-se uma "entrevista padrão de diagnóstico". Por meio dela, registra-se, primeiro de tudo, o compasso básico de cada indivíduo. Em seguida, o indivíduo é submetido a um esquema de tensão medido com precisão com o objetivo de determinar seus padrões característicos de reação. A partir disso, é possível saber um bocado sobre sua personalidade e a maneira como ele se relaciona com os outros.

Normalmente nada se conta para aqueles que são submetidos à entrevista. O processo se divide em cinco períodos e começa com quinze minutos de intensa complementaridade, uma vez que os entrevistadores são ensinados a reagir com sincronia perfeita e a demonstrar um interesse acentuado e vivo. Segue-se, então, o período de não-reação, descrito no início deste capítulo. Cada vez que o paciente pára de falar, faz-se um silêncio mortal. Durante uns bons quinze segundos, o entrevistador não abre a boca, a menos que o paciente o faça primeiro. Isso acontece doze vezes no total até se completar um período de quinze minutos.

Muita gente toma a falta de resposta como rejeição ou como retraimento e se tornam aborrecidas quando isso ocorre com freqüência. E cada um reage de maneira característica. Alguns quebram o silêncio antes, com observações que vão ficando cada vez mais breves. É como se a tensão acelerasse seu tempo ou como se precisasse ficar cutucando o outro para que respondesse. Essa era a reação do paciente na entrevista que descrevi. O tipo de pessoa que reage diante da falta de resposta, acelerando-se a si mesma, é também o tipo de pessoa que demonstra grande dificuldade em delegar responsabilidade. Ao achar o próximo muito evasivo, ela prefere fazer o trabalho sozinha. Outras pessoas, submetidas ao tratamento de não-reação, acabam desenvolvendo uma compulsão verbal. Cada vez que o entrevistador deixa de falar, elas se precipitam com observações próprias que se esticam cada vez mais. Parece que a raiva é um fator que motiva essa reação. Outra reação comum é reagir com o silêncio: esperar o outro falar numa atitude calada e suspeita. Estas reações representam os extremos. A maioria das pessoas tem uma reação mista, ora acelerando o tempo, ora retardando-o, incorrendo em silêncio ou loquacidade, numa tentativa de atingir o normal e de restabelecer a conversa. Há também aqueles tipos felizes que não percebem quase nada do que está acontecendo.

Terminado o período de não-reação, o entrevistador volta para a complementaridade, ao esquema fluido e sincronizado do primeiro período. O propósito não é tanto o de dar um descanso para o paciente, mas sim o de se elaborar um índice da tensão a que submeteram-no, uma vez que a tensão se mostra quando se compara o ritmo deste período com o ritmo do primeiro período. Algumas pessoas se recompõem quase que imediatamente, parecendo importar-se pouco com a tensão. No entanto, é bem mais comum os que mostram sinais de cansaço.

Quando termina o período da complementaridade de cinco minutos, o entrevistador introduz um esquema novo. Depois de falar durante três segundos exatos, o paciente é interrompido. Se ele ignorar a interrupção e continuar falando, o entrevistador fala durante cinco segundos e pára. Então, quando o paciente terminar o que está dizendo, o entrevistador faz-lhe outra pergunta educada, espera três segundos, interrompendo-o em seguida. Por outro lado, se o paciente pára, quando interrompido da primeira vez, o entrevistador fala durante cinco segundos, dá ao outro uma oportunidade para resumir o que disse e interrompe-o de novo. O período termina depois de doze interrupções ou depois de quinze minutos.

A interrupção é, sem dúvida, uma tentativa de dominação, demonstração clara de agressividade. As pessoas têm reações características diante da tentativa de dominação. Algumas são muito persistentes e falam mais alto e por mais tempo cada vez que são interrompidas. O mais comum é a reação escalonada. O paciente, interrompido, vacila e se retrai, aumentando cada vez mais o seu silêncio, de maneira que o "tempo" se acelera. Esse tipo de competição, na qual uma pessoa interrompe a outra antes que termine de dizer o que tinha em mente, é típico de briga. Outra reação comum é a da submissão. Se puder, o indivíduo se cala e foge. Se não puder, torna-se hesitante, cai em longos silêncios, enquanto inventa alguma coisa para dizer.

O Dr. Chapple descobriu que o "timing" da interrupção é particularmente importante. É extremamente desagradável ser interrompido logo depois que se começa a falar. Uma vez adiantado, é mais fácil manobrar quem interrompe. No entanto, pode-se cortar o discurso de quem fala, fazendo-o falar durante espaços cada vez mais curtos, interrompendo-o com freqüência quando estiver por terminar a fala. O orador acaba tomando essa atitude como expressão de impaciência e começa a ficar cada vez menos seguro.

Ao período de dominação ou de interrupção, segue-se outro de complementaridade, para se medir até que ponto o ritmo de interação do indivíduo se afastou do seu ciclo normal. Algumas pessoas praticamente não reagem. Elas podem parecer quase normais, mas o seu ritmo estará um pouco mais rápido e suas reações um pouco mais devagar, o que dificulta uma sincronização. Todos nós conhecemos pessoas desse tipo, que depois de uma discussão, demonstram que o conflito ainda perdura. Outra reação comum é a petulância: a pessoa torna-se muito tensa ou praticamente não deseja falar, mesmo que das outras vezes ela tenha conseguido superar as interrupções. Outras — as que guardam mais ressentimento — deixam transcorrer longos intervalos antes de responder outra pergunta. Por outro lado, há ainda as que falam compulsivamente ou se tornam impulsivas e excitadas. O domínio das reações transitórias pode ser importante. Se um homem briga com sua mulher e logo em seguida encontra um amigo, sua atitude pode ser tão fora do normal que esse amigo ficará chateado e aborrecido.

Os entrevistadores e os observadores que trabalham para Chapple são treinados cuidadosamente. Os entrevistadores praticam bastante a fim de obter a duração exata de suas ações, no que são auxiliados por uma tela fixada no alto de uma parede fora das vistas do entrevistado. Numa sala ao lado, um pequeno computador pré-programado, denominado "caixa lógica", controla a tela que contém colunas crípticas de números indicando exatamente em que etapa o entrevistador se encontra: quantas interrupções foram feitas, quanto tempo se passou, etc. Os resultados finais da "entrevista de diagnóstico" passam por um computador e são fixados em termos matemáticos sólidos e definitivos. A possibilidade de se poder prever os padrões de interação ficou demonstrada não só através do trabalho de Chapple e do cronógrafo que ele desenvolveu, como também através do trabalho de pesquisadores ingleses e de Joseph Matarazzo da Universidade de Oregon. As conclusões sobre personalidade que Chapple delineou, partindo desses padrões, têm sido constantemente testadas. Além disso, os anos em que Chapple foi consultor de negócios, permitiu-lhe comprovar na prática, a sua teoria. Seu trabalho com vendedores de grandes lojas é uma prova disso, uma vez que a habilidade para vender se traduz em relatórios de dólares e de centavos. Muitas vezes, através de "testes camuflados", pretendentes a um emprego tiveram seu potencial de venda analisado sem que seus empregadores tivessem conhecimento disso. Em 115 casos estudados numa grande loja, a técnica de Chapple acertou 96,8%, cada vez que a capacidade do vendedor era tida como "boa"; 84,5% quando previa "acima da média". Ao prever que o vendedor não servia, a técnica acertou 97,7%. Como era de se esperar, a previsão dos que foram classificados com "capacidade mediana" mostrou-se certa em apenas 61,5%.

Trabalhando com grandes lojas, Chapple descobriu que cada artigo à venda requer um tipo diferente de vendedor. Uma balconista do setor que fica direto no nível da rua precisa, muitas vezes, atender vários fregueses simultaneamente e, portanto, é necessário que ela possa dispor de um ritmo de interação rápido e flexível. Por outro lado, a encarregada de vender roupas finas deve ficar por perto, conversando um pouquinho com a freguesa que experimenta um modelo e deve ser capaz de perceber quando a cliente reage a um vestido em particular, a fim de que possa realmente se empenhar em *vender* aquela roupa. Portanto, na alta costura requer-se certa capacidade de domínio.

Chapple tratou de cargos executivos do mesmo modo, procurando saber muito mais aquilo de que o candidato realmente precisaria em termos básicos de interação, do que como ele deveria ser, segundo os preceitos tradicionais. Certa vez, os técnicos de uma escola de administração afirmaram que um determinado diretor de pessoal deveria se retreinado porque não se enquadrava dentro dos critérios usuais para exercer tal cargo; ele não era uma pessoa compreensiva, capaz de se comunicar facilmente, etc. A firma consultou Chapple que, após uma entrevista com esse homem, achou que ele era rígido e caladão, mas que, por outro lado, possuía uma incrível capacidade para ouvir. Ao saber qual o cargo que ele ocupava, Chapple viu que ele passava 80% de seu tempo tratando com representantes sindicais, gente particularmente loquaz, sobretudo quando se tratava de apresentar queixas. Como ficou provado então, esse diretor de pessoal era a pessoa certa para aquele determinado cargo, porque era capaz de ouvir o dia inteiro, se fosse necessário, e no final das contas, continuar irredutível.

Ultimamente, Chapple vem usando o cronógrafo de interação com fins terapêuticos. Em Rockland, ele e sua equipe trabalham com adolescentes problemáticos por causa de comportamento violento e anti-social. Em primeiro lugar, Chapple faz a entrevista para diagnosticar o problema de cada paciente. Ele pode descobrir que um determinado rapaz simplesmente não suporta ser dominado e que reage violentamente a isso, logo depois de cada interrupção. Então os computadores são usados para elaborar um programa no qual se estabelecem várias doses de domínio com o objetivo de serem aplicados em entrevistas individuais ou grupais, até que o rapaz aprenda a reconhecer a tensão, sua reação a ela, e a controlar essa reação. Em geral, Chapple descobriu que a maioria dos rapazes é capaz de dominar essa tensão após cerca de doze entrevistas e, acima de tudo, que o aprendizado conduz a situações que não precisam mais de treinamento. Essa teoria altamente pragmática, cujo objetivo é antes mudar o comportamento do que proporcionar um conhecimento interior, faz parte de todo um programa de ensino e de oficinas experimentais, onde os rapazes são pagos por seu trabalho, e que funciona como etapa intermediária para se assegurar que, uma vez devolvidos à comunidade, esses rapazes não venham a ser perturbados pelos mesmos problemas que os levaram à Rockland na primeira vez.

Esse projeto é também implementado na própria comunidade: em casa, na escola e na vizinhança. Num projeto especial no Bronx, os entrevistadores de Chapple, equipados com um gravador portátil, misturam-se com adolescentes na vida diária e colhem amostras de interação quando for o caso. Através das entrevistas de diagnóstico, Chapple imediatamente conhece que tipos de tensão perturbam os rapazes. Atualmente ele quer registrar essa tensão no momento em que ela ocorre, para verificar quando e com que freqüência ela acontece e como age sobre eles; considerar todos os conhecimentos que fazem parte da rede de comunicação desses adolescentes; e, então, relacionar estas descobertas com as entrevistas do diagnóstico original.

Não é fácil relacionar o trabalho de Chapple com o que está sendo feito por outros cientistas da comunicação. Por um lado, sua pesquisa pode se situar num ponto qualquer entre o verbal e o não-verbal. Por outro, ele não se centra num código, mas no indivíduo e na forma que as diferenças individuais, em termos de ritmo básico e biológico, assumem nos encontros frente a frente. Mas esta biologia básica é uma das maneiras mais fáceis de se medir, predizer e resolver alguns dos problemas práticos da comunicação humana

CAPÍTULO 14

# COMUNICAÇÃO PELO OLFATO

O verbal e o visível — o que o homem diz e como ele mexe seu corpo — são apenas duas das formas mais óbvias de comunicação. O ser humano também se comunica pelo tato, olfato e, em algumas ocasiões, até pelo paladar. Estes sentidos podem ser parte importante da mensagem global, embora muito pouco se saiba a respeito deles.

Infelizmente, os norte-americanos subestimam a importância do nariz como um receptor de mensagens. De fato, nós somos tão relutantes em cheirar uns aos outros que, praticamente, suprimimos o olfato como sentido. Não se pode negar que somos uma sociedade superdesodorizada e parece que, a cada ano a propaganda descobre novos odores condenados à extinção. Vivemos com medo do mau hálito, do suor, dos cheiros domésticos, dos odores genitais, apesar de que, qualquer animal que se respeite, sabe que os odores genitais são agradáveis e um ponto positivo nas relações sexuais. Também parece que há certa tentativa em substituir os odores naturais pelos industrializados, isto é, perfumes, loções de barba e afins. Deve-se admitir que há algo de grotesco no modo como a mulher se esmera para se livrar de seu odor biológico, desodorizando cuidadosamente o corpo nas partes mais íntimas, para, em seguida, aplicar um perfume com a fragrância sexual de algum outro animal mais sábio.

Por que os americanos se preocupam tanto com o cheiro do corpo? Provavelmente por causa da nossa tendência anti-sensual: desconfiamos dos prazeres dos sentidos porque fazem parte do prazer do sexo. Entre todas as experiências a que somos sujeitos, o barulho e o cheiro são os dois únicos a que não se pode suportar. Uma pessoa pode fechar os olhos, pode se recusar a tocar as coisas ou a comer, mas será difícil deixar de ouvir um barulho e impossível bloquear o olfato. Margaret Mead acha que a conhecida mistura étnica dos Estados Unidos talvez seja, em parte, culpada pela fobia que os norte-americanos têm pelos cheiros. Neste país, é muito grande o número de pessoas que comem diferente, vivem diferente e até dormem diferente, morando muito próximos uns dos outros e quase sempre com pouca ventilação. O cheiro do estrangeiro parece mais difícil de se tolerar e os norte-americanos têm-se mostrado muito sensíveis a isso. Nas primeiras informações dos pioneiros que foram para o oeste, era muito comum a queixa sobre a sensação de aperto diante da vista do vizinho que morava na próxima colina e cujo cheiro da comida era ofensivo. Mesmo que o vento o tivesse trazido de uns três ou quatro quilômetros.

Nem todas as culturas são "anti-odor". Os árabes, segundo Edward Hall no seu livro *The Hidden Dimension*, "aparentemente admitem existir relação entre a disposição pessoal e o cheiro. Os intermediários que arranjam um casamento árabe normalmente tomam grandes precauções para assegurar uma boa companheira. Dependendo da ocasião, eles podem até mesmo pedir para cheirar a garota e rejeitá-la se ela 'não cheirar gostoso'. Não tanto por motivos estéticos mas possivelmente por causa de um cheiro residual de nojo ou desprazer". Mais adiante, Hall prossegue: "Para os árabes, os bons perfumes são agradáveis e são uma forma de união com outra pessoa. Cheirar um amigo não é só simpático, mas desejável, da mesma forma que negar a ele nosso hálito é um ato vergonhoso. Os norte-americanos, por outro lado, como são ensinados a não respirar no rosto de outra pessoa, automaticamente demonstram vergonha (segundo os árabes) ao se mostrarem educados."

Em Bali, quando se cumprimentam, os namorados se aspiram profundamente, numa espécie de olfação amistosa. E entre os Kanum-irebe da Nova Guiné Meridional, quando bons amigos se separam, aquele que fica, algumas vezes, toca a axila daquele que está partindo para guardar consigo o cheiro do amigo.

O sentido do olfato tem uma importância imensa para a maioria dos animais. Ele acusa a presença de inimigos, excita os bichos na presença do sexo oposto, funciona como limite territorial, permite-lhes seguir o rebanho quando se perdem e identifica o estado emocional de outras espécies. O olfato também funciona com eficiência no mar: diz-se que serve de guia para o salmão quando da desova. Mas o homem não tem o sentido do olfato tão acurado quanto os outros animais. Como uma criatura acostumada a trepar em árvores, ele aprendeu a confiar mais nos olhos do que no nariz. Hall sugere que essa deficiência humana pode ser uma bênção nos dias de hoje:

"Isso pode ter dado ao homem a grande capacidade de suportar aglomerações. Se os homens fossem dotados de nariz como os ratos, eles estariam sujeitos permanentemente à variação emocional que ocorre nas pessoas ao seu redor. A identidade de uma pessoa que visite uma casa e as conotações emocionais de tudo o que ocorreu na casa seriam de domínio público enquanto o odor persistisse. A raiva de outras pessoas daria para se perceber pelo cheiro. Os psicopatas começariam a nos deixar louco e os ansiosos nos deixariam mais ansiosos ainda. O mínimo que poderia acontecer, seria uma vida muito mais complicada e intensa. Haveria menos controle consciente, uma vez que os centros olfativos do cérebro são mais antigos e mais primitivos do que os centros visuais."

Recentemente, alguns cientistas levantaram a hipótese de que os humanos, sem o saber, estariam nas condições descritas pelo Dr. Hall. O Dr. Harry Wiener, um médico dos Laboratórios Pfizer de Nova Iorque, elaborou uma teoria fascinante e de certa forma espantosa: os homens percebem odores além daqueles que, conscientemente, a percepção acusa. Isto é, haveria de fato um subconsciente olfativo.

A palavra "odores" talvez seja uma palavra engenhosa. Wiener refere-se a eles como "mensageiros químicos externos" (MQE), incluindo aminoácidos e hormônios esteróides, substâncias nas quais normalmente não detectamos cheiro, pelo menos naquelas pequenas quantidades segregadas pelo corpo. Mesmo assim, são segregadas e permanecem no ar, podendo entrar no corpo de outra pessoa através do nariz.

Os MQE, chamados *feromonas*, são muito importantes para os animais. Essa palavra "feromonas" foi usada, pela primeira vez, há cerca de 10 anos para descrever as substâncias odoríferas que os insetos produzem para se atrair sexualmente. Mas, hoje em dia, sabe-se que a maioria dos animais segrega tal substância e que ela afeta o comportamento de outros animais da mesma espécie. Experiências com ratos demonstram que essa substância é extremamente importante no que diz respeito ao sexo. Se trinta ratas forem confinadas juntas, o ciclo estrógeno de cada uma, isto é, o ciclo do cio, entra em pane. Colocando-se apenas um macho junto a elas, o ciclo estrógeno volta ao normal, funcionando agora em sincronia. Se, durante quinze minutos por dia, uma rata grávida ficar perto de um rato que não aquele que a engravidou, sua gravidez terminará. Essa gravidez pode também cessar se colocarmos a fêmea numa gaiola vazia onde tenha estado um outro macho, o que vem a provar que o importante é o cheiro do macho. Há ainda uma outra prova: destruindo-se o lóbulo olfativo do cérebro da fêmea, ela ficará imune a essa interrupção da gravidez.

Já se supõe que, pelo menos entre os animais, as segregações externas de um deles pode agir diretamente na química do corpo de outro, provavelmente nas glândulas endócrinas. Isso talvez explique porque em condições de superpopulação, os animais comecem a agir de forma bizarra, podendo até morrer: o bombardeamento das glândulas endócrinas, especialmente da supra-renal, pode causar extrema tensão, e, eventualmente, isso pode funcionar a favor da sobrevivência das espécies como meio de controle da população.

É evidente que é perigoso generalizar de animais para o homem, mas alguns cientistas andam intrigados com um fato curioso apresentado pela Dra. Martha McClintock de Harvard, quando ela estudou o ciclo menstrual de jovens estudantes que viviam numa república. A Dra. Martha descobriu que o ciclo menstrual de amigas íntimas era sincronizado, assim como acontece com as ratas. E parece que não se tratava apenas do poder de sugestão ou de hábitos de vida similar: a proximidade física parecia ser a chave do problema ou, em outras palavras, acontecia com as mulheres, o mesmo fenômeno de transmissão química que ocorre com os ratos.

Parece não haver dúvidas de que o homem exala MQE, mas geralmente se acredita que apenas os cães e outros animais de olfato agudo podem percebê-los. Como se sabe, os cachorros podem detectar o medo, a raiva ou a amizade e podem seguir a pista de alguém se, cheirarem um objeto que essa pessoa tenha tocado. Isso indica que cada indivíduo tem uma espécie de assinatura olfativa. (É interessante notar que os cachorros podem distinguir gêmeos idênticos só com muita dificuldade.) Não há dúvida, também, que o homem segrega hormônios. Cães policiais que cheiraram progesterona foram capazes de identificar varas que estiveram na mão de mulheres grávidas ou de mulheres atravessando a segunda metade do ciclo menstrual, ocasião em que o nível de progesterona aumenta. Os mosquitos também reagem aos odores humanos e ficou provado que eles são atraídos mais por umas pessoas que por outras. E os mosquitos são também ainda mais atraídos por mulheres entre o 13.º e o 18º dias do ciclo menstrual, quando o estrogênio alcança seu nível mais alto.

A maioria dos animais exala odores que exercem atração sexual e parece certo que os seres humanos também. Todavia, com relação aos animais, esses odores agem como "desencadeadores", despertando quase que automaticamente o desejo sexual, enquanto que nos seres humanos a reação biológica pode ser encoberta por uma outra aprendida. Para algumas pessoas, o cheiro da borracha é "sexy", por causa da associação com os preservativos. Para outros, os odores biológicos naturais do corpo podem, na verdade, inibir ou até mesmo assustar.

Um exame da anatomia humana oferece mais provas da existência de um sistema de emissão de MQE. Assim resume Wiener: "O fato é que nossa pele contém uma profusão de glândulas odoríficas que rivaliza com a de outros animais... Elas cobrem nosso corpo da cabeça aos pés; sua estrutura é extremamente complexa; a quantidade de tipos individuais é tamanha que tem sido impossível realizar uma classificação anatômica completa."

Parece pouco provável que as glândulas odoríficas humanas tenham sobrevivido durante milhares de anos da evolução só para ajudar os cachorros e os mosquitos.

Embora seja provável que a urina, as fezes, a saliva, as lágrimas e o hálito segreguem os MQE, Wiener acredita que sua maior proporção esteja contida na transpiração, reação notória em caso de tensão emocional e que, portanto, constitui excelente sistema de sinais.

Wiener dispõe de sólida teoria para a hipótese de que o ser humano exala MQE. Mas que a gente também os *receba* é difícil de provar. Ele cita experiências feitas com indivíduos submetidos a certos produtos químicos. Embora a pessoa não tenha percebido o cheiro, a reação galvânica de sua pele caiu em segundos e alterações menores foram observadas na pressão sangüínea, na respiração e no ritmo cardíaco.

As pessoas não costumam falar sobre cheiros. Em nossa cultura, essas conversas são tidas como desagradáveis. Por isso, não se sabe ao certo quanta gente, que vive quietinha entre nós, possui um verdadeiro talento olfativo, qualidade que fica, portanto, desconhecida. Casualmente, contei a uma amiga que estava fazendo uma pesquisa sobre o olfato e ela me confessou que possuía um nariz mais sensível do que a maioria das outras pessoas. Seus lençóis precisavam ser lavados com um determinado detergente específico, porque o cheiro de outros deixava-a enjoada. Ela consegue distinguir facilmente o cheiro de um homem e o de uma mulher e conta que, na escola, ela sentia muita pena de sua companheira de quarto, porque a "pobre da Betsy cheirava a homem". Essa amiga guarda a sete chaves — e nunca usa — um velho casaco, porque ele conservou levemente o cheiro de sua avó, mas aquele cheiro biológico de uma pessoa velha e não, como nos romance, um perfume de lavanda, de violetas ou outro qualquer. Essa moça quase nunca confessa aquilo que considera "idiossincrasia sua", porque se o fizesse, as pessoas iriam tomá-la como algum caso raro.

O olfato varia não só entre os seres humanos, mas também entre os sexos. As mulheres sentem certo cheiro de almíscar, que os homens e as pré-adolescentes não percebem absolutamente. O olfato de uma mulher varia segundo o seu ciclo menstrual e atinge a plenitude na metade do ciclo, quando seu estrogênio se eleva, coincidindo com a ovulação. Na verdade, os cientistas, ao estudar o olfato, têm sugerido a utilização do olfato feminino como medida de controle de natalidade, determinando o momento da ovulação.

É bem possível que muitas, senão todas as crianças da nossa época, nasçam com o sentido do olfato muito sensível e que simplesmente aprendam a reprimi-lo mais tarde. Sem querer, tomei conhecimento de um fato anedótico: um jovem pai não podia dar a mamadeira para o bebê enquanto sua esposa estivesse no quarto, aparentemente porque a criança sentia o cheiro do leite materno e o preferia. Observadores notaram também que durante a fase edipiana, quando há competição entre pai e filho, os meninos mostram um forte interesse pelo cheiro de sexo dos adultos e se aborrecem com o cheiro do pai.

Já falamos muito em acuidade olfativa que se enquadra numa escala normal. Entretanto, existem várias informações sobre milhares de pessoas dotadas de extraordinária capacidade — homens e mulheres realmente prodigiosos — que distinguem uma pessoa da outra, detectam emoções, conseguem dizer onde um amigo estava ou com quem ele esteve pelo cheiro que ele traz na roupa e na pele. Wiener afirma que tais pessoas são extraordinárias, porque fazem, de modo consciente, o que a maioria de nós faz inconscientemente.

A teoria do MQE poderia explicar porque as emoções são, algumas vezes, tão contagiosas numa multidão. Ela poderia explicar também porque as mulheres têm o olfato mais sensível no período de ovulação: através dessa agudeza extrema elas estariam mais preparadas para captar os MQE sexualmente atrativos do homem. Wiener acredita que os MQE podem explicar alguns tipos de esquizofrenia. Muito pouco se sabe sobre as causas da esquizofrenia, mas alguns especialistas apontam o fato de que esse distúrbio, geralmente, está associado com irregularidades na percepção, como experiências visuais esquisitas e, às vezes, uma agudização do olfato. É amplamente sabido que os esquizofrênicos, a não ser aqueles que vivem completamente fora da realidade, conseguem perceber com espantosa acuidade as emoções mais íntimas das pessoas que estão a seu redor. Também tem sido largamente documentado que eles possuem um cheiro peculiar — os ratos podem diferenciar um esquizofrênico de um não-esquizofrênico e algumas pessoas também — e uma equipe de pesquisadores de Saint Louis isolou o ácido trans-3-methyl-2-hexenoico, que causa tal odor.

A teoria de Wiener sobre a esquizofrenia é muito complexa para ser detalhada aqui, mas uma de suas teses principais é que alguns (não todos) esquizofrênicos não só exalam MQE acima do normal como também percebem o MQE dos outros. Wiener acredita que, se existir realmente uma comunicação química entre os seres humanos, então os esquizofrênicos têm consciência de seus efeitos. Como não conseguem identificar sua natureza, eles concluirão que se trata de uma força estranha agindo sobre eles. O esquizofrênico muitas vezes *sabe* o que as pessoas estão sentindo, mas como não entende como conseguiu saber disso, geralmente nega essa capacidade. Fazendo uma analogia com a teoria de Wiener, o esquizofrênico é mais ou menos como o herói da história de H. G. Wells *The Country of the Blind*: um tipo capaz de perceber coisas a sua volta que outras pessoas não percebem e, portanto, imaginar que está louco. Seus problemas podem se complicar ainda mais pelo fato de que seu próprio MQE acima do normal pode ser percebido subconscientemente pelos outros, o que pode irritá-los ou até mesmo assustá-los.

G. Groddeck, um dos primeiros colaboradores de Freud, escreveu certa vez: "Eu sei, apesar de toda doutrina que ensina o contrário, que o homem é primitivamente um 'animal-nasal', que somente reprime seu agudo sentido de olfato durante a infância porque, de outra forma, a vida lhe seria intolerável." E é isso que parece acontecer com os esquizofrênicos. A afirmação de Groddeck, de que o ser humano é um "animal-nasal", é também uma posição extrema.

Wiener afirma que o MQE é apenas um canal da comunicação e pode ser considerado um canal de menor importância se comparado com a visão e a audição. E sua teoria, segundo ele mesmo afirma, é somente uma teoria, muito embora o *New York State Journal of Medicine* tenha-a achado suficientemente séria para lhe dedicar três longos artigos e muitas outras revistas, científicas ou não, também tenham tratado do assunto de maneira favorável. Atualmente outros cientistas estão se interessando por alguns desses fenômenos.

Embora a evidência de um subconsciente olfativo seja ainda bem inconclusiva, existe uma fascinante possibilidade de que ele exista. Não há dúvidas de que a maioria de nós *realmente* subestima a importância do olfato, talvez por ser de algum modo assustador. Os perfumes têm uma capacidade quase lendária de despertar recordações. Querendo-se ou não, é evidente que sexo e cheiro andam juntos: não se pode querer melhor prova disso do que as vãs tentativas feitas pela nossa sociedade ainda puritana em querer anular os odores do corpo humano.

CAPÍTULO 15

# COMUNICAÇÃO PELO TATO

Além de não serem muito dados ao contato físico, os americanos relutam também em se cheirar uns aos outros. Sem dúvida, o ato de se tocar significa um tipo especial de proximidade, pois quando uma pessoa toca a outra, a experiência, inevitavelmente, é recíproca. A pele contra a pele, diretamente ou mesmo através de camadas de roupa, provoca, de imediato, o conhecimento de ambas as partes. Esse alerta torna-se mais agudo quando tal contato costuma ser raro.

O ato de se tocar ainda não foi devidamente estudado como os outros tipos de comunicação, mas alguns estudos de cultura comparada já foram feitos, além de algumas experiências em psicologia, de modo que o pouco que se sabe surgiu através de experiências realizadas por pesquisadores em outros campos. Tudo o que se conhece sobre o tato foi relatado em duas ocasiões: a primeira, há 15 anos atrás, numa monografia de Lawrence K. Frank e a segunda, recentemente, num livro fascinante de Ashley Montagu[1].

A sensação que o homem experimenta através da pele, é muito mais importante do que se pode imaginar. Prova disso é o surpreendente tamanho das áreas tácteis do cérebro, tanto as regiões sensoriais como as motoras. Os lábios, o dedo indicador e o polegar ocupam uma área desproporcional no cérebro. Claro que era de se esperar que a pele, como o maior órgão do corpo, deveria dispor de um espaço considerável no cérebro. No entanto, uma das regras gerais em neurologia diz que não é o tamanho do

---

1) L. K. Frank: "Tactile Communication" in *Genetic Psychology Monographs;* e *Touching, The Human Significance of Skin* de Ashley Montagu.

órgão que conta, mas o número de funções que a região correspondente no cérebro deve cumprir. A experiência táctil, portanto, deve ser considerada complexa e de grande importância.

A pele, como afirmou Frank, é "o envelope que contém o organismo humano". Como tal, ela é sensível ao calor, ao frio, à pressão e à dor, embora o *quanto* ela seja sensível possa variar de acordo com o estado emocional da pessoa e com a área do corpo que foi atingida. Todo corpo humano possui zonas erógenas, zonas sensíveis às cócegas e zonas calosas, estas, virtualmente insensíveis.

Todo ser humano está em contato com o mundo externo através da pele. Ainda que não haja consciência habitual disso, a menos que se pare para pensar a respeito, há sempre, no mínimo, a pressão do chão contra a sola dos pés, ou, se for o caso, a pressão do assento contra as nádegas. Realmente, todo meio ambiente nos chega através da pele. O homem sente a pressão do ar, o vento, o sol, a neblina, o barulho do mar e, algumas vezes, os outros seres humanos.

O tato é provavelmente o mais primitivo dos sentidos: bem no início da escala de evolução, pequenas criaturas cegas serviam-se dele para andar pelo mundo. E a primeira, a mais elementar e, talvez, a mais predominante experiência do ser humano que nem chegou a nascer ainda é a experiência táctil, segundo tudo indica. Um embrião, com menos de oito semanas, antes de ter olhos ou ouvidos e quando ainda mede menos de 2,5 cm entre o topo da cabeça e suas minúsculas nádegas, responde ao tato. Se fizermos ligeira cócega em seu lábio superior ou perto do nariz, ele dobrará o pescoço e o tronco como que para escapar das cócegas.

Comodamente instalado no útero, o feto sente, sobre toda a superfície do corpo, o calor e a pressão do líquido amniótico, que amplifica a batida firme e ritmada do coração da mãe. Ao nascer, o bebê escorrega lenta e inexoravelmente desse lugar quente e latejante, sujeita-se por algum tempo a sua grande pressão para, em seguida, ser expelido para fora, a fim de sentir na própria pele, pela primeira vez, a força da gravidade, a pressão atmosférica e a temperatura que não coincide com a de seu corpo. "O choque epidérmico", segundo definição de Margaret Mead, é um dos maiores choques do nascimento. Segundo hipótese dessa antropóloga, por ser a pele feminina geralmente mais sensível do que a masculina, homens e mulheres talvez comecem a sentir o mundo de forma um pouco diversa, desde o primeiro momento de vida.

O bebê explora o mundo pelo tato. É dessa forma que ele descobre onde termina seu próprio corpo e onde começa o mundo exterior. Quando começa a se mexer, o sentido táctil é seu primeiro guia. Ele vai de encontro a superfícies que o suportam ou que cedem, investe contra o calor e o frio, contra a aspereza e a maciez. Em breve, ele começa a relacionar a experiência visual com a táctil: ao ver uma parede, ele sabe que ela é dura. Mais tarde, haverá um passo adiante, quando ele aprender o símbolo, a palavra *duro*. Se um bebê for privado desse primeiro conhecimento através do tato, ele poderá não compreender o produto final, isto é, o símbolo, de maneira tão clara. Isso poderia explicar porque as crianças criadas em orfanato têm problemas para compreender idéias abstratas. O conhecimento emocional começa pelo tato, também. A voz materna substitui o toque materno, suas expressões faciais e seus gestos, comunicando ao bebê as mesmas coisas que a mãe comunicava quando o pegava no colo.

Na medida em que a criança cresce, ela aprende que há objetos e partes dela mesma e de outras pessoas, que podem ser tocadas ou não. Ao longo da infância, a aprendizagem dos papéis masculino e feminino se dá, parcialmente, por meio de regras que estabelecem quais as partes do corpo que podem ser tocadas, em que circunstâncias e por quem.

Em nossa sociedade, por volta dos cinco ou seis anos, as crianças começam a tocar e a serem tocadas com menor freqüência, mas na puberdade, parece que elas se tornam novamente ávidas daquele contato físico, começando a praticá-lo com amigos do mesmo sexo e, depois, com o sexo oposto. Para os meninos, esse contato adolescente com o mesmo sexo parece possível somente através da prática de esportes.

Quando o ser humano descobre as relações sexuais, na realidade ele está redescobrindo a comunicação táctil. De fato, parte da intensa emoção da experiência sexual pode ser devida a esse retorno a um dos mais primitivos e poderosos meios de expressão. Entre mãe e filho pode haver uma linguagem de contatos e isso também acontece no ato sexual. Nas relações sexuais não somente existe o contato em si, como também a textura da pele participa da experiência. O antropólogo Edward Hall escreveu que "a resistência, o endurecimento igual ao de uma couraça ao toque indesejado ou a excitante e contínua variação de textura da pele durante o ato sexual, além da sensação aveludada do prazer que se segue são mensagens de um corpo para o outro, dotadas todas elas de significados universais".

Essa sensibilidade ao tato continua na maturidade, a despeito do que tem sido escrito sobre a pobreza táctil da cultura americana. Entretanto, tem sido afirmado, com freqüência, que nós não nos tocamos uns aos outros o suficiente, ao que Erving Goffman retruca: "A teoria de que as pessoas da classe média americana não se tocam quando falam não tem sentido. As pessoas estão se dando as mãos sempre, mas nem percebemos. É preciso muita atenção para se notar isso."

O que nos impede de perceber esse contato é que as pessoas se tocam somente em certas ocasiões quando, então, o gesto pode ter um e tão-somente um significado. Por exemplo: quando alguém cruza com uma família — pai, mãe e filho — numa calçada estreita, é perfeitamente normal que esse transeunte se esprema contra a parede caso tenha ficado do lado da senhora, pois ela goza de ampla proteção e é evidente que tudo o que ele deseja é passar por aquela gente com o mínimo de contato possível. Isto é, essas pessoas são meros acidentes de trânsito e não conhecimentos sociais em potencial. Outro exemplo: quem interrompe uma conversa pode colocar a mão no braço do interlocutor, uma vez que esse gesto pode ser interpretado como "um momento!" e é claro que faz parte de todo um mecanismo de conversa.

"Num lugar público", afirma o Professor Goffman, "pode haver ocasiões em que alguém toca impune qualquer estranho previamente designado, mas é preciso avaliar o contexto com precisão".

Em qualquer esforço para se interpretar o tato é preciso sempre levar-se em conta o contexto. Ser tomado pela mão numa fila de recepção, por exemplo, não significa nada, embora a não ocorrência desse gesto possa redundar numa experiência desastrosa. É de vital importância também considerar-se a parte do corpo que é tocada: a mão que repousa levemente num braço tem um impacto bem diferente daquela outra que repousa sobre o joelho.

O tato implica também em *status*. Qualquer pessoa pode tocar numa criança ou um médico pode, casualmente, encostar a mão numa enfermeira ou a enfermeira em um paciente, mas deixar que o paciente ou a enfermeira toquem no médico, aí seria bem diferente. Entre pessoas que se conhecem, a mensagem transmitida pode alterar-se ou não se uma delas tiver o hábito de tocar. Há ainda diferentes modos de se tocar: a pele pode estar quente ou fria, úmida ou seca, o contato pode ser áspero e insistente, delicado ou demorado ou ainda ostensivamente sensual. Na verdade, a natureza do contato e o tipo de pele em si possuem uma íntima correspondência: não é nada agradável receber um carinho, por mais gentil que seja, vindo de uma mão úmida e gelada.

O contato — pelo menos o de caráter impessoal — percorre todo o nosso corpo, quer percebamos ou não, mas o simples fato de não percebê-lo em tantas oportunidades revela alguma coisa de nossa atitude em relação a ele. Nós associamos contato físico com sexo, exceto quando fica bem claro que não é nada disso. É por isso que nós o usamos tão pouco em nossas manifestações de carinho e afeto. Nas ruas americanas não se vê homem andando de braço dado com outro e nem mulher com mulher. Esse costume é bastante comum na América do Sul, mas para os norte-americanos isso tem um certo sabor de homossexualismo. Mesmo os pais têm um contato apenas superficial com seus filhos já crescidos.

Alguns anos atrás, Sidney Jourard, um professor de psicologia na Flórida, interessou-se por saber quem toca quem e onde. Mostrando mapas do corpo humano com 22 zonas numeradas para milhares de estudantes universitários, Jourard pediu a cada um que indicasse em seu próprio corpo quais as zonas que tinham sido tocadas, por qualquer razão, pela mãe, pelo pai, pelo amigo do mesmo sexo e pelo amigo do sexo oposto. Jourard pediu-lhes também que indicassem quais as zonas que eles mesmos haviam tocado naquelas pessoas. Descobriu-se, então, que tanto os estudantes do sexo masculino quanto feminino haviam tocado ou tinham sido tocados, pelos pais e amigos do mesmo sexo, apenas em algumas partes do corpo: a maioria nas mãos, braços e ombros. Mas com amigos do sexo oposto "parecia que tinham sido abertas as comportas. Havia um verdadeiro dilúvio de contato físico por todo o corpo. Mas pode haver muitas variantes nessas descobertas. Nem todos os estudantes mantinham relação firme com o sexo oposto e esses pobres coitados afirmaram que, praticamente, nunca haviam tocado e nem haviam sido tocados".

Parece que o jovem norte-americano, a menos que tenha uma relação amorosa regular, pode até mesmo não conhecer seu próprio corpo. Tudo indica que esse conhecimento só se dá quando alguma outra pessoa toca-o, abraça-o, empurra-o ou massageia-o. Hoje em dia, até os barbeiros costumam usar vibradores elétricos a fim de despersonalizar o contato da mão com o couro cabeludo. Jourard acredita que tudo isso vem confirmar o diagnóstico que o Dr. R. D. Laing fez sobre o homem moderno, quando o qualificou de "descorporizado": nosso corpo tende a desaparecer do campo de nossa experiência.

Parece que tanto os encontros de grupo como a cultura da droga andam, em parte, interessados em recuperar o contato corporal novamente. Nos encontros de grupo, pede-se aos participantes que se toquem uns aos outros e ensina-se-lhes a se tornarem mais conscientes de seu próprio corpo e do corpo alheio. As drogas psicodélicas, por outro lado, tornam as pessoas abertas a um vendaval de sensações e de estranhas experiências de percepção.

Os cientistas behavioristas se referem, algumas vezes, a um fenômeno chamado "fome da pele". E, com certeza, os jovens, nas grandes concentrações ritualísticas como Woodstock, parecem precisar de sentir-se à vontade naquilo que alguém já chamou de "o calor produzido pela aglomeração de corpos animais". Mas, o antropólogo Paul Byers levantou a tese de que, na verdade, são os velhos que mais sofrem de fome da pele em nossa sociedade. Eles, talvez, sejam menos tocados do que qualquer outra pessoa. Muitas vezes parece que as pessoas têm medo de que a velhice seja contagiosa e essa perda total de contato deve contribuir muito para a sensação de isolamento que uma pessoa velha sente.

Nossa cultura não é a única na qual o tocar-se é considerado quase um tabu. Os ingleses e os anglo-canadenses são mais severos do que os americanos e os alemães são ainda mais esquivos. Por outro lado, os espanhóis, os italianos, os franceses, os judeus, os russos, os franco-canadenses e os sul-americanos são gente altamente táctil. Nos Estados Unidos são as pessoas de origem anglo-saxônica as que, praticamente, não se tocam. A segunda geração de italianos, por exemplo, conserva geralmente os padrões de contato físico que herdaram dos pais e dos avós.

O tato, o paladar e o olfato são sentidos que requerem proximidade. A audição e a visão, por outro lado, podem ser considerados sentidos que permitem a experiência à distância. Talvez, por isso, considera-se que seus prazeres sejam mais cerebrais e dignos de admiração, pelo menos em comparação com os outros sentidos. Como afirmou Ray Birdwhistell, os americanos tendem a pensar sempre em termos dicotômicos (branco/preto; bom/mau; verbal/não-verbal) e, freqüentemente, insistem em fazer distinções ilógicas entre corpo e mente. Inevitavelmente, eles consideram boas, claras e indiscutíveis os produtos e as percepções derivadas da mente, enquanto que as originárias do corpo são marcadas de suspeita e desgosto. Cheiros ruins e sabores ruins, tudo o que tenha conexão com o inusitado e o pegajoso suscita o maior desgosto. Mas os cheiros bons, os sabores e os contatos agradáveis também são alvo de desconfiança. Basicamente, o que parece estar por trás do tabu é a velha ligação entre sexo e os sentidos que requerem proximidade. Afinal de contas, o sexo é a experiência que mais exige proximidade.

Os hedonistas entre nós concluirão, sem dúvida, que os prazeres físicos entre os americanos estão em franco renascimento graças à revolução sexual. Entretanto, duvido que esse comportamento sexual revolucionário vá revirar os hábitos tácteis da cultura. Sob certo ponto de vista, o ato de se tocar é mais importante do que o ato de amar, uma vez que há mais oportunidades para aquele gesto. E enquanto a educação das crianças americanas permitir uma quantidade limitada de contato corporal entre mãe-filho, o comportamento táctil do adulto dificilmente poderá variar de maneira significativa. Nossa cultura, infelizmente, é uma cultura sexual, mas não realmente sensual.

## CAPÍTULO 16

## AS LIÇÕES DO ÚTERO

O homem não nasceu sabendo falar. Sua primeira experiência e seus primeiros contatos com o mundo que o cerca são estritamente não-verbais. Ele aprende olhando, tocando, sendo carregado, a primeira e talvez a mais importante lição da sua vida. E essas lições começam antes do nascimento, quando o bebê ainda está no útero materno.

Ao nascer, o bebê já sabe o que é a claridade e a escuridão, isso porque o útero é sombrio mas não totalmente escuro. Ele já aprendeu a beber, praticando no líquido amniótico e chegando, às vezes, ao ponto de soluçar, e talvez a chupar o dedo. Ele achou um jeito de se acomodar aos movimentos do corpo materno, e pode até coçar, encolher-se ou espreguiçar, ao se sentir sacudido ou empurrado.

A salvo no seu mundo aquático, o feto sente o calor do líquido amniótico em sua pele e ouve todos os ruídos provenientes do interior do corpo da mãe. O Dr. Joost Meerloo descreveu o útero como um "mundo de sons rítmicos", porque desde seu primeiro momento de vida o feto vive com o bater ritmado do coração materno, sincronizado com o seu, que bate duas vezes mais rápido que o da mãe. O futuro bebê também se mexe ritmicamente no útero: flutuando, balançando-se, praticamente dançando nos primeiros meses quando ainda tem bastante espaço para se movimentar livremente. Quando, mais tarde, as pessoas ouvem enlevadas um rock ou um jazz, talvez seja porque estejam se recordando do paraíso perdido que foi o útero. A descoberta de William Condon de que as pessoas se movem ao mesmo ritmo das outras — notou-se realmente que as criancinhas se movem no mesmo ritmo da mãe — parece indicar que nossas primeiras experiências pré-natais com o ritmo humano podem nos afetar pelo resto da vida.

"O futuro bebê é capaz de aprender muito rapidamente", escreveu a Dra. H. M. I. Liley, especialista em fetos, e, segundo ela ainda, o feto tem uma capacidade auditiva muito grande:

> "Sabemos que o útero é um lugar extremamente barulhento. O bebê fica exposto a uma multiplicidade de sons que vão desde o bater do coração e a voz da mãe até o barulho das ruas. Sobretudo se a mãe não engordou demais, uma infinidade de sons exteriores chega claramente até o bebê: batida de carro, sons ultra-sônicos e música. O ruído surdo produzido pelo intestino materno chega constantemente até ele. Se ela beber uma taça de champanha ou uma garrafa de cerveja, os ruídos que o bebê vai ouvir serão semelhantes à explosão de fogos de artifício."

Por ser o líquido amniótico um condutor de sons melhor do que o ar, o bebê ouve as conversas da mãe com nitidez. O Dr. Henry Truby, professor de pediatria, lingüística e antropologia da Universidade de Miami, imagina que o bebê aprenderia a falar, em realidade, já no útero. Prolongadas pesquisas feitas em Estocolmo pelo Dr. Truby e por outros colegas comprovam que o bebê consegue ouvir *no útero*, durante, pelo menos, toda a segunda metade do período fetal, e que um feto com cinco meses é capaz de chorar, se nascer prematuramente. Há inclusive um relatório sobre o choro pré-natal. Uma bolha de ar injetada no útero de uma mulher grávida alojou-se sobre o rosto do bebê e ele, ao que parece, engoliu um pouco de ar fora de hora. O lamento abafado e fraquinho que ele emitiu foi claramente ouvido através do ventre materno. Uma vez que a audição e o choro antecipam a fala, o Dr. Truby acha que não é nenhuma ousadia pensar que o ambiente lingüístico do feto, nos três ou quatro últimos meses antes de nascer, influi no seu desempenho lingüístico de infância. Concretamente, o Dr. Truby imagina que se, um pouco antes ou depois do nascimento, a criança for transferida de ambiente lingüístico — mudá-la, por exemplo, de um lugar onde o chinês seja corrente para um outro onde todo o mundo fale inglês — isso poderia dar margem a sutis diferenças, detectáveis, se não pelo ouvido, pelo menos por instrumentos sensíveis de análise sonora. Essas diferenças poderiam surgir mesmo que a criança nunca tivesse ouvido, desde a hora em que nasceu, nenhuma palavra da língua materna. Esse pesquisador passou 14 anos estudando e analisando o choro dos recém-nascidos. A partir dessas análises, feitas no momento do nascimento, ele pode predizer lesões cerebrais e outros defeitos no desenvolvimento futuro e até mesmo a personalidade e o comportamento do bebê. Antes de entrevistar crianças, cujo nascimento ele gravara 10 anos antes, o Dr. Truby pôde predizer, com precisão, uma série de coisas sobre essas crianças, mesmo que só as tivesse conhecido, na prática, no momento daquela entrevista. Graças apenas àquele registro, ele pôde antecipar, de forma genérica, se a criança tinha comportamento ativo ou passivo. E, num caso específico, ele sabia antecipadamente, através da gravação do choro, que a criança tinha o palato fissurado e era ligeiramente retardada.

A possível importância do aprendizado lingüístico pré-natal foi estudada numa Clínica de Paris que, durante dez anos pelo menos, tem cuidado de crianças mudas ou crianças de três ou quatro anos que nunca conseguiram formar uma frase inteligível. Cada criança senta-se com um terapeuta numa pequena sala silenciosa e ouve a voz de sua mãe, previamente gravada através de um microfone instalado em seu ventre, enquanto ela mantinha uma conversa normal e audível. Para o ouvido de um adulto, esse discurso simulado e filtrado através do útero parece estranho e incompreensível, mas sobre algumas crianças ele produz um efeito espantoso. Algumas começaram, repentinamente, a falar de modo inteligente, ou a pintar, coisas que nunca haviam sido capazes de fazer antes. Inúmeras disfunções de aprendizado foram eliminadas. O Dr. Truby, que visitou a clínica pela primeira vez em 1962, concorda com a opinião do diretor, Dr. Alfred Tomatis: é como se a criança tivesse retomado um caminho que, de alguma forma já fora percorrido antes. Esses exercícios de "repassagem" também foram empregados para tratar outros aspectos do desenvolvimento retardado da criança. Crianças esquizofrênicas voltaram às fraldas, à mamadeira, ao colo e ao ninar, não importando a idade ou o tamanho que tivessem. A própria psicanálise é uma forma de "repassagem".

Tudo isso nos faz pensar no prognóstico do Dr. Bentley Glass — ex-presidente da Associação Norte-Americana para o Desenvolvimento da Ciência — segundo o qual, por volta do final do século, os seres humanos serão gerados em laboratórios ao invés do útero. Mesmo presumindo que os cientistas possam criar um meio ambiente químico exatamente semelhante ao útero, pergunta-se também se eles não deveriam prestar muita atenção ao ambiente sensorial. Se eles não puderem ou, simplesmente, não fizerem isso, que tipo de criatura poderia resultar da proveta?

O ato de nascer é um choque para o ser humano, talvez o maior que ele tenha de suportar em vida. Se ele emergir num mundo em condições semelhantes àquela a que estava acostumado, obviamente esse choque será menor. Em nossa cultura pouca coisa tem sido feita para ajudar o recém-nascido a adaptar-se ao mundo exterior, proporcionando-lhe algo semelhante ao que ele tinha no útero materno. Nesse fascinante livro, *Touching*, Ashley Montagu argumenta que esse pode ser um descuido sério.

No útero, o bebê está envolvido e protegido — na realidade, pressionado por todos os lados — pelo calor do corpo materno. O que mais se parece com sua vida intra-uterina é estar no colo da mãe. Entretanto, na maioria dos hospitais norte-americanos, o recém-nascido é afastado da mãe logo após o nascimento e colocado numa balança de superfície plana e desprotegida, que não lhe proporciona nenhuma segurança.

Cada vez que a mãe se move, o bebê se movimenta delicadamente em seu ventre, e o bater sincopado do coração materno está sempre com ele. Porém, ao nascer, ele se vê repentinamente assaltado por um redemoinho de novas sensações que lhe são estranhas, assustadoras e, talvez, mais importante, irregulares. Ficaram para trás os ritmos imutáveis e confortantes de sua vida pré-natal. Algumas vezes, entretanto, a título de experiência, o recém-nascido tem a oportunidade de ouvir a gravação do bater de um coração e, geralmente, essas crianças aumentam de peso e choram menos do que as outras que não passaram por essa experiência. Elas também respiram de maneira mais profunda e regular e têm menos problemas respiratórios e digestivos.

A maioria das mulheres, instintivamente, entende a necessidade de se manter essa experiência rítmica e, automaticamente, acalenta e acaricia seus filhos. Mais ainda: quando a mãe embala seu filho, ela tende a seguir o ritmo de sua respiração ou da respiração do bebê. E quando ela o acaricia, as palmadinhas geralmente acompanham o mesmo compasso de seu coração ou do coração da criança. O berço-balanço, raramente usado hoje em dia, substituía esse ritmo que inspira confiança. Até quase o final do século XIX, ele era considerado meio indispensável. Mas no final da década de 1890, os pediatras começaram a atacar esse costume e a condenar o ninar de uma criança como sendo "uma prática viciosa". Depois, então, o berço-balanço foi substituído pelo berço fixo, plano e desprotegido. Montagu defende ardorosamente a volta do berço-balanço.

Montagu também acredita que as crianças norte-americanas não são tocadas e carregadas o suficiente. Para muitos mamíferos, as primeiras experiências táteis são, literalmente, vivificadoras. O animal recém-nascido é cuidadosamente lambido e limpo após o nascimento e em intervalos freqüentes, não tanto como medida higiênica mas como estímulo tátil necessário. A pele é massageada e os impulsos sensoriais chegam ao sistema nervoso central, estimulando os centros respiratórios e outras funções. Esse estímulo é uma necessidade: o recém-nascido que não for lambido pode facilmente vir a morrer. Montagu argumenta que, nos seres humanos, as prolongadas contrações uterinas do parto fazem o mesmo papel da lambida dos animais: elas põem em funcionamento os sistemas internos.

Porém, a necessidade de estímulo tátil não termina alguns dias após o nascimento. As famosas experiências de Harry Harlow provam que, pelo menos entre os macacos, a prática contínua dos contatos epidérmicos é extremamente importante. Harlow separou macacos-bebês de suas mães logo após o nascimento e isolou-os cada um numa gaiola com duas mães substitutas e artificiais. Um desses bonecos era de metal e os alimentava com leite; o outro boneco era feito de pelúcia. Entretanto, embora fosse de se esperar que os macaquinhos preferissem o boneco de arame que lhes dava leite constantemente, eles, ao contrário, preferiam ficar ao lado do de pelúcia em busca de conforto, principalmente entre as refeições. Parece que o contato do corpo lhes é tão necessário quanto a alimentação.

O contato do corpo humano é também importante para os recém-nascidos. Os bebezinhos que são separados da mãe logo após o nascimento e que são colocados em orfanatos, crescem, muitas vezes, sofrendo de uma síndrome chamada de "privação materna". Para essas crianças o crescimento mental, emocional e até mesmo físico é mais lento. A criança órfã é mais quieta e dorme muito mais. Por volta dos cinco ou oito meses, ela fica muito tempo acalentando-se a si mesma com um monótono balançar-se, semelhante àquele que os adultos fazem quando acometidos por algum desgosto. Até mesmo quando tomada no colo, uma criança sem mãe reage de forma diferente. Dois cientistas que estudaram esse tipo de criança, escreveram: "Eles não se ajeitam confortavelmente nos braços dos adultos, não procuram se ajeitar e nota-se mesmo uma falta de flexibilidade... Parecem bonecos recheados de serragem, movendo-se e dobrando-se corretamente nas articulações, mas sente-se que estão duros como se fossem feitos de madeira." Como o animal recém-nascido, parece que a criança recém-nascida precisa ter seu sistema nervoso estimulado de forma correta para que se desenvolva normalmente.

Embora, hoje em dia, poucas crianças norte-americanas sofram de privação maternal, Montagu acredita que, em nossa cultura, mesmo os bebês normais não recebem estímulo tátil suficiente. Na verdade, quando comparadas com crianças de outras culturas, as norte-americanas recebem menos contatos táteis. As crianças nascidas em Bali, por exemplo, passam o dia enfiadas dentro de sacos que as mães, os pais ou qualquer outra pessoa levam presos aos ombros. À noite elas dormem nos braços dos adultos. A mãe esquimó da tribo Netsilik carrega seu bebê nu, usando somente uma fralda, dentro da "parka", isto é, um saco

145

especial amarrado por um cinto de modo a formar uma bolsa. Nos Estados Unidos, ao contrário, a criança é empurrada num carrinho, de vez em quando presa numa cadeirinha no automóvel ou abandonada num berço ou num cercado. Quando dorme, ela dorme sozinha. Provavelmente, essa separação tão prematura entre a mãe e a criança, em nossa cultura, contribua para um sentimento de solidão no adulto, solidão sentida mesmo quando se está em família.

Montagu não é muito a favor do modo como as crianças são educados no mundo Ocidental. Ela acredita que a privação tátil nas crianças norte-americanas produz homens desajustados na cama e mulheres interessadas em fazer amor mais por causa do contato físico do que pelo prazer sexual. Algumas mulheres tornam-se promíscuas apenas pelo desejo de serem acariciadas e abraçadas, na verdade um desesperado desejo infantil.

A evidência da pobreza de contato tátil na cultura norte-americana aparece num dos raros estudos naturalistas dedicados ao assunto. Vidal Starr Clay observou o comportamento tátil entre mães e filhos em lugares públicos. Ela descobriu, como era de se esperar, que as crianças são cada vez menos tocadas à medida que vão crescendo. Entretanto, as crianças que gozavam de maior contato físico com as mães, não eram as de colo, mas aquelas que estavam começando a andar. Em nossa cultura muita coisa se interpõe entre mãe e filho: mamadeiras, roupas, berços, carrinhos, etc. A criança recebe um pouco mais de contato físico quando está começando a andar. A partir de então, o contato pouco a pouco vai diminuindo, até parar bruscamente por volta dos cinco ou seis anos.

Clay observou também que a maioria dos contatos entre mãe e filho era uma questão de atendimento — assoar o nariz, arrumar-lhe a roupa — e não um gesto de carinho; e que as meninas são mais tocadas do que os meninos. Outras pesquisas revelaram que as meninas recebem mais carinho do que os meninos e que são desmamadas mais tarde. Aos meninos é dada uma liberdade física maior, enquanto que às meninas a liberdade maior que se lhes concede é de ordem emocional. A mãe norte-americana parece não estimular demais, do ponto de vista sexual ou emocional, o filho homem. Na realidade, ela, praticamente, desestimula-o. Talvez seja esta uma das razões porque as mulheres norte-americanas adultas se sintam melhor ao se tocar do que os homens.

Para o bebê, o colo significa ser amado. Mas conforme vai crescendo, o *modo* como eles são carregados transmite muito mais do que apenas amor. Ele toma conhecimento de muita coisa sobre quem está abraçando-o. Ele percebe quando está sendo carregado por alguém que está nervoso ou não está acostumado com criança. Ele pode sentir, literalmente, a tensão que acompanha a raiva ou o medo e a letargia da depressão. E desde a mais tenra idade, ele começa a absorver os sentimentos maternos sobre o sexo, que lhe são transmitidos de forma não-verbal. Segundo explicação do psiquiatra Alexander Lowen, se uma mãe tiver vergonha de seu corpo, ela transmitirá essa vergonha no modo tenso e desenxabido com que ela oferece o seio para a criança, caso esteja amamentando. Se ela acha os órgãos genitais repulsivos, ela dará demonstrações disso quando, ao trocar as fraldas, ela tocar no sexo do filho. É muito difícil, senão impossível, esconder da ávida necessidade de conhecimento de uma criança essas reações instintivas.

O bebê aprende rapidamente todas as experiências sensoriais que lhe são oferecidas, embora haja uma tendência em subestimar sua capacidade de aprender, assim como subestimamos a capacidade do feto. O psicólogo Jerome Bruner acredita que a criança percebe muito mais detalhes do seu meio ambiente do que o adulto imagina, muito embora ela invente, mesmo os pequenininhos, teorias para explicar o que percebem. Um bebê de três semanas ficará irrequieto se, através de uma gravação, a voz de sua mãe parecer vir de um outro lugar que não aquele onde ele se encontra. Isso porque ele já estabeleceu uma teoria que associa a direção do som com o que ele vê. Bruner argumenta que as crianças têm uma capacidade inata de construir teorias lógicas partindo das migalhas de um todo. Embora essa teoria seja relativamente nova, há muitos anos que os cientistas vêm discutindo outras reações inatas possíveis. Por exemplo, eles observaram que desde a mais tenra idade as crianças são grandemente atraídas pelo rosto de uma pessoa, especialmente pelos olhos. E essa atração pelos olhos é parte vital de uma determinada seqüência comportamental, que começa logo no início da vida de um ser normal.

Ao nascer, a criança pode distinguir entre o claro e o escuro e alguma coisa mais. Entretanto, com 4 semanas, ela começa a fixar a vista e o que ocorre logo em seguida, talvez seja um fato menor, mas, possivelmente, um dos mais importantes em sua vida. Um dia ela olha bem nos olhos da mãe e sorri. Mesmo as crianças cegas, por volta dessa idade, têm essa reação. Invariavelmente, as mães reagem com alegria e excitação. Alguns cientistas acreditam que todos esses comportamentos são inatos: o contato visual, o sorriso da criança e a alegria da mãe. Argumentam que essa reação de alegria materna tem um valor óbvio de sobrevivência, do ponto de vista evolutivo, já que para os seres humanos a maternidade significa um longo período de cuidados infantis, excitante, exaustivo, muitas vezes, pouco reconhecido. É gratificante para a mãe, nesse período de vida do filho, obter alguma reação positiva, algum pagamento pelos serviços prestados.

Numa tentativa de se conhecer exatamente a que trejeitos faciais e em que idade as crianças reagem, os cientistas têm realizado experiências com cartões especialmente desenhados para elas. Descobriu-se, então, que as crianças de dois meses sorriem quando lhes mostram um cartão com dois pequenos pontos bem delineados e distribuídos horizontalmente — em outras palavras, a representação gráfica de um par de olhos — e que nessa idade as crianças reagem mais aos pontos do que ao desenho de um rosto inteiro. O número de pontos parece não ter importância, nem o seu formato e nem o formato do cartão. Mas, à medida em que a criança cresce, o desenho deve tornar-se cada vez mais parecido com o rosto humano para que possa interessar à criança. Tem de ser desenhada uma boca, que tem de mexer e, por volta dos sete meses, o desenho deveria sorrir.

Embora a atração fundamental pelos olhos *possa* ser inata, pode-se também explicá-la sem lançar mão do comportamento inato. A criança reage favoravelmente a qualquer estímulo que lhe seja familiar e, ao mesmo tempo, suficientemente complexo para interessá-la. Ao nascer, seu raio de visão limita-se a 20 ou 25 cm de seu nariz e é essa a distância que o separa do rosto da sua mãe quando a amamenta e em outras ocasiões do dia. No começo, talvez lhe seja muito complicado englobar todo o rosto materno, mas os olhos — brilhantes, mexendo-se, destacando-se naquele conjunto borrado que sua visão percebe — chamam sua atenção. Eles podem, como afirmou o psicólogo inglês Ian Vine, "proporcionar um 'ponto fixo' para suas sucessivas explorações até conseguir identificar o rosto todo".

À medida que o bebê cresce, ele aprende não somente a reconhecer os rostos conhecidos, mas também a reconhecer as expressões. Logo ele se torna muito hábil em perceber o comportamento não-verbal, mais hábil talvez do que no resto da vida. Sobre isso Desmond Morris escreveu em *The Naked Ape*:

> "Nos estágios pré-verbais, antes que essa maquinaria maciça da comunicação simbólica e cultural nos tivesse emaranhado, confiamos muito mais em pequenos movimentos, mudanças de postura e tons de voz do que em nossa vida posterior... Se a mãe torna-se agitada e tensa, não importa o quanto faça para esconder isso, ela comunicará esses sentimentos para a criança. Se ao mesmo tempo ela der um largo sorriso, isso não enganará a criança, que vai ficar mais confusa ainda."

O bebê torna-se uma criança e a criança continua sendo muito sensível às mensagens faciais. Como ela ainda não aprendeu a encarar o rosto de outras pessoas e como ainda não se distrai com palavras como os adultos, ela é realmente capaz de *perceber* a excitação, o medo, a vergonha e a alegria. A importância que as crianças conferem ao rosto pode ser claramente notada através dos desenhos típicos feitos pelas crianças em idade pré-escolar: as figuras humanas quase sempre possuem uma cabeça enorme, cuidadosamente feita com muitos detalhes. E nove em cada dez crianças, se forem tocadas ao mesmo tempo na mão e no rosto e se lhes perguntarem onde estão sendo tocadas, indicarão o rosto, enquanto que entre os adultos normais a proporção será de cinqüenta por cento. Silvan Tomkins afirmou que a primeira reação de medo de uma criança, não é devida a palavras bravas ou a um som que indique zanga, mas a uma expressão facial carrancuda. E ele explica:

> "Tratei de crianças que, claramente, temiam muito mais quando seus pais os encaravam bravos, sem carinho ou de forma admoestadora, do que quando recebiam palmadas e outras punições. A criança buscava tais punições para diminuir o medo que tinham de caras hostis e terríveis. Como o rosto paterno se suaviza depois da descarga agressiva, algumas crianças provocam essa descarga por vias mais inócuas, como ser mandadas para o quarto ou receber umas palmadas a fim de evitar a temida interação facial..."

Essa é uma forma nova para se explicar um fenômeno há muito percebido por psiquiatras: a criança que *quer* ser punida. A explicação psiquiátrica usual é que ela se sente secretamente culpada e a punição a exime de culpa, mas isso não significa que ela não prefira *também* umas palmadas em lugar de ter de suportar o rosto enfezado de seu pai ou de sua mãe.

Crianças de dois ou três anos muitas vezes têm horror a máscaras. Isso pode ser um reflexo parcial daquilo que Selma Fraiberg, uma psicanalista infantil, chamou de "pensamento mágico" — a criança pensa que, se o rosto mudou, talvez haja uma pessoa diferente por trás dele — mas pode também significar que as crianças dependem muito mais das expressões do rosto do que de outras coisas, como forma para conhecer as reações. As crianças também podem desenvolver certos preconceitos contra o rosto. Reações que podem ser perfeitamente lógicas, uma vez que elas percebem as coisas muito mais do que os adultos. Quando minha filha tinha quatro ou cinco anos, ela dizia que "não gostava do rosto" de algum adulto ou de alguma outra pessoa que, por acaso, viesse a encontrar. Notava-se sempre que, o que a aborrecia, não era uma falta de atrativo, no sentido usado pelos adultos, mas uma habitual expressão de raiva ou descontentamento.

É desconcertante para uma mãe (ou um pai) perceber que há uma constante comunicação com as crianças pequenas através de canais não-verbais que, freqüentemente, transmitem sentimentos e reações dos quais nem sequer se tem consciência. A idéia me inquietou por algum tempo, especialmente quando deparei com textos de profecias que se cumpriam.

Os estudos sobre tais profecias começaram na década de '30 com um clássico: um menino de seis anos que vivia fugindo de casa. Toda vez que ele voltava, seu pai insistia em ouvir todos os detalhes da aventura. Embora, depois de tudo, ele castigasse o filho, parecia evidente que ele sentia um imenso prazer vicário nas escapadas do menino. Através de estudos que foram feitos desde então sobre comunicação não-verbal, é fácil de se perceber como aquele prazer transparecia: através de expressões faciais, pelas posturas que ele assumia e pelo ritmo que acompanhava seus movimentos ao ouvir as histórias do filho.

Impressionados com esse exemplo claro, dois psiquiatras de Chicago continuaram pesquisando outros problemas de comportamento e encontraram crianças que roubavam, crianças que punham fogo, outras com desvios sexuais e até mesmo aquelas que matavam. Todas elas faziam isso para pôr em prática os desejos subconscientes dos pais. Qualquer adulto que tenha enfrentado, mesmo que por um instante, suas próprias fantasias achará essa idéia esmagadora. Uma mãe superprotetora é culpada por seu filho fazer o que ela mais detesta: a mãe que não suporta mentira, é aquela que certamente terá um filho mentiroso.

Entretanto, emoções reprimidas e anseios subconscientes fazem parte da bagagem psicológica de um adulto normal: os pais sempre transmitiram tais coisas a seus filhos e a maioria das crianças sobreviveu a isso muito bem. No futuro, os estudos sobre interação pais-filhos nos ensinarão, sem dúvida, muito mais sobre como as famílias se comunicam, mas muito tempo transcorrerá antes que possamos ensinar a um pai como *não* comunicar certos sentimentos não-verbalmente. E, é lógico, antes que se possa aprender a não comunicá-los, a gente deve encarar, honestamente, o fato de que todos nós os possuímos.

Quando se trata de aprendizado não-verbal de bebezinhos, se levarmos seriamente em conta os argumentos de Ashley Montagu (e eu levo), devemos concluir que toda a educação infantil deve ser reestudada. Pais, médicos e hospitais devem procurar uma forma mais carinhosa de trazer a criança do útero para o mundo. Devemos ter certeza, penso eu, antes de deixar diariamente o recém-nascido nas creches, de que eles serão embalados, carregados no colo e amados o suficiente. É maravilhoso oferecer a uma criança que começa a andar, uma grande quantidade de estímulos intelectuais e a oportunidade de aprender mais cedo, como o faria uma boa escola maternal. Mas o aprendizado *não*-verbal que a criança cumpre em sua infância é talvez a coisa mais importante de sua vida e, para se conseguir isso, deve haver um bom relacionamento com os adultos os quais devem amá-la e ter tempo para cuidar dela.

CAPÍTULO 17

# O CÓDIGO NÃO-VERBAL DA INFÂNCIA

Em seus estudos sobre os animais, os etologistas desenvolveram técnicas de campo que lhes permitem observar e registrar o comportamento nos mínimos — e objetivos — detalhes, sem noções pré-concebidas. O etologista entra no mundo selvagem dos animais até ser aceito como um elemento normal nesse meio ambiente. Daí começa a anotar seqüências de comportamento, examinando o que antecede cada ato e quais as suas conseqüências. Naquele lugar ou talvez mais tarde, mediante análises feitas por computadores, são selecionados esquemas dessas seqüências, mostrando, por exemplo, todos os elementos que intervêm em um ataque: postura, expressões faciais, olhares, efeitos sonoros, etc. Quando se identifica um esquema e se chama a atenção do observador para o fato, as atividades aparentemente aleatórias dos animais adquirem um novo significado. O observador passa a olhá-las de forma diferente.

Para os especialistas em etologia *humana*, as crianças de um jardim de infância são excelente assunto porque são muito mais ativas e menos inibidas do que os adultos. Elas brincam junto, formam pequenos grupos, brigam entre si, batem em retirada e, durante todo esse tempo, comunicam-se intensamente através de expressões faciais e gestos, raramente recorrendo às palavras.

Um dos primeiros estudos etológicos sobre crianças foi feito em 1963/64 por N. G. Blurton Jones, que passou vários meses calmamente sentado numa cadeira num canto de um jardim de infância em Londres, registrando num caderno de apontamentos cada ínfimo detalhe físico do comportamento das crianças. Ele fez comparações intrigantes entre as atividades infantis e as de outros primatas jovens. Jones observou, por exemplo, que algumas expressões faciais infantis têm uma impressionante semelhança com expressões de outros animais. A expressão de ataque com olhar fixo, o semblante tenso e as sobrancelhas franzidas é igual nas crianças e nos macacos e o sorriso no rosto de uma criança que está brincando — com a boca totalmente aberta, mas, muitas vezes, sem mostrar os dentes — é muito semelhante ao "sorriso" de outros jovens primatas quando também brincando. Entretanto, Jones afirmou que entre seres humanos de três a cinco anos, parece não haver rigoroso equivalente ao domínio hierárquico encontrável entre os primatas, embora seja possível que tal hierarquia também não exista entre crianças mais velhas.

Jones notou que, tal como os macacos, as crianças se sentem atraídas por brincadeiras pesadas que parecem lutas. Há, porém, sinais que confirmam a natureza brincalhona do comportamento, tanto entre as crianças como entre os macacos. A criança, por exemplo, assume cara de brincadeira. Ela ri, pula com os dois pés juntos. Ela apenas finge bater. Quando há perseguição, ora são perseguidores, ora perseguidos e assim por diante. Os macacos agem de modo similar.

Os macacos bebês, quando não têm oportunidade de brincar com outros da mesma idade, tornam-se, ao crescer, criaturas solitárias e pouco sociáveis, pior ainda do que os macaquinhos sem mãe, que pelo menos tinham tido a oportunidade de brincar, de vez em quando, com outros da mesma idade. Para os macaquinhos, pelo menos, brincar parece ser uma influência socializante mais importante do que a companhia da mãe, e Jones acha que isso deve ser vital para os humanos também, visto que o repertório não-verbal das crianças contém mais sinais de brincadeira do que acontece com o repertório dos macacos.

Jones observou também que algumas crianças não participavam das brincadeiras mais agressivas. Elas conversavam sempre e bastante com qualquer um que quisesse escutá-las, liam muito e na maioria das vezes brincavam sozinhas. Uma vez que as expressões e padrões motores de agressividade começam a surgir por volta dos dezoito meses ou mesmo mais cedo, Jones se pergunta se essas crianças ficaram privadas dessa experiência vital da brincadeira na idade crítica e seriam agora muito velhas para aprendê-la.

Uma equipe de etologistas dirigida pelo Dr. Michael Chance, de Birmingham, Inglaterra, estudou também o comportamento das crianças de jardim de infância, tendo realizado uma completa ilustração etológica de como as crianças brigavam por causa de um brinquedo. O relatório mostra que a criança adota uma atitude de cara feia — sobrancelhas para baixo nos cantos internos — joga a cabeça para trás, o queixo para frente e cerra os lábios apertando-os para frente. Ela olha com raiva e pode também agredir outra criança através de um golpe característico da idade pré-escolar: braços levantados, dedos fechados e a palma da mão para fora. A criança agredida geralmente se agacha, chora ou foge, permanecendo todo o tempo com uma expressão de fuga no rosto: sobrancelhas para baixo nos cantos externos, boca aberta e um tanto quadrada, o rosto vermelho. As pessoas, na iminência de partir para o ataque, raramente ficam vermelhas. De acordo com Desmond Morris, na maioria das vezes elas empalidecem. Enrubescer é um sinal de derrota.

O golpe ou a bofetada da criança é precedida, geralmente, pelo que se chama "atitude de bater": mão na altura da cabeça, mantida ali por alguns segundos. Se a mão estiver bem na frente e longe da cabeça, é certo que essa criança baterá na outra. Se, por outro lado, estiver para trás e fechada significa uma simples atitude defensiva. O depoimento dos etologistas mostra uma série de posições da mão entre esses dois extremos e o ponto onde a mão se detém, aparentemente, representa o ponto de equilíbrio entre a necessidade de bater e a necessidade de fugir. Sem dúvida alguma, esse é um sinal que pode ser entendido pela outra criança, que ao se ver ante essa posição de ataque, girará sobre os calcanhares e fugirá antes de ser acertada ou poderá responder, assumindo, por sua vez, uma atitude defensiva.

A equipe de Birmingham prestou considerável atenção às expressões faciais das crianças. De suas observações concluíram que existem seis maneiras de franzir o rosto, cada uma envolvendo um esquema diferente quanto à posição das sobrancelhas e quanto à testa franzida. Há oito maneiras de sorrir e um sorriso para cada situação. Esses gestos faciais, aparentemente, não se modificam na idade adulta.

O sorriso mais comum é o sorriso com os lábios de cima, usado ao se cumprimentar, e no qual ficam à mostra apenas os dentes superiores. Entretanto há variações nesses padrões. Por exemplo, numa apresentação formal não há necessidade de se mostrar todos os dentes, apenas um meio sorriso, ao passo que, quando uma criança corre confiante para sua mãe — ou quando dois namorados se encontram — a boca poderá estar bastante mais aberta, embora somente os dentes superiores fiquem à mostra. O sorriso de lábio superior se transforma em sorriso de lábio para dentro quando se esconde, ligeiramente, os dentes no lábio inferior. As pessoas usam esse sorriso quando se encontram com alguém considerado superior. O sorriso aberto, que mostra tanto os dentes superiores como os inferiores, acontece em momentos de sensações agradáveis e é diferente do sorriso de boca aberta, na qual a boca está entreaberta, mas não se vêem os dentes. As crianças, quando brincam, usam esses dois sorrisos, mas a versão de boca aberta parece ser a que melhor se adapta à expressão de brincadeira. Os etologistas classificaram também um sorriso não social, denominando-o de sorriso simples e é o sorriso enigmático de

Mona Lisa, que reflete prazer em si mesmo. Os lábios se curvam para cima, mas a boca permanece fechada. Quem sorri quando está sozinho, provavelmente sorri assim. Um sorriso frio é aquele que chega somente à boca. Mudanças sutis nos cantos exteriores dos olhos é o que complementa o calor numa expressão. Até mesmo um sorriso largo não convence, se não chegar aos olhos e se não for acompanhado por um levantamento das sobrancelhas.

Apesar das crianças carregarem essas expressões faciais para a idade adulta, outros gestos físicos da infância desaparecem ou se transformam. A postura de bater, por exemplo, raramente se encontra em crianças acima de seis anos, embora traços dela possam ser encontrados no comportamento adulto. Quando uma pessoa toca no queixo ou na bochecha com o polegar e o indicador, e a palma da mão virada meio sem jeito para fora, ela provavelmente estará se sentindo ameaçada. Dois etologistas de Birmingham, Christopher Brannigan e David Humphries, escreveram:

> "Em situações mais defensivas, a mão se move para trás, como numa 'atitude defensiva de bater', mas isso pode ser dissimulado, colocando-se a palma da mão na parte posterior do pescoço. Se você se encontra fazendo isso, examine seus motivos honestamente — você deve estar se sentindo muito na defensiva! Especialmente nas mulheres, o movimento de 'mão no pescoço' pode combinar-se com um gesto bastante sofisticado de arrumar os cabelos. Da mesma forma, o chofer que, por engano, ultrapassa e se coloca rapidamente na frente de outro carro, na maioria das vezes alisará rapidamente o cabelo adotando depois a atitude de 'mão no pescoço'."

Os significados sociais dos movimentos de mão na cabeça algumas vezes são fáceis de se identificar, tanto nos adultos quanto nas crianças, porque o movimento obviamente cumpre uma função: cobrimos os olhos quando não queremos ver algo; cobrimos a boca quando temos medo de falar ou quando queremos esconder um sorriso. Gestos menos óbvios como passar os dedos pelos cabelos, coçar a cabeça, o nariz ou acariciar o queixo — ou a barba se for o caso — podem estar relacionados com o cuidado do corpo, mas na verdade ocorrem quando estamos indecisos ou incertos.

Os especialistas norte-americanos em cinética já perceberam que a ação de coçar o nariz sempre acontece quando a pessoa reage negativamente e demonstraram que o gesto de arrumar os cabelos acontece em situação de namoro. Os etologistas britânicos, no entanto, relacionam o ato de arrumar os cabelos com indecisão. Eles acham que passar os dedos entre os cabelos, por exemplo, acontece num momento de equilíbrio quando a pessoa se encontra momentaneamente indecisa. Um menino do jardim de infância estava prestes a puxar a trança de uma coleguinha quando a professora o chamou. Ele, então, passou os dedos no cabelo, deixou a menina e caminhou até a professora. Coçar a cabeça, por outro lado, parece significar mais frustração do que indecisão.

Atualmente, a etologia humana está desenvolvendo algumas aplicações extremamente práticas. Empregam-se métodos etológicos para estudar doenças mentais, de pessoas que não podem ou não querem falar, o que torna o seu comportamento não-verbal muito importante. Um cientista inglês, Ewan Grant, observou e registrou elementos de comportamento durante uma entrevista médico-paciente, realizou uma análise estatística dos dados obtidos e descobriu que podia agrupar todas as etapas de comportamento em cinco itens principais: afirmação, fuga, relaxamento, contato e autocontato (arrumar o cabelo, etc.). Ele também notou traços de união entre esses grupos. Fuga, por exemplo, estava, às vezes, ligada ao contato de "encarar" ou, em outras palavras, uma pessoa que mostra sinais de querer se afastar de um amigo, pode, depois de olhar diretamente para ele, começar a sorrir ou a apresentar outros contatos de comportamento.

Através da análise de Grant, Christopher Brannigan e Kate Currie trabalharam com uma menina autista de 5 anos. Como muitas crianças nessas condições, ela nunca falava, era muito retraída, poucas vezes se aproximava voluntariamente dos cientistas e sempre que possível evitava olhá-los. Em termos etológicos, ela era quase que totalmente deficiente em "comportamentos de contato e afirmação". Brannigan e Currie trataram de condicionar a criança a usar elos de comportamento, aproximação e olhar, para ver se aconteciam comportamentos de contato. Através de bombons e de palavras carinhosas como recompensa, eles a ensinaram primeiro a se aproximar, depois a olhá-los e a sorrir. O sorriso é um elo entre comportamento de contato e de afirmação e uma vez que a criança começou a sorrir, passou também a franzir o cenho, a jogar a cabeça para trás e a bater — elementos todos de afirmação. Isso representava um grande passo muito embora ela ainda não falasse.

Os estudos etológicos sobre as crianças representam um começo fascinante, embora outras pesquisas ainda precisem ser feitas, se quisermos saber, por exemplo, quanta "linguagem" não-verbal uma criança deve possuir em determinada idade. Uma questão mais interessante ainda foi parcialmente respondida: como as crianças aprendem o código? A pesquisa de William Condon sugere que a criança aprende porque seus pais a recompensam de modo não-verbal quando realiza movimentos físicos corretos. Eles a recompensam com um sorriso ou, talvez, curvando-se para frente e movendo-se com grande sincronia. A presença dessas lições inconscientes sobre habilidades também inconscientes, poderá facilmente ser identificada quando os pesquisadores começarem a examiná-las.

CAPÍTULO 18

## ÍNDICES DO CARÁTER

Os mímicos sabem muito bem que os movimentos do corpo humano são tão pessoais quanto a própria assinatura. Para os escritores, é sabido que eles refletem o caráter da pessoa.

As pesquisas sobre a comunicação humana muitas vezes têm negligenciado o indivíduo em si. No entanto pode-se tentar uma análise aproximada do caráter, com base na maneira de uma pessoa se movimentar: firme, casual ou decididamente. O jeito de se movimentar é uma característica bastante estável da personalidade.

Examinemos o simples ato de andar: erguer alternadamente cada pé, levando-o para frente e colocando-o no chão. Isso pode nos indicar coisas surpreendentes. O homem que habitualmente bate os calcanhares com força enquanto caminha, dá-nos a impressão de ser decidido. Se ele tiver um passo ligeiro, pode parecer impaciente ou agressivo, mas se com a mesma determinação ele anda mais devagar, de um modo compassado, podemos estar diante de alguém paciente e perseverante. Uma pessoa que ande com um jeito menos confiante — como que atravessando um gramado e tentando não estragar a grama — dá-nos a impressão de insegurança. Pode haver outras variações, uma vez que o movimento da perna tem início nos quadris. Mexer demais os quadris pode dar a impressão de elegância, mas se, ao mesmo tempo, produzir uma leve rotação nessa área, a pessoa poderá ser descontraída e tranqüila. Com um pouco mais de balanço, um pouco mais de ênfase e uma silhueta de violão, eis aí o tipo de andar que faz um homem virar a cabeça. Se for uma mulher, é claro.

Isso significa o "como" se movimenta o corpo e não o "que" o movimenta; não o ato de andar, mas como uma pessoa anda;

não o apertar das mãos, mas como isso se dá. O sistema criado para esse estudo chama-se "Esforço-Forma". O analista do "esforço-forma" examina o fluir do movimento (tenso ou relaxado, forte ou leve, súbito, direto, etc.) e a forma, o que vem a ser, realmente, um conceito de dança: as formas que o corpo ocupa no espaço.

Basicamente o conceito de "esforço-forma" originou-se de um sistema de notações de dança. Toda sua história coincide com a história de um homem notável: Rudolph Laban[1]. Rudolph era um arquiteto e pintor que no início do século XX tornou-se coreógrafo, na Europa, onde desenvolveu um sistema de notação de dança. Registrando o movimento dos dançarinos, essas notações de Laban vêm sendo usada há mais de 30 anos no balé, na dança moderna e na dança folclórica.

Com a ascensão do nazismo, Laban abandonou a Europa Central e foi para a Inglaterra. Ali, durante a guerra, pesquisou a eficiência e a fadiga nas indústrias britânicas. Seu modo de abordar o problema era totalmente diferente daquilo que se conhecia como o estudo de "tempo-ação", que consistia em encontrar a maneira mais curta e mais rápida de se fazer as coisas, tratando o trabalhador como se fosse parte de uma engrenagem. Laban desenhou seqüências de movimentos que resultaram cômodas, variadas e que não requeriam esforço extra. Por exemplo: se um operário tinha que levantar um objeto pesado, é bem provável que o jeito mais rápido fosse erguê-lo perpendicularmente. Em vez disso, Laban sugeria um movimento em duas etapas: primeiro, um balanço para a direita e, em seguida, outro para a esquerda, de modo que o movimento e o ritmo do movimento viessem sincronizados com o ato de levantar.

Foi através desses estudos industriais que Laban desenvolveu um outro sistema diferente para descrever e analisar o movimento: o sistema "esforço-forma". De certo modo, o que as anotações de Laban mostram é algo semelhante às notas e chaves da música, enquanto que "esforço-forma" é semelhante à dinâmica da música: *pianíssimo, forte,* etc. Laban percebeu que, com os mesmos termos, ele poderia também anotar, não só a dança, mas qualquer interação, mesmo aquela de pessoas sentadas durante uma discussão. Além disso, seu sistema descrevia como o homem se relacionava com o mundo exterior (espaço), descarregando e modificando sua energia (esforço). Ao demonstrar a inter-relação desses dois fatos, ele estava tentando chegar à raiz biológica da comunicação humana. E era ao mesmo tempo objetivo e exato. Como explicou um dos seus discípulos, Irmgard Bartenieff: "nós podemos descrever um gesto de *orgulho,* um andar *sedutor* ou

---
1) N. do E. — O clássico livro de Laban, *Domínio do Movimento,* foi publicado no Brasil pela Summus Editorial.

um gesto *exigente* através de características específicas e objetivas do movimento".

O esquema "esforço-forma" tem sido empregado no treinamento de dança e dos atores, na dança enquanto terapia, na reabilitação física, nos estudos do desenvolvimento infantil, na pesquisa psicoterápica e até mesmo no estudo comparado de diversas culturas. Na Inglaterra, Warren Lamb, que ajudou Laban a desenvolver o sistema "esforço-forma", está utilizando-o há mais de 20 anos em seu trabalho como consultor industrial. Lamb avalia os candidatos a postos gerenciais, analisando o estilo de seus movimentos. Mais de cinco mil pessoas já foram analisadas e, de certo modo, esse trabalho constitui uma prova eficiente da praticidade do sistema. Aparentemente, ele funciona, embora até agora nenhuma convalidação experimental tenha sido realizada.

Há algo quase sobrenatural nesse sistema de analisar o movimento. Primeiro, suponho, porque, como resultado de um programa de dois anos de treinamento, o analista do "esforço-forma" consegue ver muito mais detalhes do que um leigo imagina. Fui ao Hospital Estadual de Bronx para entrevistar Martha Davis que naquela época, enquanto terminava seu doutorado, participava de um grupo de psicólogos que estava realizando pesquisas sobre o movimento. Cerca de nove anos atrás, Martha Davis trabalhava como pesquisadora assistente do Hospital Psiquiátrico Albert Einstein, quando conheceu Irmgard Bartenieff, a mulher que introduziu o sistema "esforço-forma" neste país. A princípio curiosa e depois interessada, ela acabou colaborando com a Sra. Bartenieff numa série de análises pioneiras sobre o movimento em terapia de grupo e de família.

Martha Davis mostrou-me um filme de uma dessas sessões. No começo, dois homens, médico e paciente, entravam numa sala, passavam em frente à câmara e se sentavam. O que imediatamente me chamou a atenção é que havia qualquer coisa de muito errado com o paciente. O volume havia sido desligado de modo que não se ouvia nada que desse qualquer indicação do que estava acontecendo. Porém, simplesmente, o paciente não se mexia como as pessoas normais. A Srta. Davis foi-me mostrando o que havia de diferente com ele. Era o modo como andava: um jeito monótono, igual e lento, transferindo muito de leve o peso do corpo de um pé para outro. Era também o modo como ele se sentava: com perfeita simetria, pernas descruzadas, braços pendidos dos lados e o tronco sempre imóvel. Esse grau de imobilidade e esse tipo de simetria é típico de certos esquizofrênicos, segundo me explicou a Srta. Davis. Ela descobriu que algumas perturbações do movimento parecem ser fortes indícios da gravidade da doença e outras parecem ligadas a diagnósticos específicos.

À medida em que o filme ia rodando, o paciente quase não se mexia, mas quando o fazia, produzia-se um estranho efeito. Ele virava a cabeça da esquerda para a direita com a lentidão de um sonâmbulo e, ao terminar o movimento, começava a coçar o rosto, arranhando-se cada vez mais com as unhas. Ele começava um movimento, interrompia-o ou trocava-o por um outro totalmente diferente. Seus movimentos todos eram esquisitos, seu ritmo e sua seqüência fragmentados. Era como se aquela lentidão sobrenatural levantasse uma barreira entre ele e os outros. Lembrei-me do que me dissera Birdwhistell: que mãe de criança psicótica, às vezes, nota algo de muito errado com ela logo nos primeiros meses, por causa do modo como se mexem.

A fim de comparar, passamos a examinar, em seguida, o psiquiatra. Ele sentava-se levemente inclinado para o paciente e quando gesticulava, o que não era muito freqüente, o movimento era rápido, claro, breve e econômico. Num dado momento o paciente deixou-se cair de um lado, o médico segurou-o pelo braço e o endireitou na cadeira. Tudo isso foi feito de uma forma firme e direta. Não havia nada de repentino, brusco ou desperdiçado no movimento e quando ele segurou o braço do paciente, não o puxou para baixo, nem para cima, mas, suave e nitidamente, endireitou-o. No geral, a Srta. Davis me disse que, segundo sua opinião (mais uma impressão de gente habituada a observar do que uma análise verdadeira) o médico era uma pessoa firme, delicada e sensível, um pouco intelectual e desligado.

Se a Srta. Davis quisesse realizar uma análise mais profunda, ela poderia tê-lo feito de um dos dois modos: registrando em detalhes as fases do movimento ou seqüências que são características de cada indivíduo; ou projetando o filme várias vezes, à procura daquilo que se chama "parâmetro de esforço-forma". Esses parâmetros são inúmeros e complexos e, em resumo, eis alguns aspectos que poderiam interessar a ela:

*Proporção entre gesto e postura*: é uma forma de avaliar o envolvimento de alguém em certa situação. Há duas formas de movimento: o movimento por gestos, no qual a pessoa usa apenas parte do corpo; e o movimento por postura, que se irradia pelo corpo todo e geralmente acarreta uma mudança na distribuição do peso. Este tipo de movimento significa, literalmente, mais peso em si, e pode ser usado como medida para se avaliar o envolvimento. Sacudir os braços furiosamente, com raiva, não parece conveniente, se o movimento se limitar apenas aos braços e não se estender pelo corpo todo. Uma mudança de postura, lembra a Srta. Davis, não implica apenas numa variação da posição do tronco. A não ser que outras partes do corpo também participem, essa variação será chamada gesto do tronco. Mesmo o andar pode ser apenas gestual e conseqüentemente um sinal de retraimento, como acontecia com o paciente do filme. O que importa é a proporção entre os movimentos de postura e os de gesto. Isso interessa muito mais do que o simples número de movimentos de postura. Um homem pode estar sentado, imóvel prestando atenção, mas quando ele se mexer, se o seu movimento espalhar-se por todo o corpo, a atenção parecerá muito maior. Mais do que alguém que estivesse se movimentando o tempo todo, agitando-se inteiro.

*Atitudes corporais*: refletem atitudes e orientações persistentes de cada um. Uma pessoa pode ficar imóvel ou sentada, inclinada para frente ou mergulhada em si mesma. Estas posturas — e sua variação ou a falta de — representam, literalmente, o modo como cada um se relaciona e se orienta com os outros.

*Fluxo de esforço*: refere-se à escala de movimentos entre a tensão e o relaxamento, entre o controle e o descontrole, ou, em termos técnicos, entre o amarrado e o livre. Enfiar uma agulha ou segurar uma xícara de café quente é movimento amarrado; por outro lado, movimento semelhante a braçadas na água é livre. Algumas pessoas, como as crianças, variam muito o fluxo de esforço. Nos adultos a variação do fluxo está relacionada com características como a espontaneidade e a flexibilidade. No outro extremo do espectro, os pacientes mentais ou as pessoas velhas e doentes, algumas vezes, se movimentam de forma monótona como o paciente do filme. Os movimentos podem ser leves ou enérgicos, diretos ou indiretos, súbitos ou prolongados ou podem não apresentar nenhuma dessas características. Em geral, acredita-se que o esforço esteja relacionado com o humor ou com o sentimento: um forte movimento para baixo geralmente é afirmativo, enquanto que um toque leve e livre reflete gentileza ou sensibilidade. Pensemos, por exemplo, na lentidão rígida de um cortejo fúnebre, no ritmo agressivo, rápido e forte de uma dança de guerra ou no fluxo livre, indireto e rítmico que percorre o corpo que expressa a sexualidade na dança.

*O fluxo formal e a figura*: refere-se ao modo como o corpo ocupa o espaço. O segredo para se perceber isso, parece estar em se imaginar movimentos normais como se fosse um balé, de modo que se possa sentir o corpo tomar determinada forma no espaço. Pode-se sentir o corpo estendendo-se em três dimensões: apertando-se ou alargando-se, elevando-se ou abaixando-se, avançando ou recuando. Algumas vezes os movimentos humanos se concentram num ou noutro plano. Uma pessoa que se movimenta principalmente no plano horizontal parece estar esparramada: seus cotovelos projetam-se para os lados e ela parece ocupar mais espaço num sofá do que o necessário. Alguém que se move mais no plano vertical parece se movimentar como se estivesse dentro de uma moldura: anda com passos curtos, torna-se comprido ao dar as mãos para cumprimentar e, quando se senta, apóia as duas mãos nos braços da cadeira, olhando firme para frente. Quem prefere o plano sagital, anda com os joelhos e os quadris muito juntos, senta-se bem para trás na cadeira ou puxa-a para a frente. Enquanto conversa, esse tipo dará a impressão de se lançar diretamente sobre seu interlocutor. A interpretação desses estilos de movimento se deduz da descrição, embora, é claro, nem todos se ajustem rigorosamente a uma categoria ou outra.

Estas principais figuras de dimensão relacionam-se tanto com o temperamento como com a reação individual diante de uma determinada situação. Em geral, o estilo de um homem reflete o modo como ele enfrenta seus próprios sentimentos íntimos e como ele se adapta a outras realidades. A variedade e a complexidade dos seus esforços e do uso que faz do espaço são muito importantes, porque são as principais pistas sobre sua capacidade de se defrontar com os outros. São pistas que dizem de sua flexibilidade ou de sua rigidez no trato com o próximo. A importância dessa flexibilidade me foi demonstrada de modo categórico numa sessão de terapia de grupo, filmada e analisada pela Srta. Davis e pela Sra. Bartenieff. Havia um claro contraste no estilo de movimento de duas pessoas do grupo. Uma delas, Carol, falava pouco, mas seus movimentos eram complexos e variavam de intensidade. Outra mulher, Diane, falava muito e alto, e se não se prestasse atenção ao modo como ela se movimentava, ela poderia ser tida como o membro mais ativo e interessado do grupo. Mas seus gestos eram lerdos e repetitivos e ela mudava pouco de postura. Apesar de ser uma pessoa falante, Diane era retraída e alheia a seus próprios sentimentos. Num confronto entre Carol e Diane, no final da sessão, ficou evidenciado que, mesmo num nível não-verbal, Diane era intocável, enquanto que Carol estava mais *presente*, pronta a responder e a participar.

Tudo isso parece exageradamente simples, mas, na verdade, é terrivelmente difícil de se *enxergar* em termos de "esforço-forma" a não ser que alguém decomponha e explique os movimentos para você. Para dar aos leitores uma oportunidade de tentar enxergar por si mesmos, pedi à Srta. Davis para analisar os movimentos de duas pessoas ligadas à televisão. Ela gastou várias horas observando David Frost e Dick Cavett, dois apresentadores de programas vistos em todo país. Com o volume da televisão inteiramente desligado, a Srta. Davis tomava notas. Não tão sistematicamente como faria se fosse um projeto de pesquisa, mas de acordo com o que mais lhe chamava a atenção por ser característica determinante de cada um deles.

"Estas impressões", disse-me ela, "baseiam-se em descrições técnicas e não pretendem ser uma análise verdadeiramente detalhada".

Eis o que ela viu e registrou:

"David Frost geralmente senta-se largado na beira ou no lado da cadeira, encarando seu convidado de frente, e, com sobrancelhas cerradas ou um sorriso amável, seus olhos mantêm uma expressão firme e clara enquanto escuta. Seus movimentos variam consideravelmente de acordo com a parte do corpo que usa, com o tamanho e a direção do movimento e com os planos espaciais de que se vale. A transição de uma direção para outra pode ser angular e abrupta e, algumas vezes, há pequenas flutuações de direção dentro de uma prolongada seqüência, dando a impressão de inabilidade ou de intranqüilidade.

O movimento de Frost raramente é sinuoso, lento, leve ou sucessivo. Os principais tipos de intensidade e ênfase são a rapidez, a força e a direção, seja nos pequenos movimentos angulares e rígidos da cabeça, quando anuncia os comerciais, ou nos gestos prolongados e variáveis, acentuados por mudanças rápidas e trejeitos enérgicos. Em seus movimentos, o esforço flui em contínuas variações entre o amarrado e o livre, variando de acordo com o gesto e dependendo da pessoa com quem está. Às vezes, ele limita seus movimentos a um rígido tamborilar de dedos ou a movimentos mímicos e repetidos do antebraço, enquanto fala. Outras vezes, move todo o braço, livremente, com amplos gestos.

Diversos adjetivos podem classificar o estilo de seus movimentos: espontâneo, variado, impetuoso, algumas vezes inábil ou errático, rápido na reação, despretensioso; informal e emocionalmente envolvido. A aparência de Frost pode mudar de uma noite para outra e, em três apresentações, o grau de variação de seus movimentos, segundo o convidado, foi drástico. Isso talvez explique o fato de que, embora tenha total controle do programa e esteja sempre alerta ao encaminhamento de uma entrevista, Frost também está genuína e emocionalmente envolvido nos diálogos.

Já Dick Cavett tem um estilo de movimentação totalmente diferente. Senta-se empertigado, aberto e ligeiramente para trás e assim se dirige ao convidado, ao público e à câmara ao mesmo tempo. Seu movimento é bem definido, preciso e "claro", isto é, há maior ênfase nos aspectos espaciais do que na intensidade ou no esforço. O fluxo do esforço é homogêneo e controlado e as direções sempre definidas. Por exemplo, a partir de uma atitude muito ereta, Dick Cavett passa a gesticular bilateralmente com um impulso rápido e natural, de tal modo que o movimento se mantêm homogêneo e seguro dentro de um amplo esquema espacial, continuando preciso até o fim. Ao mesmo tempo, seu tronco pode mover-se com um todo, sem virar ou curvar a cintura.

Cavett possui direção, rapidez, alguma força e agilidade, mas esta dinâmica aparece poucas vezes e com menor variação do que em Frost, no que diz respeito às partes do corpo utilizadas, à seqüência de direções, e àquilo que faz na realidade. Cavett não muda muito de movimento entre um convidado e outro como Frost, mas da mesma forma que Frost, ele é muito rápido em responder e muito sensível aos convidados. Muitas vezes, ele capta não apenas o gesto do convidado, mas a qualidade também. A impressão que se tem de seu movimento é que se trata de uma pessoa séria, tímida, mas capaz de mando, sensível, com perfeito controle de seus sentimentos e que descarrega toda a sua atenção e esforço na compreensão intelectual.

Ao ler essa análise, percebi que já havia notado a ocasional inabilidade e o envolvimento ostensivo de Frost, bem como a sensibilidade e o controle de Cavett, embora não pudesse nem começar a explicar de onde vinham essas impressões.

O esquema "esforço-forma" é ainda tão recente neste país que somente um punhado de pessoas é treinada nisso e todas elas se conhecem. A mais conhecida é Irmgard Bartenieff, que tinha seus 20 anos quando estudou dança com Rudolph Laban, na Alemanha. Ela veio para os Estados Unidos em 1937, mas na década de '50 realizou freqüentes viagens para a Europa, a fim de consultar Laban e Warren Lamb, numa época em que a teoria do "esforço-forma" estava começando a se cristalizar.

A Sra. Bartenieff é o tipo de pessoa sobre a qual se criam lendas. Pequena, uns 60 e poucos anos, ela tem o corpo esbelto de uma bailarina, que faz inveja a uma jovem de 19 anos e dispõe de uma espécie de dom sobrenatural na capacidade de ler o movimento do corpo. A primeira vez que causou forte impressão nos psiquiatras da Faculdade de Medicina Albert Einstein foi no dia em que um grupo deles estudava uma sessão de terapia familiar através de uma tela unidirecional. O sistema de som entrou em pane e os médicos deixaram a sala para conversar sobre a sessão. A Sra. Bartenieff ficou observando. Quando finalmente juntou-se ao grupo, alguém perguntou o que ela tinha visto. Ela fez um relato tão completo do que tinha-se passado que deixou o grupo espantado e impressionado.

"Nunca me esquecerei desse incidente", relembra a Srta. Davis. "Aconteceu durante meu treinamento com ela. Estávamos atrás da tela unidirecional quando o som pifou. Observávamos uma sessão comum de terapia de grupo, em que havia uma jovem muito bem composta e viva, que começou a falar imediatamente. Observei durante uns 15 minutos e depois comecei a me sentir frustrada. Havia alguma coisa de estranho no padrão de movimento daquela mulher, mas eu não conseguia saber exatamente o que era. Parecia que não havia termos para descrevê-lo. Enquanto isso, Irmgard continuava a escrever e, de repente, falou, meio consigo mesma:

"— Muito interessante. Nunca vi nada semelhante antes Essa mulher está muito deprimida.

E eu disse:

— Deprimida? Ela é um dínamo!

— Que nada! Ela é uma suicida.

Alguns minutos depois o som voltou e nós ouvimos. Lá estava a mulher, falando em se envenenar. Foi realmente uma experiência espantosa."

Mais tarde, a Sra. Bartenieff explicou o que é que havia de tão peculiar no modo como a mulher se movia: ela começava um movimento com uma rapidez impressionante, o que por si mesmo é pouco comum, e depois ficava, de repente, amarrada e dura. De certa forma, era como se aquele impulso tivesse sido estrangulado, como se ela estivesse matando seu próprio impulso. Esse padrão é muito raro. A Srta. Davis nunca mais viu algo semelhante desde então. Ela se lembra de que as enfermeiras costumavam se queixar de que se sentiam incomodadas quando se aproximavam dessa paciente estranhamente viva, embora não soubessem definir o que é que as incomodava.

A Sra. Bartenieff preside atualmente o programa "esforço-forma" do Bureau de Notação de Dança em Nova Iorque, uma organização fundada há 30 anos, com o intuito de desenvolver e ensinar o método Laban e de conservar partituras de dança. Entre os estudantes que hoje procuram estudar "esforço-forma" incluem-se bailarinos e especialistas em terapia através da dança, antropólogos, alguns psicólogos e psiquiatras. Mas o "esforço-forma" nasceu da dança e é através dela que está realizando algumas de suas contribuições mais interessantes no campo da antropologia e da psicologia. Nos últimos quatro ou cinco anos, a Sra. Bartenieff está se dedicando à "coreometria", uma análise antropológica dos estilos da dança folclórica em todo o mundo. Isso faz parte de um projeto concebido e encabeçado por um especialista em música folclórica, Alan Lomax. A Sra. Bartenieff e um colega da teoria "esforço-forma", Forrestine Paulay, planejaram usar o sistema de Laban para analisar filmes de danças folclóricas de diversas culturas. Mas, como "esforço-forma" é destinado a registrar variações individuais no estilo de movimento, as duas pesquisadoras descobriram que as diferenças culturais mais amplas ficavam obscurecidas por uma massa de detalhes. Assim, com a ajuda de Lomax, elas experimentaram e criaram um novo sistema de registro, chamado coreométrico, que se baseia no "esforço-forma", mas que pode ser usado em nível de culturas para codificar estilos de dança e de movimento.

Sempre se soube que existem diferenças culturais no movimento do corpo. Para quem tenha visto filmes sobre o tema, será fácil mostrar as diferenças entre os movimentos enérgicos e angulares da postura rítmica dos esquimós e os movimentos dos habitantes de Samoa, que andam e dançam de forma ondulante, gingando o corpo desde a cintura, fazendo gestos sinuosos e curvos com as mãos, braços, antebraços e ombros como se fosse um todo. Mas, através da coreometria é possível substituir essas impressões gerais por descrições objetivas dos traços de movimentos observáveis.

O que os coreometristas descobriram é que existe em cada cultura uma firme relação entre estilos de dança e movimentos comuns do dia-a-dia. Os movimentos que se refletem na dança são aqueles tão familiares, tão aceitáveis ou tão importantes para a comunidade que todos sentem prazer em observá-los e repeti-los. Entre os esquimós, por exemplo, os maiores caçadores dançam um atrás do outro diante do grupo reunido. Em pé, com os pés bem separados, com um tambor na mão esquerda e a vareta na direita, eles abaixam a vareta diagonalmente através do corpo até bater o tambor. Esse mesmo gesto eles repetem na caça à foca ou na pesca de salmão, atirando a lança ou o arpão na diagonal do corpo.

Depois de analisar vários filmes, a equipe descobriu que é praticamente possível dividir o mundo em duas partes: uma, integrando todas as culturas nas quais o dorso se move de forma compacta como se fosse um todo; e outra, compreendendo aqueles que movimentam todas as suas articulações com ondulações e contorções suaves da cintura. Compare-se, por exemplo, as desafiantes e enérgicas danças dos índios norte-americanos com a sinuosidade da dança do ventre ou do hula havaiano, para citar três dos exemplos mais específicos. O movimento do dorso como um todo domina o mundo ameríndio e o euroasiático; os movimentos sinuosos são encontrados em tôda a África, na Índia e Polinésia.

No livro *Folk, Song and Culture*, a equipe de Lomax descreve o caráter sinuoso e ondulante da dança e dos gestos africanos que "imitam, lembram e reforçam o ato sexual, especialmente por parte da mulher. Assim, a corrente constante de sentimentos eróticos e agradáveis é comum na vida africana, aquecendo-a como o calor do sol".

O livro ressalta que a vida na África depende da alta taxa de natalidade, das grandes famílias, dos grandes grupos de trabalhadores agrícolas incluindo as mulheres e também da poligamia. Para os índios norte-americanos, uma alta taxa de natalidade representa apenas mais bocas para alimentar, de modo que o "feminino, o pélvico e o fértil" não fazem parte do repertório de seus movimentos.

O esquema "esforço-forma" teve conseqüências interessantes no estudo do desenvolvimento infantil. Antes de se dedicar ao estudo da coreometria, a Sra. Bartenieff trabalhou com a Dra. Judith Kestenberg, uma psiquiatra infantil, analisando os movimentos de recém-nascidos. Observando vinte crianças com mais de cinco dias de vida, elas descobriram que cada uma já possuía seu próprio estilo de movimento, que se refletia em padrões do fluxo de forma e esforço. Isso é o que o leigo percebe quando observa que algumas crianças são mais ativas, enquanto outras parecem mais mansas e indiferentes.

A Dra. Kestenberg estudou com Warren Lamb e Marion North na Inglaterra e com a Sra. Bartenieff durante anos de mútuo intercâmbio. Sua especialidade são as crianças. Ela fez estudos sobre o desenvolvimento infantil desde o nascimento até a idade de onze anos e provou que os padrões individuais do fluxo de esforço são genéticos, relacionados com o temperamento e que permanecem relativamente constantes através dos anos. Desenvolvendo uma forma de registrar as mudanças contínuas do fluxo de esforço em forma de curva, a Dra. Kestenberg acredita que, conforme as crianças crescem, predomina no seu movimento um tipo diferente de ritmo para cada uma das fases psicossexuais de desenvolvimento descritas por Freud: oral, anal, fálida e genital. São esses ritmos que podem ser lidos através das curvas do fluxo-esforço.

Em termos de teoria psicanalítica, entretanto, o "esforço-forma" está menos relacionado com o trabalho de Freud do que com o trabalho de Wilhelm Reich e mais recentemente de Alexander Lowen, pois esses dois homens reconheceram que os problemas psicológicos costumam se refletir nas características físicas. Reich, estudando as expressões faciais, as áreas de tensão física e os tiques nervosos, percebeu em todas elas uma maneira de manipular as emoções, uma parte da "armadura do caráter" do paciente. A tensão constante na nuca pode ser devida ao medo de ser atacado por trás; a tensão na boca, garganta e pescoço pode-se originar da determinação de não chorar: uma pelve mantida de forma rígida pode ter-se originado de um modo de frear sensações sexuais. Reich, e posteriormente Lowen, concentraram seus estudos nas áreas de tensão do corpo, nas maneiras de tratá-las e nos problemas psicológicos que delas advêm. Apesar do sistema "esforço-forma" não produzir inferências psicológicas daquilo que analisa, ele descreve, por outro lado, tanto o movimento quanto a rigidez.

O esquema "esforço-forma" está sendo levado em conta pelos especialistas em cinética e Martha Davis anda realizando comparações de métodos e interpretações. Por ser o tema de cada disciplina tão diferente — um cuida do fluxo individual de movimento e outro do vocabulário não-verbal em geral — o contraste resultou bem interessante. Quando a Srta. Davis e os entendidos em cinética assistem a um filme juntos, ela vê as coisas de modo mais constante. Ela registra um estilo, uma maneira periódica de atuar e agir, enquanto que o especialista em cinética registra gestos periódicos que servem como sinal na interação.

Numa ocasião, a Srta. Davis se reuniu com Albert Scheflen e outros especialistas para estudar um filme de uma sessão de terapia familiar. Muitas vezes, Scheflen percebeu comportamentos de namoro — palmas para fora, etc. — por parte de uma das mulheres no filme. Mas para a Srta. Davis não havia nada de sedutor na forma de seu movimento: ele era tenso, amarrado, angular e quase torturante. O terapeuta, que fora filmado junto com aquela família, estava presente durante a exibição do filme e confirmou que tinha achado a mulher tensa, controlada e não sedutora. Parece claro que, da mesma forma que o homem pode modificar o sentido das palavras "eu te amo" através do tom com que as murmura, também na mulher desse filme, o impacto de sua atitude — do comportamento de namoro — modificou-se pela forma como ela o fez, através da qualidade de seus movimentos.

Perguntei à Srta. Davis se ela acreditava ser possível camuflar a qualidade do movimento. Warren Lamb, por exemplo, notou que um movimento parece forçado e não espontâneo se for mais gestual do que de posturas. Quando uma pessoa que fala em público move as mãos com gestos cuidadosos e convencionalmente ensaiados, sem que mais nenhuma parte do corpo participe, ela parecerá pouco natural, pouco convincente e possivelmente não despertará interesse. Por isso perguntei se alguém poderia controlar a qualidade do movimento. Mas aparentemente isso é tão complexo, são tantas as nuanças de mudança que se expressam através do corpo, que a Srta. Davis acredita que seria impossível montar uma falsa imagem.

"Seria como o problema da centopéia", respondeu-me ela. "Você sabe, se algum dia ela parar para pensar que perna vai mexer primeiro, ela ficaria totalmente paralisada."

CAPÍTULO 19

# A ORDEM PÚBLICA

Quando uma pessoa anda pelas ruas à luz do dia, não lhe passa pela cabeça, que alguém possa assaltá-la ou barrar-lhe os passos. Numa conversa casual, não se imagina que alguém insulte, minta, dê ordens ou faça um escândalo. Através do comportamento não-verbal, as pessoas demonstram que são de confiança, assim como entre as abelhas e os macacos, um dá sinal para o outro demonstrando que não há perigo. Mas, sempre há possibilidade de ameaça, uma vez que somos eternamente dependentes das boas intenções dos outros. Ao ler Erving Goffman, percebemos o quanto os seres humanos são vulneráveis.

Goffman, professor de Sociologia na Universidade da Pensilvânia, é geralmente o ponto de partida para pesquisa sobre comunicação. De certo modo, ele proporciona a base, que os outros complementam com os detalhes de comportamento, pois, embora seja um perspicaz observador de minúcias, Goffman vai além disso: ele se preocupa com os pressupostos conscientes e inconscientes nos quais todos nós baseamos nossa vida diária.

Goffman não dispõe de um laboratório. Ele possui um sistema de fichas. Quando escreve, ele reúne dados do que leu, trechos de romance, recortes de jornal, passagens de livros de etiqueta e tudo aquilo que aprendeu durante o ano que passou estudando a estrutura social de uma instituição mental. A tudo isso ele acrescenta suas próprias observações sistemáticas, feitas durante certas ocasiões sociais, desde coquetéis até reuniões públicas. Os resultados, numa prosa fria, precisa e equilibrada, estão reunidos em seus livros sobre interação frente a frente.

Nos últimos anos, o Professor Goffman tem dado atenção cada vez maior à ordem pública, um campo de estudo de inegável importância numa época em que essa ordem se rompe com freqüência. No passado, os cientistas sociais consideravam-na sob um outro prisma, concentrando-se no colapso da ordem, tendo surgido, portanto, uma considerável literatura sobre motins e outras desordens coletivas. O enfoque de Goffman consiste em observar o comportamento normal e analisar as regras que normalmente possam ser aplicadas.

Sua observação mostra que, no trato diário, o homem parece desenvolver, universalmente, suas próprias regras. Existem regras de comportamento sobre onde se colocar numa calçada ou num elevador cheio de gente, sobre o momento exato de se dirigir a um desconhecido, etc. No geral, não é muito o que se ganha, trapaceando ou desafiando essas regras. Por isso as pessoas confiam umas nas outras, de forma que as regras tornam-se, a rigor, pressupostos semiconscientes. Se observarmos primeiro quais são esses pressupostos, fica mais fácil entender porque tanta gente se sente mal quando certas normas públicas são transgredidas.

Tomemos, por exemplo, o modo de se vestir, que é, sem dúvida, uma questão de escolha pessoal. Vestir-se conforme a expectativa alheia é uma maneira de expressar nosso respeito por uma situação social e pelas pessoas que ali se encontram. O modo de se vestir pode alienar ou persuadir. Na costa oeste dos Estados Unidos, meia dúzia de estudantes de psicologia cometeu pequenos roubos em lojas para fazer um estudo sobre o modo de vestir. Quanto mais bem vestidos estivessem — de terno e gravata — menos as outras pessoas notavam o roubo ou simplesmente fingiam não ver. Mas se estivessem vestidos como "hippies", eles eram vigiados como suspeitos onde quer que fossem.

As pessoas sempre usam sua roupa e sua aparência para mostrar quem elas são. Antigamente, a roupa de um homem indicava seu *status*, sua posição na hierarquia social, enquanto que para a mulher servia também como forma de sedução. Os "hippies" usaram o mesmo método para demonstrar sua recusa em participar do jogo de *status*. Suas roupas refletiam o que eram e o que não eram: serviam simultaneamente como meio de reconhecimento mútuo e como ataque sutil à sociedade que rejeitavam. Através do modo de se vestir, que é uma forma de demonstração de respeito, eles demonstraram desrespeito. Aqueles que Goffman chamou de "revolucionários do decoro" usam o mesmo idioma básico que os mais altos escalões da hierarquia social, mas de modo invertido, no estilo *Alice no País das Maravilhas*.

Assim como os "hippies" invertem algumas regras da ordem, os extremistas subvertem outras.

"O que acontece num confronto político", escreve Goffman, "é que as pessoas, na presença de outras, negam-se intencionalmente a sustentar uma ou mais regras fundamentais da ordem. Os doentes mentais usam da mesma estratégia, mas por diferentes motivos".

Goffman utiliza, com freqüência, seu conhecimento sobre doentes mentais como se fosse um espelho do mundo normal. Nas transgressões que praticam os doentes mentais, podemos ver o que é que normalmente esperamos uns dos outros. Os sintomas mentais geralmente indicam que uma pessoa não está disposta a agir de uma determinada maneira. E Goffman explica:

> "No hospital, durante uma conversa, os pacientes lhe fazem perguntas íntimas, delicadas, embaraçosas, que outras pessoas não fariam, exceto um analista. Quando você responde, eles podem não dizer nada. Eles parecem estranhamente desalinhados ou retraídos no modo de agir. Quando você está falando, eles podem chegar e se meter na conversa ou mesmo interrompê-la fisicamente. Todos esses mecanismos atentam contra as regras da ordem."

Os grupos extremistas de negros, estudantes ou feministas investem contra as regras do mesmo jeito. Quando ocupam um edifício, agarram um microfone num comício, chamam um reitor ou um político pelo primeiro nome ou ainda usam técnicas mais corriqueiras e engenhosas, eles estão simplesmente se recusando a aceitar o lugar que lhes foi conferido.

Tais confrontos tornaram-se rotina mesmo no outrora sacrossanto recinto de um tribunal. Na introdução que fez para o seu *The Tales of Hoffman*, livro que é uma transcrição do julgamento dos Sete de Chicago, Dwight MacDonald observa que, em 1918, quando levados diante de novo tribunal, os Woobblies aceitaram as convenções e agiram como se compartilhassem dos valores e do estilo daquela sala, embora fossem todos anarquistas "tão audazes e engenhosos contra o sistema quanto seus descendentes mais diretos como Tom Hayden do SDS[1] e Abbie Hoffman dos Yippies..." Os Wobblies não tinham mais ilusões cívicas, mas como a maioria dos radicais de até bem pouco tempo, eles separavam o modo de agir em público do modo pessoal de agir. Os acusados de Chicago, pelo contrário, desafiavam constantemente o tribunal e de uma forma imprevisível: retrucavam, pediram permissão para levar um bolo de aniversário para Bobby Seale, durante o julgamento; e Jerry Rubin e Abbie Hoffman chegaram ao cúmulo, um dia, de aparecer vestindo toga. Os advogados de defesa, por sua vez, insistiram em saber quando e onde eles

---

1) SDS: *Student for Democratic Society*. Organização estudantil norte-americana de esquerda que teve intensa atividade na década de 60.

podiam ir ao banheiro. No geral, deu-se uma recusa em se comportar de um jeito ordeiro, como era de se esperar.

A maioria dos acusados, entretanto, comporta-se com paciente sobriedade, cooperando educadamente com o sistema que se propõe a castigá-los. Uma estrutura de poder quase sempre repousa numa espécie de conluio: o subordinado aceita certas limitações, certas regras que, na verdade, ele pode subverter. O que parece estar acontecendo agora é que os grupos extremistas têm percebido até que ponto eles são o sustentáculo da estrutura de poder. No entanto, Goffman previne:

"Não estamos nos referindo à quebra da ordem pública. Estamos falando de um método estratégico que pode, de algum modo, ser explicável em termos de análise de vida se nos basearmos mais em Emily Post do que em Lênin ou Marx. Durante a Depressão, houve reações bem revolucionárias e fundamentalmente discrepantes contra as instituições e, em certo sentido, muito mais profundas do que as reações de hoje. Mas, que eu saiba, nunca tomaram a forma atual. Podia-se atirar contra alguém durante uma greve e, mesmo assim, sem quebrar certas normas básicas como, por exemplo, aquelas que se referem ao modo de se vestir e ao aspecto do sexo.

Pode ser que a sociedade não tenha sofrido mudanças profundas. Pode ser só superficial. Mas aprendemos que, aquilo que era tido como absolutamente essencial para a ordem na verdade não é mais. As pessoas sobrevivem da mesma forma."

Um dos problemas mais óbvios da ordem pública é o da territorialidade. Goffman recentemente explorou "os territórios do eu", ampliando o conceito de Edward Hall sobre a bolha do espaço pessoal. Os territórios que mais interessaram a Goffman são os egocêntricos: onde quer que vá, o homem leva-os consigo. Eles compreendem alguns direitos que se pensa ter, tais como o direito de não ser tocado, de não ser arrastado para uma conversa de estranhos e o direito à privacidade de informação, referente, em parte, a certas perguntas que uma pessoa espera que não lhe sejam feitas. Um norte-americano médio, por exemplo, se sentiria insultado se alguns conhecido recente lhe perguntasse como ele age em sua vida sexual ou quanto ele ganha, embora em certas culturas esta última pergunta seja considerada perfeitamente normal. Ele ficaria bravo se alguém lesse sua correspondência, bisbilhotasse sua carteira ou vasculhasse o seu passado. Sua necessidade de privacidade atinge também a aparência e pormenores de seu comportamento, uma vez que ele supõe ter o direito de não ser encarado.

Sempre que existem regras, existem meios de quebrá-las, de invalidá-las: invadindo, fisicamente, o espaço alheio, tocando o que não se tem o "direito" de tocar, olhando firme, fazendo mais barulho do que a ocasião requer, fazendo observações inoportunas, como, por exemplo, as observações fora de hora de um subordinado, de um estranho que se mete na conversa ou de um mendigo que aborda uma pessoa que passa na rua. Ou através de ofensa. Na cultura da classe média norte-americana, muita coisa é potencialmente ofensiva, como os odores e o calor produzidos pelo corpo. Os norte-americanos detestam sentar-se numa cadeira ainda quente ou vestir um casaco emprestado e sentir o calor do corpo de quem o emprestou. Qualquer coisa que seja exalada pelo corpo de alguém é considerada ofensiva, seja saliva, suor ou urina. Dizem que é porque carregam germes. Entretanto, isso pode ser simples racionalização de uma preocupação ilógica que consiste em incorporar substâncias de outrem em nosso corpo. Certamente, os sentimentos a respeito das nossas *próprias* secreções também são pouco lógicas. Como ressaltou certa vez Gordon Allport, é fácil uma pessoa engolir a saliva, mas é bem diferente cuspir num copo e depois bebê-la. Imaginem a diferença entre chupar o sangue de um pequeno corte no dedo e chupá-lo da gaze que se cobre esse ferimento. As secreções do corpo, uma vez fora dele, tornam-se estranhas e contaminantes, mesmo para a pessoa que as produziu.

Há maneiras de se meter na vida dos outros em público e também há modos de perturbar a própria intimidade, expondo-se muito ou tornando-se muito disponível. O homem que esteja com o zíper da calça aberto, a mulher que se senta com as pernas muito abertas, o bêbado, as pessoas que choram na frente de estranhos ou que confiam seus segredos a qualquer um são todas culpadas de perturbar sua própria intimidade, culpadas de auto-intromissão. São ações incômodas tanto de se observar como de se cometer.

Há coisas que acontecem em público que nos dão a impressão de ter havido intromissão e há uma considerável quantidade de rituais diários que existem para anular essas impressões. Quando esbarramos em alguém, pedimos desculpas; se nos pegam encarando, viramos rapidamente para outro lado. Nos casos de auto-intromissão, espera-se que o espectador faça a sua parte. Devemos fazer de conta que não vemos quando uma pessoa põe o dedo no nariz ou quando seu zíper se abre. E se somos forçados a ouvir a conversa alheia, devemos agir como se fôssemos surdos. É comum ouvir-se uma conversa alheia em público, mas quando isso acontece, invariavelmente tenta-se dissimular a situação. Imaginem o que pode acontecer se o ouvinte, inocentemente, dirigir sua atenção para a conversa e participar dela.

Há uma situação na qual os territórios do eu são deliberada e sistematicamente invadidos: durante os encontros de grupo. Os participantes do encontro são solicitados a se encarar, a se tocar, a perguntar e a responder coisas íntimas e a dividir suas emoções sinceras, sobretudo aquelas socialmente inaceitáveis. A maioria desses comportamentos é aceitável entre namorados e, até certo ponto, entre amigos. Mas num encontro de grupos, são estranhos que compartilham dessas intimidades, aparentemente esperando que disso resulte um relacionamento profundamente emocional, embora temporário.

No seu livro *Interaction Ritual*, Goffman ressalta que todos nós temos uma máscara — o rosto — que mostramos ao mundo. E quando necessário, tentamos "salvar a cara", dando a impressão de que somos capazes e fortes, evitando parecer estúpidos. Preocupamo-nos não só em preservar nossa imagem pública, mas também a dos outros. Isso significa que o papel de cada um no grupo foi deliberadamente aceito pelos outros. Se, por exemplo, um homem e sua ex-esposa, sem querer, se encontrarem numa reunião e quiserem fazer de conta que se separaram como gente civilizada — embora não tenha sido assim — todas as outras pessoas colaborarão nessa farsa, com grande alívio. Isso porque, se alguém der um *faux pas*, o equilíbrio de todos os demais estará ameaçado e deverá ser restaurado.

As pessoas, em geral, colaboram mutuamente em "salvar a cara" das maneiras mais sutis e intrincadas e isso torna-se mais fascinante quando se trata do relacionamento entre duas pessoas. Goffman observa que no início de qualquer amizade, particularmente entre um homem e uma mulher, ambos devem mostrar que não estão muito disponíveis. Ao mesmo tempo, devem continuar desenvolvendo esse relacionamento e tudo isso deve ser tratado através de sinais, mas que não sejam óbvios demais. Esses sinais indicam ao outro o que vai acontecer em seguida e, por conseguinte, pode-se salvar um pouco a própria cara se for necessário. Especialmente no namoro, ninguém quer se colocar numa posição de ser abertamente rejeitado ou de ter que rejeitar.

Nestas circunstâncias, "o processo de insinuação por gestos" pode ser muito importante. Por exemplo: se um homem tenta segurar a mão de uma mulher, ela poderá permiti-lo por um instante, mas se não quiser encorajá-lo, ela deixará sua mãe absolutamente inerte entre as dele e demonstrará não ter percebido essa atitude. De fato, em seguida, ela fará uma observação tipicamente intelectual e, na primeira oportunidade, se soltará para arrumar o cabelo ou coisa semelhante. E o homem — a maioria deles — vai entender a mensagem. Desta maneira, uma tentativa foi feita e firmemente rejeitada, embora não se tenha dito uma palavra a respeito.

Goffman observa que, na nossa cultura, ficar de mãos dadas em público é um sinal específico, quase sempre um sinal de atração sexual, exceto entre as crianças. A partir da adolescência só damos as mãos para o sexo oposto e só em casos em que a atração sexual é, pelo menos, uma possibilidade latente. Mediante este pequeno gesto cada um confia uma parte de si próprio ao outro e, simultaneamente, demonstra-o a quem quiser olhar. Assim, um casal de homossexuais pode desafiar abertamente o mundo apenas com o fato de se darem as mãos em público. Mas a conotação sexual também impõe limites à utilidade desse comportamento. Por exemplo: dois homens, tentando manter-se juntos no meio de uma multidão, não poderão simplesmente se dar as mãos para ficar perto um do outro.

Em outras situações públicas, as ações do homem e da mulher são delimitadas pelas expectativas da sociedade. O homem é definido como pessoa crônica e quase que obrigatoriamente interessado em mulheres e espera-se que ele forneça indícios desse interesse. Por outro lado, quanto às mulheres, apesar de autorizadas a captar esses sinais, espera-se que reajam de modo negativo a eles.

Esta cena familiar de rua, ilustra claramente esse exemplo: um homem assobia ao passar por uma mulher, que pode reagir de inúmeras maneiras. Pode ignorar, pode virar-se e fazer algum comentário aprovando ou desaprovando ou pode sorrir e, ao mesmo tempo, olhar firme para a frente e continuar andando. Este último procedimento constitui uma espécie de conluio, uma pequena abertura nas barreiras da comunicação, porém será mínima se a garota seguir seu caminho. Mas, se ela parar, virar e sorrir, o homem poderá ficar um tanto desconcertado, porque vai-se ver obrigado a tomar outra atitude ou a fazer papel de bobo. Conheço algumas mocinhas feministas que não toleram esses assobios e que adotam essa tática com um ar de ironia no rosto ou nos trejeitos. Dizem elas que é tiro e queda.

Algumas vezes, numa situação embaraçosa, tentamos escapar com palavras ou com gestos a fim de salvar a cara. Quando se trata de uma situação de menor importância e em público, na qual não podemos nos desculpar diretamente com todo o mundo, usamos, em geral, um gesto largo e consciente a que Goffman dá o nome de "comentário corporal".

Por exemplo: alguém que esteja folheando uma revista de mulher pelada numa banca, toma o cuidado de virar as páginas bem rápido para dar a impressão de que busca um determinado artigo. Se alguém encontra um pacote na cadeira que pretende ocupar, indica-se o desinteresse através de um negligente gesto de empurrão. Se alguém entra numa sala que pensava estar vazia e que está cheia de gente em plena reunião, certamente haverá um gesto de contração no rosto e na parte superior do corpo, seguidos de um recuo e de uma porta que se fecha com delicadeza. Segundo Goffman, essa pessoa "sai com o rosto e o tronco na ponta dos pés". Se alguém estiver encostado numa parede, tomando muito espaço numa calçada, e outra pessoa se aproximar, o primeiro fará, com certeza, "um gesto indolente de retração". Por mais sutil e imperceptível que seja esse movimento, ele serve para indicar que há um desejo de ceder lugar ou que, pelo menos, há a intenção.

O que se quer mostrar com isso é que ninguém está totalmente sozinho e anônimo numa multidão e nem se movimenta mecanicamente de um lado para o outro. Sempre que em público, o homem se comporta, constante e meio deliberadamente, de maneira a demonstrar que tem bom caráter. Embora possa parecer inteiramente indiferente àqueles que o rodeiam, esses circunstantes são a platéia potencial e ele, o ator, caso surja uma situação que pareça comprometê-lo.

CAPÍTULO 20

# EM CONVERSA

A linguagem, acima de tudo, é o que diferencia o homem dos outros animais. Sem ela, a cultura, a história e a maioria das coisas que faz dele o que ele é, seria impossível. Mas, na conversa cara a cara, a linguagem se desenvolve também dentro de um contexto não-verbal que faz parte da mensagem e, a estas alturas, deve ter ficado bem clara a importância desse contexto. Alguns cientistas afirmam que sem os elementos não-verbais, a troca de mensagens verbais seria impossível.

Quer parecer, no entanto, que essa afirmação é um bocado audaciosa, em plena era do telefone e das máquinas de ensinar. É óbvio que se pode trocar informações com alguém que não se vê, marcar encontros por telefone, transmitir uma notícia, realizar outros negócios, etc. Porém, tal comunicação é por demais limitada. Uma rápida análise sobre a importância do comportamento não-verbal numa conversa já esclarece esse aspecto, ajudando o leitor a ver como alguns dos diferentes elementos de comunicação se complementam.

Todo relacionamento frente a frente, exceto os superficiais, tende a encontrar seu próprio equilíbrio. Dados como o *status* relativo dos participantes, o grau desejável de intimidade, que papéis haverão de desempenhar e quais os pontos mais interessantes para uma discussão, vão-se ordenando até se chegar a um entendimento mútuo. Na maioria das vezes, esse ordenamento surge antes mesmo das pessoas se encontrarem, de modo que, quando isso acontece, elas já sabem o que as espera. Se alguém dá um encontrão no cunhado em plena rua, não há necessidade de se reafirmar a amizade. O que uma mulher conversa com um carteiro, não é a mesma coisa que ela conversa com a mãe e, em cada caso, a situação, isto é, o papel de cada um já está muito bem pré-definido.

Entretanto, às vezes, chega-se a um novo equilíbrio através de sutis manobras não-verbais que ocorrem nos primeiros momentos do encontro. Ray Birdwhistell acredita que na maioria das vezes, os primeiros 15 a 45 segundos são definitivos: isto é, servem tanto para afirmar uma relação já existente como para tatear. Um cientista que analise esses segundos iniciais, pode utilizar essa análise para prever como as pessoas vão-se entender durante esse encontro. Algumas vezes há uma espécie de reajuste da relação mais tarde, mas isso não é muito comum.

Um dos aspectos mais importantes com que se manobra nos primeiros momentos de um encontro é o da posição relativa de cada um. O estudioso das ciências sociais que sabe exatamente o que quer, consegue perceber, com facilidade, quem é que vai exercer maior domínio no grupo. O *indivíduo alfa* — termo emprestado da etologia para denominar o líder do grupo — é aquele que fala mais, de modo mais decisivo e que tem mais condições de interromper uma conversa. Seus gestos são mais vigorosos e animados e os outros prestam-lhe mais atenção. Nas manobras de domínio, provavelmente ele vai assumir uma postura relaxada, a cabeça erguida e uma expressão facial séria; os demais demonstrarão uma atitude submissa, nervosismo, um sorriso conciliador e poderão estar com a cabeça baixa. O elemento alfa pode encarar uma pessoa até fazê-la abaixar os olhos. Em geral, ele dispõe de mais espaço visual e, provavelmente também, de um maior espaço pessoal.

A forma mais eficaz de se afirmar o domínio é a não-verbal. Os cientistas comprovaram isso através de experiências com o vídeo-teipe. Para começar, eles gravaram em vídeo-teipe algumas pessoas lendo três mensagens diferentes. O conteúdo da primeira era autoritário; da segunda, apologético e da terceira, neutro. O modo de pronunciar as mensagens também variava sistematicamente: o comportamento não-verbal podia ser de domínio, submisso ou neutro. Quando os juízes formaram uma opinião, classificando as gravações numa escala ascendente, de amistosa para hostil, descobriu-se que a maneira de se pronunciar a mensagem, a variante não-verbal, influía mais na avaliação do que o conteúdo verbal. Na verdade, quando a mensagem era pronunciada com o estilo dominante, seu conteúdo verbal era quase irrelevante.

Ao mesmo tempo em que o domínio está sendo tateado ou simplesmente reafirmado, estabelece-se um nível de intimidade mútua e conveniente. É claro que isso sofre influência do *status* também — um escriturário dificilmente será amigo íntimo do vice-presidente executivo — e varia de acordo com o grau de simpatia recíproca. O comportamento que expressa ou tateia essa intimidade é aquele através do qual uma pessoa faz saber à outra se gosta ou não dela. Raramente isso é feito de forma verbal. Duas pessoas dão a entender que se simpatizam, adotando posturas semelhantes; ficando perto; observando-se de frente; olhando-se bastante e com uma expressão de agrado ou de interesse; mexendo-se de forma sincronizada; inclinando-se uma para a outra; tocando-se e conversando no mesmo tom. Algumas dessas formas também servem para demonstrar atenção àquilo que se diz. O que converte essas formas em afirmação de intimidade é o grau de intensidade e o contexto em que ocorrem. Exceto em casos de violenta paixão, raramente se emprega toda a gama de sinais de intimidade ao mesmo tempo. Dois psicólogos britânicos, Michael Argyle e J. Dean, acreditam que existe uma espécie de eqüação de intimidade, segundo a qual o nível de intimidade é igual à função de todos estes comportamentos tomados em conjunto: proximidade, contato visual, sorriso, tópicos pessoais da conversação, etc. Se um dos comportamentos varia, é preciso compensá-lo com outros para se manter o mesmo nível. Por exemplo: se duas pessoas que não se conhecem forem obrigadas a ficar muito juntas, normalmente elas evitam de se olhar e talvez de se sorrirem. Esta é uma das razões pela qual é impossível afirmar que um comportamento tem um significado único e inevitável. Ficar em pé junto a alguém pode significar muita coisa e esse significado pode ser confirmado ou mesmo desmentido por outros comportamentos físicos. Para codificá-lo deve-se levar em conta toda a equação.

As emoções também são transmitidas e compartilhadas, quando não tateadas, de forma não-verbal. Na lentidão dos seus gestos e na sua postura, uma pessoa revela seu desânimo; pela extrema tensão do seu corpo, a outra deixa transparecer o medo. Teoricamente, o equilíbrio emocional não é absolutamente necessário para um relacionamento, embora a conversa se torne difícil sem ele. Tentem imaginar um encontro entre uma pessoa de luto e outra que acabou de ganhar um enorme prêmio da loteria e você vai entender o que eu quero dizer. As emoções são contagiantes e se houver um certo tempo para assimilá-las, cada um dos circunstantes começará a absorver um pouco da disposição emocional alheia.

Os sinais não-verbais definem também os papéis. Assim como tratamos uma pessoa de modo diferente, de acordo com seu sexo, idade e classe social, também nos comportamos de acordo com o nosso próprio papel. Algumas pessoas desempenham seu papel de forma obsessiva e nunca variam seu comportamento, não importa em que situação for. Há mulheres que são cronicamente namoradeiras. Ou, para usar um exemplo sugerido pelo Dr. Ray Birdwhistell, é o caso do médico que insiste em parecer médico mesmo numa festa. Pelo jeito de se comportar, pelo jeito de andar e ocupar o espaço que é da gente, parece que insiste em que se pergunte o que é que ele faz. E se você não perguntar, ele vai dizer de qualquer jeito. Há também o caso daquela professora querida que visitamos depois de muito tempo e percebemos que ela não sabe deixar de ser professora: fala com rigorosa precisão e continua com o porte ereto.

Há também aqueles que tratam de afirmar constantemente sua masculinidade ou feminilidade por meio de atitudes não-verbais. São afirmações de sexo que podem fazer parte de uma negociação (definir, por exemplo, se um relacionamento tem caráter sexual ou não) ou afirmações outras que simplesmente refletem certas pressuposições básicas de nossa sociedade sobre homens e mulheres. As diferenças entre a linguagem física masculina e a feminina são profundas e fascinantes. As mulheres, na nossa cultura, procuram se aproximar mais uma das outras, tocar mais a outra pessoa, olhar mais diretamente e com maior freqüência, reagir positivamente à aproximação, fundir mais intimamente o ritmo físico, etc. O comportamento não-verbal da mulher geralmente reflete o fato de serem mais abertas às relações pessoais e de as valorizarem mais. É claro que, o papel dos sexos está-se tornando cada vez menos rígido hoje em dia e é possível que, no futuro, o código de diferença física entre os sexos seja menos notado.

Repassei somente algumas das muitas maneiras pelas quais as pessoas se comunicam de forma não-verbal quando estão frente a frente. Se nos detivermos para pensar no quanto se consegue expressar fora da conversa verbal e normal, pode parecer estranho que as pessoas se preocupem tanto com o que falam. Parece que os primatas não têm dificuldade em mostrar suas intenções e emoções: eles o fazem através de expressões faciais, posturas, gestos e com gritos característicos. Michael Argyle acha que a linguagem é desnecessária para transmitir atitudes e emoções e que deve ter sido desenvolvida para outros fins, provavelmente como forma de se referir a acontecimentos distantes e objetos ausentes. De certa forma, acabou logo se estendendo também para fatos mais imediatos, embora Argyle considere esse modo relativamente ineficaz.

Claro está que a comunicação não é tão simples como mandar uma informação através de um canal verbal e emoções através de canais não-verbais. As emoções podem ser definidas e tratadas com precisão no nível verbal. Podemos incorrer em vários erros uma vez que enviamos sinais emocionais inconscientes disso, como também recebemos sinais emocionais alheios sem a consciência de que estamos reagindo a eles. Erros como achar que a outra pessoa está brava quando não está; transmitir nossa desaprovação sem querer ou não transmiti-la claramente como gostaríamos, etc.

Existem também alguns sinais não-verbais, como os marcadores e o sistema de tensão descobertos por Birdwhistell, que estão ligados ao conteúdo verbal e que não significariam nada sem ele. Há ainda outras chaves não-verbais, que existem somente para regular o intercâmbio verbal, da mesma forma que o semáforo regula o fluxo do tráfego. Na conversa diária essas chaves são indispensáveis. Antes que duas pessoas possam falar, devem ambas indicar que estão prestando atenção, ficando razoavelmente juntas, dirigindo a cabeça e/ou o corpo um para o outro e trocando olhares, de vez em quando. Cada um precisa também de um "feed-back" não-verbal do outro enquanto estiver falando: um olhar relativamente firme e certos comportamentos de "canal de retorno", tais como, concordar ocasionalmente com a cabeça, reações faciais apropriadas e talvez murmúrios de encorajamento como "hum-hum", "sei-sei", etc. Se não houver absolutamente nenhum destes sinais, a conversa fatalmente acaba. As chaves não-verbais também regulam o fluxo de conversa, de modo que cada um fale por vez, com poucas interrupções ou sem longos silêncios constrangedores. A distribuição dos turnos é complexa e sutil. Na conversa normal, as pessoas não o fazem com palavras. Elas não dizem "você primeiro" ou "chega, que é a minha vez". Não obstante, na maioria das vezes, quem escuta está pronto para tomar o fio da meada, como se recebesse um sinal. Algumas vezes, o ouvinte, antecipando a noção da sua vez de falar, poderá virar para os lados, mudar de posição ou usar de outras formas mais sutis. Como ele pode saber que a outra pessoa vai lhe ceder a palavra?

Alguns anos atrás, um estudo realizado por Adam Kendon, descrito no Capítulo 9, informava que o comportamento do olho é parte desse sistema de pistas. Na conversa entre duas pessoas, o locutor olha seu companheiro de vez em quando e depois desvia o olhar, sendo que o olhar de contato dura mais ou menos tanto quanto o olhar de desvio. Na medida em que se aproxima do fim da afirmação, quem fala, demora mais o seu olhar sobre quem ouve, alertando-o, aparentemente, para que tome a deixa.

Um estudo mais recente informa que há outras chaves de aproximação. Starkey Duncan Jr., professor da Universidade de Chicago, trabalhou com duas conversas gravadas em vídeo-teipe: uma entre um terapeuta e um paciente em potencial e outra entre o mesmo terapeuta e um colega seu. Em ambos os casos, Duncan fez uma análise exaustiva dos primeiros 19 minutos de gravação. Uma boa parte de seus dois anos letivos foi empregada apenas em transcrever o comportamento verbal e não-verbal e, quando terminou, Duncan descobriu chaves de aproximação e movimentos corporais naquilo que era dito e na maneira como era dito.

Observando o que era dito, esse professor notou que cada um que falava empregava frases particulares e estereotipadas para assinalar que estava pronto a ceder a palavra. Eles ficavam desajeitados, pouco informativos, usando "mas", "é...", "hum", "pois é", sussurrados numa voz que quase sempre retalhava a frase. É lógico que havia indicações gramaticais também, como, por exemplo, fazer uma pergunta a quem estava ouvindo. Duncan observou que, no geral, quando o locutor termina sua afirmação, o tom de voz se ergue (na pergunta, por exemplo) ou cai. Um ligeiro pigarro, uma voz mais arrastada ou uma queda no volume, tudo com muita adequação, têm uma significação de contato.

No movimento corporal as pistas residem parcialmente nos gestos interrompidos ou relaxados. Se o indivíduo estivesse gesticulando, suas mãos ficariam quietas. Se os braços estivessem cruzados e os dedos dobrados, ocorreria, então, o relaxamento, dirigindo-se a cabeça para quem falava e conservando-a assim. Duncan não gravou comportamento dos olhos porque era muito difícil julgá-lo a partir do vídeo-teipe. No entanto, segundo ele, nesse estudo, a direção do olhar coincidia com a direção da cabeça. De qualquer modo, aprendemos desde pequenos que quando viramos nossa cabeça para outra pessoa, ela reage como se estivéssemos olhando-a.

Em geral, era necessário um grupo de três indicadores simultâneos ou muito consecutivos para que a mensagem chegasse ao destinatário e assim mesmo houve ocasião em que ambos interlocutores falavam ao mesmo tempo. Duncan acredita que este sistema de aproximação seja vulnerável à interferência externa como todos os demais. Se o nível de ruído ambiental for alto, se o tema for muito delicado, se o tipo for muito emocional e começar a perder os sinais, o sistema se interrompe.

Parece razoável imaginar que o sistema de aproximação deva incluir também sinais de que o orador retém o uso da palavra. Duncan achou uma dessas pistas que parece ocorrer quando quem fala está próximo, mas não muito, de deixar falar: iniciava-se então uma seqüência de sinais nesse sentido, porém, ao mesmo tempo, continuava a gesticulação com as mãos até se completar tudo o que se tinha para dizer.

Algumas vezes, o ouvinte vê que sua vez está chegando e prefere não se manifestar, dando lugar àquilo que Duncan chama de "canal de retorno". Concordando com a cabeça, murmurando aprovações ou ainda tentando completar a frase de quem fala junto com o locutor, o ouvinte poderá estar dizendo: continue falando. Se ele fizer um breve pedido de esclarecimento ou reafirmar rapidamente aquilo que o locutor acabou de dizer, a mensagem será a mesma.

A flexibilidade desse sistema de aproximação é impressionante. Os sinais de intercâmbio existentes para falar ou deixar de falar são tantos que podem ser usados até no telefone, onde os sinais corporais não podem ser usados, restando apenas os verbais e vocais. Como assinalou Erving Goffman, o trabalho de Duncan indica que até para se passar o dia com um amigo é necessário um enorme nível de habilidade. Dizer, portanto, que a criança de um gueto é "subssocializada" não corresponde à verdade. Ela pode ser analfabeta e pode não dispor de instrumentos necessários para progredir numa sociedade competitiva, mas se ela consegue manter uma conversa normal não há dúvida de que é socializada. Goffman conclui que, em encontros frente a frente, as diferenças entre os "educados e os grosseiros" são desprezíveis se comparados com as semelhanças.

CAPÍTULO 21

# O FUTURO

Há mais de 20 anos vêm sendo feitas pesquisas sobre comunicação, mas somente nos últimos oito ou nove anos é que cientistas e leigos, sobretudo os jovens, começaram a se interessar mais pela comunicação não-verbal. Então vem a pergunta: por que só agora?

Acredito que a única resposta seja porque, hoje em dia, há um descrédito geral nas palavras, especialmente entre os jovens. A vida é muito mais complexa do que antes. Os pais e os professores não representam mais aquela autoridade máxima. As crianças são bombardeadas por opiniões diversas, por intermédio da televisão, do rádio, dos filmes e das leituras. Quando tinha quatro anos, minha filha costumava dizer com suave ceticismo: "Não se pode acreditar em tudo o que dizem os comerciais de TV". As crianças maiores ouvem os políticos falar em paz, igualdade e prosperidade, mas nos noticiários elas *vêem* pobreza, revolta, fanatismo, guerra. A vida, enfim, nos seus aspectos mais sórdidos.

Assim, há um descrédito nas palavras, ao mesmo tempo em que há um sentimento total de alienação e uma nova procura de prazer através das relações pessoais. Nós também nos tornamos muito mais orientados para o visível, mais abertos à idéia da comunicação visível, corporal. Em 1967, na introdução de seu livro *Male and Female*, Margaret Mead escreveu:

> "Os jovens de hoje se expressam em formas destinadas muito mais a serem vistas na televisão do que para serem lidas em revistas. As passeatas e protestos se caracterizam por posições do corpo estranhas e conspícuas que substituíram os cartazes e panfletos: sen-

tar-se, deitar-se ou dormir em lugares públicos, arranjar dinheiro, ficar na sua, fazer amor (em lugares gelados nas vésperas da primavera). As roupas e os penteados tornaram-se índices extremamente importantes de atitudes políticas e éticas. Estamos indo ao encontro de uma época mais visual, onde o que é visto é mais importante do que aquilo que é escrito e o que é experimentado tem muito mais valor do que aquilo que se pode aprender de segunda mão."

Também os grupos de encontro, que dão mais importância ao fazer do que ao dizer (tocar, cheirar, encarar, lutar, praticando, enfim, a "comunicação não-verbal" segundo o sentido específico que deram à frase) contribuíram para o *eitgeist* geral, o espírito de nosso tempo.

Embora seja ainda virtualmente uma ciência no berço, a comunicação humana já gerou suas profecias ambiciosas e suas previsões agourentas. Os profetas do pessimismo, por exemplo, preocupam-se com o poder que terá o futuro demagogo treinado em técnicas não-verbais. O que poderá fazer um político que conseguir projetar, literalmente, qualquer imagem, qualquer emoção que queira, especialmente nesta época de campanhas políticas pela televisão?

Será que as pessoas vão usar esse novo conhecimento para manipular os outros? Parece inevitável, pois as pessoas sempre se manipularam reciprocamente. Sempre houve demagogos e indivíduos, segundo os estudos de Paul Ekman, que conseguiram mentir de forma convincente. Essas pessoas, hoje em dia, podem ser até mais persuasivas e mais hábeis em projetar falsas imagens, mas ao mesmo tempo em que o público se torna mais capaz de captar sinais não-verbais, o êxito do demagogo não será grande e nem tão prolongado.

Embora o homem comum possa aprender a mentir com mais habilidade, duvido que consiga fazê-lo com perfeição, pelo menos em situações cara a cara. Há inúmeros sinais não-verbais que operam num nível subliminar, desde o movimento das mãos até o movimento sintonizado com expressões faciais micromomentâneas. E esses sinais subliminares, em sua grande maioria, podem ser controlados conscientemente. Alguns conseguem coordenar, deliberadamente, o comportamento do rosto, das mãos, dos olhos, do corpo, enquanto conversam de forma inteligente. Mas, nos perguntamos, se essa habilidade especial não será, talvez, mais uma habilidade de mentir e de se convencer a si mesmo, por alguns momentos, do que uma habilidade qualquer de controlar a linguagem do corpo de forma consciente.

Em oposição direta àqueles que se preocupam com as aulas de mentir, há a tendência entre alguns leigos de se ver a "comunicação" como um remédio para todos os males: se as pessoas conseguissem realmente aprender a se comunicar umas com as outras, afirmam eles, a diferença de gerações desapareceria, as tensões raciais diminuiriam e todos seriam mais livres e mais felizes. No entanto, as relações e motivações humanas são bem mais complexas e sua cura não é tão simples. É quase certo que os homens de boa vontade ficarão interessados e tranquilos em saber que há diferenças culturais no código corporal e que essas diferenças respondem pela sensação estranha que a gente sente quando na presença de uma outra raça ou cultura. Mas o verdadeiro fanático é difícil de ser convencido. O fanatismo afunda suas raízes em desejo e medos raramente expressos. A necessidade, por exemplo, de se ter alguém que possa ser depreciado e que sirva de saco de pancada para o medo e o ódio ou a necessidade de se sentir superior. Para este tipo de gente tanto faz a explicação sobre a estranheza que produz a presença física de outra pessoa.

Mas, não seria inteligente subestimar nem superestimar o potencial dos estudos sobre comunicação humana. De alguma forma, eles já começaram a modificar nosso modo de pensar e não vão parar por aí. Os especialistas em linguagem poderão, em breve, aprender a cinética de uma língua estrangeira junto com a gramática e o vocabulário, pois já há tentativa de se ensinar os emblemas corporais, aquele vocabulário gestual específico de determinados idiomas e culturas.

Os arquitetos e urbanistas, que são mais conscientes da reação do homem ao espaço que o rodeia, poderão planejar construções mais confortáveis e cidades mais habitáveis. As pesquisas sobre aquilo que Edward Hall denominou de micro-espaço já nos levaram a um novo campo de estudos: a psicologia do meio ambiente. Dentro dos limites daquilo que estamos dispostos a gastar — em pesquisas e na implementação dessas descobertas — essa ciência poderá vir a ser muito importante.

Já que se torna possível comparar o novo comportamento humano com o comportamento dos primatas, podemos aprender mais sobre a evolução e a verdadeira natureza humana. E, com certeza, através de filmes e análises desses filmes, seremos capazes de aprender mais sobre o desenvolvimento da criança e de suas relações com a família.

Mas o que significa a nova pesquisa não-verbal para o indivíduo?

Durante os dois anos intensivos em que me dediquei a isso, descobri que certas partes da linguagem física podem, às vezes, consistir num jogo. Lembro, por exemplo, um dia em que estava num elevador em companhia de um senhor distinto, de aspecto maduro, a quem eu conhecia só de vista. Embora nunca tivesse trocado nenhuma palavra comigo, nesse dia ele puxou conversa.

Percebi mais tarde que, na verdade, tinha sido eu quem praticamente dera o primeiro passo. Quando entrei no elevador, em vez de ficar olhando para a porta, fiquei num canto de modo que meu corpo ficasse virado em direção a ele. Embora, praticamente, nem o tivesse olhado, aquilo bastou. Desde então, utilizei, em algumas situações semelhantes, a orientação do meu corpo como subterfúgio para iniciar uma conversa. Na maioria das vezes, isso funciona. Não obstante, me considero ainda uma principiante que só conhece uma meia dúzia de palavras de um novo idioma: emprego-as várias vezes, esperançosa e hesitante, mas na verdade não espero obter resultados espetaculares e fico sempre surpresa e deliciada quando as pessoas me entendem. Sei que ainda estou muito longe de, como disse Ray Birdwhistell, conseguir "comunicar-me de propósito".

O que melhor aprendi foi a decifrar meu próprio comportamento. No meio de uma conversa, percebo que estou compartilhando comodamente posições com um amigo ou que apenas eu passei a mão pelos cabelos num S perfeito, com as palmas viradas para cima. Também me dou conta de que estive tentando evitar o olhar de alguém ou que estou me inclinando para trás, abrigada atrás dos braços cruzados. Já me pilhei repetindo frases e gestos, incorporando ritmos alheios e, literalmente, me escondendo pelos cantos por várias razões.

Já consigo também fisgar pistas de comportamento alheio, mas essas evito de interpretar. A comunicação humana é tão incrivelmente complexa que não há regras fixas e rígidas e na ausência delas, eu sei, como qualquer outra pessoa, que tenho a tendência de ver só o que eu quero e de prestar atenção só naquilo que me convém. Por outro lado, hoje em dia, quando sinto um ataque repentino de intuição — um sentimento realmente forte que me diz quando uma pessoa está reagindo ou quais são seus objetivos — deixo-me levar por ela, sobretudo quando consigo perceber alguns sinais corporais em que ela se baseia.

Do ponto de vista de um leigo, o melhor que se pode dizer talvez da comunicação não-verbal, é que é muito divertido estudá-la. As pessoas são enormemente sensíveis entre si e nem sabem disso. Quando começam a se movimentar junto, quando são surpreendidas junto numa só torrente de palavras e de movimentos físicos, elas se tornam incrivelmente integradas, como se fossem um sistema harmônico e afinado. Na medida em que aumentem nosso conhecimento a esse respeito e cresça nossa sensibilidade, encontraremos um novo tipo de participação, uma consciência toda especial e prazeres novos que mal conseguimos pressentir agora.

# BIBLIOGRAFIA

### Capítulo 1 — UMA CIÊNCIA EMBRIONÁRIA

Efron, David, *Gesture and Environment,* The Hague: Mouton, 1941, 1972. Originalmente publicado em 1941.
Sapir, Edward, em *Selected Writings of Edward Sapir,* D. G. Mandelbaum ed., Berkeley and Los Angeles: University of California Press, 1949, págs. 533-543.

### Capítulo 2 — ÍNDICES DE SEXO

Baseado parcialmente em entrevistas com Ray L. Birdwhistell.
De interesse geral. Muito importantes e muito agradáveis:
Birdwhistell, Ray L., *Kinesics and Context,* Philadelphia: University of Pennsylvania Press, 1970.
Mead, Margaret, *Sex and Temperament in Three Primitive Societies,* New York: Dell, 1935, 1950, 1963.

### Capítulo 3 — COMPORTAMENTOS DE NAMORO

Baseado parcialmente em entrevistas com Albert E. Scheflen, Ray L. Birdwhistell e Adam Kendon.
De interesse geral:
Scheflen, Albert E., "Quasi-Courtship Behavior in Psychotherapy". *Psychiatry,* vol. 28, n.º 3, págs. 245-257, 1965.

### Capítulo 4 — O MUNDO SILENCIOSO DA CINÉTICA

Baseado parcialmente em entrevistas com Ray L. Birdwhistell e Albert E. Scheflen.
De interesse geral:
Birdwhistell, Ray L., *Kinesics and Context,* op. cit.
Referências de pesquisa:
Birdwhistell, Ray L., *Introduction to Kinesics,* (Photo-offset) Foreign Service Institute, Louisville; University of Louisville Press, 1952. Disponível apenas em microfilme pela University Microfilms, Inc., 313 North First St., Ann Arbor, Mich.
Scheflen, Albert E., "Communication and Regulation in Psychotherapy", vol. 26, n.º 2, págs. 126-136, 1963.

### Capítulo 5 — O CORPO É A MENSAGEM

Baseado em entrevistas com Ray L. Birdwhistell.

*Capítulo 6* — CUMPRIMENTOS DE UM PRIMATA BEM VELHO
Baseado parcialmente em entrevistas com Adam Kendon.
Referências de pesquisa:
Kendon, A., e A. Ferber, "Studies in Human Greetings", pesquisa em andamento.
Eibl-Eibesfeldt, Irenäus, *Ethology. The Biology of Behavior*, New York: Holt, 1970.
Freedman, Daniel G., "A Biological View of Man's Social Behavior", in William Etkin, *Social Behavior from Fish to Man*, Chicago: The University of Chicago Press, 1967.
Goodal, Jane van Lawick, "In the Gombe Stream Chimpanzees", in *Primates: Studies in Adaptation and Variability*, Phyllis Jay en., New York: Holt, 1968.
La Barre, Weston, "The Cultural Basis of Emotions and Gestures", *Journal of Personality*, vol. 16, n.° 1, págs. 49-68, 1947.

*Capítulo 7* — O ROSTO HUMANO
Baseado parcialmente em entrevistas com Paul Ekman.
De interesse geral:
Ekman, Paul, Wallace V. Friesen, e Phoebe Ellsworth, *Emotions in the Human Face*, New York; Pergamon, 1971.
Referências de pesquisa:
Andrew, Richard J., "The Origins of Facial Expressions", *Scientific American*, vol. 213, págs. 88-94, 1965.
Argyle, Michael, *Social Interaction*, London: Methuen, 1969.
Darwin, Charles, *The Expression of the Emotions in Man and Animals*, London: Murray, 1872.
Davey, A. G., "How Subliminal is Your Persuasion", *New Society*, May 21, págs. 871-872, 1970.
Eibl-Eibesfeldt, Irenäus, *Ethology*, op. cit.
Ekman, Paul, e Wallace V. Friesen, "Non Verbal Behavior in Psychotherapy Research", in *Research in Psychotherapy*, vol. 3, J. Shlien ed., American Psychological Association, 1968, págs. 176-216.
——, "The Repertoire Of Nonverbal Behavior: Categories, Origins, Usage, and Coding", *Semiotica*, vol. 1, n.° 1, págs. 49-98, 1969.
——, "Nonverbal Leakage and Clues to Deception", *Psychiatry*, vol. 32, n.° 1, págs. 88-106, 1969.
Ekman, Paul, E. Richard Soreson, e Wallace V. Friesen, "Pan-Cultural Elements in Facial Displays of Emotion", *Science*, vol. 164, págs. 86-88, 1969.
Ekman, Paul, Wallace V. Friesen, e Silvan S. Tomäins, "Facial Affect Scoring Technique: A First Validity Study", *Semiotica*, vol. 3, págs. 37-58, 1971.
Freud, Sigmund, "Fragment of an Analysis of a Case of Hysteria (1905)", *Collected Papers*, vol. 3, New York: Basic Books, 1959.
Fulcher, J. S., "Voluntary Facial Expression in Blind and Seeing Children", *Archives of Psychology*, n.° 272, 38, págs. 1-49, 1942.
Goodenough, F. L., "Expressions of the Emotions in a Blind-Deaf Child", *Journal of Abnormal and Social Psychology*, vol. 27, págs. 328-333, 1932.
Haggard, Ernest A., e Kenneth S. Isaacs, "Micromentary Facial Expressions as Indicators of Ego Mechanisms in Psychotherapy", em *Methods of Research in Psychotherapy*, Louis A. Gottschalk e Arthur H. Auerbach eds., New York: Appleton-Century-Crofts, 1966.
Izard, C. E., "The Emotions and Emotion Concepts in Personality Culture Research", em *Handbook of Modern Personality Theory*, R. B. Cattell, ed., Chicago: Aldine, 1970.
——, *The Face of Emotion*, New York: Appleton Century-Crofts, 1971.
La Barre, Weston, "The Cultural Basis of Emotions and Gestures", op. cit.
Landis, C. "The Interpretation of Facial Expression in Emotion", *Journal of General Psychology*, vol. 2, págs. 59-72, 1929.
Orwell, George, *1984*. New York: Harcourt Brace, 1949.

Thompson, J., "Development of Facial Expressions of Emotion in Blind and Seeing Children", *Archives of Psychology*, n.° 264, 37, págs. 1-47, 1940.
Tomkins, Silvan S., *Affect, Imagery, Consciousness*, vol. 1 *The Positive Affects*, New York: Springer, 1962.

## Capítulo 8 — O QUE DIZEM OS OLHOS

Baseado parcialmente numa entrevista com Ralph Exline.
De interesse geral:
Exline, Ralph, e Lewis C. Winters, "Affective Relations and Mutual Glances in Dyads", em *Affect, Cognition and Personality*, Silvan S. Tomkins and C. E. Izard, eds., New York: Springer, 1965, págs. 319-350.
——, e Absalom M. Yellin, "Eye Contact as a Sign between Man and Monkey", artigo inédito, University of Delaware.
Hess, Eckhard H., "Attitude and Pupil Size", *Scientific American*, vol. 21, págs. 46-54, 1965.
Kendon, Adam, "Some Functions of Gaze-Direction in Social Internaction", *Acta Psychologica*, vol. 26, págs. 22-63, 1967.
Tomkins, Silvan S., *Affect, Imagery and Consciousness*, vol. II *The Negative Affects*, New York: Springer, 1963.
Referências de pesquisa:
Argyle, Michael, *Social Interaction*, op. cit.
Exline, Ralph V. "Explorations in the Process of Person Perception: Visual Interaction in Relation to Competition, Sex, and Need for Affiliation", *Journal of Personality*, vol. 31, n.° 1, págs. 1-20, 1963.
——, David Gray e Dorothy Achuette, "Visual Behavior in a Dyad as Affected by Interview Content and Sex of Respondent", *Journal of Personality and Social Psychology*, vol. 1, n.° 3, págs. 201-209, 1965.
——, e L. C. Winters, "The Effects of Cognitive Difficulty and Cognitive Style upon Eye to Eye Contact in Interviews", artigo apresentado no Congresso da Eastern Psychological Association, Atlantic, City, 1965.
——, John Thibaut, Carole Brannan, e Peter Gumpert, "Visual Interaction in Relation to Machiavellianism and an Unethical Act", nos *Studies in Machiavellianism*, R. Christie and Florence Geis, eds. London: Academic, 1966.
——, e David Messick, "The Effects of Dependency and Social Reinforcement upon Visual Behavior During an Interview", *British Journal of Social and Clinical Psychology*, vol. 6, págs. 256-266, 1967.
Goffman, Erving, *Behavior in Public Places*, New York: Free Press, 1963.
Hall, Edward T. *The Hidden Dimension*, New York: Doubleday, 1966.
Hess, Eckhard H., "Pupillometric Assessment", em *Research in Psychotherapy*, vol. 3, J. Shlien, ed., American Psychological Association, 1968, págs. 573-583.
Hess, Eckhard H., Allan L. Seltzer, e John Shlien, "Pupil Response of Hetero — and Homosexual Males to Picture of Men and Woman: A Pilot Study" *Journal of Abnormal Psychology*, vol. 70, n.° 3, págs. 165-168, 1965.
La Barre, Weston, nota sobre "Proxemics" de Edward T. Hall, *Current Anthropology*, vol. 9, n.° 2-3, págs. 101-102, 1968.
Nielsen, G., *Studies in Self-Confrontation*, Copenhagen; Muksgaard, 1964.
Russo, Nancy J., "Eye Contact, Inter-personal Distance and Equilibrium Theory", tese de doutoramento inédita, Cornell University, Ithaca, New York, 1970.
Schaller, George B., *The Year of the Gorila*, Chicago: University of Chicago Press, 1964.
Sartre, Jean-Paul, *Being and Nothingness*, Hazel E. Barnes trad. New York: Philosophical Library, 1956. Publicado originalmente em Paris, 1942.
Vine, Ian, "Communication by Facial-Visual Signals", em *Social Behavior in Animals and Man*, J. H. Crook ed., London: Academic, 1970.
Weisbrod, Rita, "Looking Behavior in a Discussion Group". Trabalho final de semestre apresentado à cadeira de Psicologia 546 sob direção do professor Longabaugh, Cornell University, Ithaca, New York, 1965.

*Capítulo 9* — A DANÇA DAS MÃOS

Baseado parcialmente em entrevistas com Paul Ekman, Adam Kendon e Albert Scheflen.
De interesse geral:
Ekman, Paul, e Wallace V. Friesen "The Repertoire of Nonverbal Behavior: Categories, Origins, Usage, and Coding", op. cit.
Referências de pesquisa:
Argyle, Michael, *Social Interaction*, op. cit.
Dittmann, Alan, "The Relationship between Body Movements and Moods in Interviews", *Journal of Consulting Psychology*, vol. 26, pág. 480, 1962.
Efron, David, *Gesture and Environment*, op. cit.
Kendon, Adam, "Some Relationships between Body Moion and Speech: An Analysis of an Example", em *Studies in Dyadic Interaction: A Research Conference*, A. Seigman and B. Pope eds. New York, Pergamon, 1970.
La Barre, Weston, "Paralinguistics, Kinesics and Cultural Anthropology", em *Approaches to Semiotics*, Thomas A. Sebeok, Alfred S. Hayes, and Mary Catherine Bateson eds. The Hague: Mouton, 1964, págs. 191-220.
Mead, Margaret, *Male and Female, A Study of the Sexes in a Changing World*, New York: Dell, 1949.
Murphy, Gardner, Book Review em *The Annals of the American Academy*, vol. 220, págs. 268-269, 1942.
Rosenfeld, Howard M., "Instrumental Affiliative Functions of Facial and Gestural Expressions", *Journal of Personality and Social Psychology*, vol. 4, n.° 1, págs. 65-72, 1966.
Ruesch, Jurgen, e Weldon Kees, *Non-Verbal Communication*, Berkeley: University of California Press, 1956.
Saitz, Robert e Edward Cervenka, *Handbook of Gestures: Columbia and the United States*, The Hague: Mouton.

*Capítulo 10* — MENSAGENS PRÓXIMAS E DISTANTES

Baseado parcialmente numa entrevista com Edward Hall.
De interesse geral:
Hall, Edward T., *The Silent Language*, New York: Fawcett, 1959.
——, *The Hidden Dimension*, New York: Doubleday, 1966.
Sommer, Robert, *Personal Space. The Behavioral Basis of Design*, Englewood Cliffts, New Jersey: Prentice-Hall, 1969.
Kendon, Adam, "The Role of Visible Behaviour in the Organization of Social Interaction", em *Expressive Movement and Nonverbal Behaviour*, Mario von Cranach and Ian Vine eds., London: Academic.
Referências de pesquisa:
Argyle, Michael, *Social Interaction*, op. cit.
Calhoun, John B., "Population Density and Social Pathology", *Scientific American*, vol. 20, págs. 139-146, 1962.
Freedman, Jonathan L., "The Crowd: Maybe Not So Madding after All", *Psychology Today*, September, págs. 58-61, 1971.
Hall, Edward T., "Proxemics", *Current Anthropology*, vol. 9, n.° 2-3, págs. 83-108, 1968.
——, "Psychological Aspects of Foreign Policy" audiências concedidas à Comissão de Relações Exteriores do Senado norte-americano em 5, 19 e 20 de junho de 1969, U. S. Government Printing Office, Washington, D. C.
Kinzel, Augustus F., "Body-Buffer Zone in Violent Prisioners", *American Journal of Psychiatry*, vol. 127, n.° I, 1970.
Kleck, Robert et alii, "Effect to Stigmatizing Condictions on the Use of Personal Space", *Psychological Reports*, vol. 23, págs. 111-118, 1968.
Little, Kenneth B., "Personal Space", *Journal of Experimental Social Psychology*, vol. I, págs. 237-247, 1965.

Mehrabian, A., "The Inference of Attitudes from the Posture, Orientation, and Distance of a Communication", *Journal of Consulting Psychology*, vol. 32, págs. 296-308, 1968.
Norum, Gary, Nancy Jo Russo, e Robert Sommer, "Seating Patterns and Group Task", *Psychology in the Schools*, vol. IV, n.° 3, págs. 276-280, 1967.
Sommer Robert, "Leadership and Group Geography", *Sociometry*, vol. 24, págs. 99-108, 1961.
———, "The Ecology of Privacy", *The Library Quarterly*, vol. 36, n.° 3, junho, 1966.
Sommer, Robert, e Franklin D. Becker, "Territorial Defense and the Good Neighbor", *Journal of Personality and Social Psychology*, vol. II, n.° 2, págs. 85-92, 1969.
Strodbeck, Fred L., e L. Harmon Hook, "The Social Dimensions of a Twelve-Man Jury Table", *Sociometry*, vol. 24, págs. 397-415, 1961.

## Capítulo 11 — INTERPRETANDO POSTURAS FÍSICAS

De interesse geral:
Scheflen, Albert E., "The Significative of Posture In Communication Systems", *Psychiatry*, vol. 27, n.° 4, págs. 316-331, 1964.
Referências de Pesquisa:
Argyle, Michel, *Social Interaction*, op. cit.
Charney, E. Joseph. "Psychosomatic manifestations of rapport in Psychoterapy". *Psychosomatic Medicine*, vol. 28, págs 305-315, 1966.
Deutsch, Felix, "Analysis of Postural Behavior", *Psychoanalitic Quarterly*, vol. 16, págs. 195-213, 1947.
Foulkes, David, *The Psychology of Sleep*. New York: Scribner, 1966.
Goffman, Erving, *Asylums*. Garden City, New York: Anchor Books, 1961.
Hewes, Gordon W., "The Anthropology of Posture", *Scientific American*, vol. 196, págs. 122-132, 1957.
Kendon, Adam, "The Role of Visible Behaviour in the Organization of Social Interaction" op. cit.
Lowen, Alexander, *The Betrayal of the Body*, London: Collier Books, 1967.
MacDonald, Dwight, introdução à *The Tales of Hofman*, Mark L. Levine, George C. McNamee and Daniel Greenberg, eds. New York: Bantam, 1970.
Machotka, P., "The Body Movement as Communication", em *Dialogue: Behavioral Science Research*. Western Interstate Commission for Higher Education, Boulder, Colorado, 1965.
Mehrabian, Albert, "Relationship of Attitude to Seated Posture, Orientation and Distance", *Journal of Personality and Social Psychology*, vol. 10, n.° I, págs. 26-30, 1968.
———, "Communication Without Words", *Psychology Today*, September, 1968.
———, Significance of Posture and Position in the Communication of Attitude and Status Relationships", *Psychological Bulletin*, vol. 71, págs. 359-372, 1969.
Scheflen, Albert E., *The Stream and Structure of Communicational Behavior*, Bloomington and London: Indiana University Press.
Schultz, William C.. *Joy*, New York: Grove Press, 1967.

## Capítulo 12 — OS RITMOS DO CORPO

Baseado parcialmente em entrevistas com William Condon e Paul Byers.
De interesse geral:
Condon, W. S., "Linguistic-Kinesic Research and Dance Therapy" nos *Proceedings da Terceira Conferência Anual da American Dance Therapy Association*, 1968.
Referências de pesquisa:
Byers, Paul e Happie Byers, "Nonverbal Communication and the Education of Children", em *Functions of Communication* (título provisório), Courtney Cazdan, Vera John e Dell Hymes, eds., publicado pelo Teachers College Press.

Condon, W. S., e W. D. Ogston, "Sound Film Analysis of Normal and Pathological Behavior Patterns", *The Journal of Nervous and Mental Disease*, vol. 143, n.º 4, págs. 338-347, 1966.
——, "A Sigmentation of Behavior", *Journal of Psychiatric Research*, vol. 5, págs. 221-235, 1967.
Condon, William S., William D. Ogston e Larry V. Pacoe, "Three Faces of Eve Revisted: A Study Of Transient Microstrabismus", *Journal Abnormal Psychology*, vol. 74, n.º 5, págs. 618-620, 1969.
Eibl-Eibesfeld, Irenäus, *Ethology*, op. cit.
Kendon, Adam, "Movement Coordination in Social Interaction: Some Examples Described", *Acta Psychologica*, vol. 32, págs. 1-25, 1970.

## Capítulo 13 — OS RITMOS DO ENCONTRO HUMANO

Baseado parcialmente em entrevistas com Eliot Chapple.
De interesse geral:
Chapple, Eliot D., *Culture and Biological Man*, New York: Holt, 1970.
Chapple, Eliot D., e L. R. Sayles, *The Measure of Management*, New York: Macmillan, 1961.
Referências de pesquisa:
Chapple, Eliot D., "The Standard Experimental (Stress) Interview as Used in Interaction Chronograph Investigation", *Human Organization*, vol. 12, n.º 2, págs. 23-32, 1953.
——, "Toward a Mathematical Model of Interaction: Some Preliminary Considerations", em *Explorations in Mathematical Anthropology*, Paul Kay eds. Cambridge, Mass: M.I.T., 1970.
——, et al., "Measurement of the Activity Patterns of Schizophrenic Patients", *Journal of Nervous and Mental Disease*, vol. 137, págs. 258-267, 1963.
——, et alii., "Principles of Programmed Interaction Therapy", em preparo.
Goldman-Eisler, Frieda, "On the Variability of the Speed of Talking and on Its Relations to the Length of Utterances in Conversation", *British Journal of Psychology*, vol. 45, págs. 94-107, 1954.
Hayes, Donald P., Leo Meltzer e Gary D. Bouma, "Activity as a Determinant of Interpersonal Perception", American Psychological Association *Proceedings*, 76.ª Convenção, págs. 417-418, 1968.
Matarazzo, Joseph, "A Technique for Studying Changes in Interview Behavior" em *Research in Psychotherapy*, Washington, D. C.: American Psychological Association, 1957.

## Capítulo 14 — COMUNICAÇÃO PELO OLFATO

De interesse geral:
Wiener, Harry, "External Chemical Messengers: I. Emission and Reception in Man", *New York State Journal of Medicine*, vol. 66, n.º 24, págs. 3153-3170, 1966.
Referências de Pesquisa:
Comfort, Alex, "Human Aromas: the Language of Smell", *Intellectual Digest*, May-June, págs. 87-93, 1971.
Eibl-Eibesfeldt, Irenäus, *Ethology*, op. cit.
Hall, Edward T., *The Hidden Dimension*, New York: Doubleday, 1966.
Rosebury, Theodor, *Life in Man*, New York: Viking, 1969.
Smith, K., G. F. Thompson e H. D. Koster, "Sweat in Schizophrenic Patients: Identification of the Odours Substance", *Science*, vol. 166, págs. 398-399, 1969.
Wiener, Harry, "External Chemical Messengers: II. Natural History of Schizophrenia", *New York State Journal of Medicine*, vol. 67, n.º 9, págs. 1144-1165, 1967.
——, "External Chemical Messengers: III. Mind and Body in Schizophrenia", *New York State Journal of Medicine*, vol. 67, n.º 10, págs. 1287-1310, 1967.

*Capítulo 15* — COMUNICAÇÃO PELO TATO

De interesse geral:
Frank, Lawrence K., "Tactile Communication", *Genetic Psychology Monographs*, vol. 56, págs. 209-225, 1957. Reimpresso no *The Rhetoric of Nonverbal Communication*, Haig A. Bosmajian ed., Glenview, Illinois: Scott, Foresman, 1971, págs. 34-55.
Montagu, Ashley, *Touching. The Human Significance of the Skin*, New York: Columbia, 1971.

Referências de pesquisa:
Goffman, Erving, *Relations in Public*. New York: Basic Books, 1971.
Hall, Edward T., *The Hidden Dimension*, op. cit.
Jourand, Sidney, "Out of Touch! The Body Taboo", *New Society*, novembro, 1967.
———, *Disclosing Man to Himself*, Princeton, N. J.: Van Nostrand, 1968.
Mead, Margaret, *Male and Female*, op. cit.

*Capítulo 16* — AS LIÇÕES DO ÚTERO

De interesse geral:
Liley, Dr. H. M. I., com Beth Day, *Modern Motherhood*, New York: Randon House, 1966.
Montagu, Ashley, *Touching: The Human Significance of the Skin*, New York: Columbia, 1971.
Truby, Henry, "Prenatal, Neonatal and Alphabetistic Aspects of Language Acquisition", artigo apresentado à reunião da International Linguistic Association, New York, 1970.

Referências de pesquisa:
Eibl-Eibesfeldt, Irenäus, *Ethology*, op. cit.
Fraiberg, Selma, *The Magic Years*, New York: Scribner, 1959.
Martin, R. D., "The Biology of Human Behaviour" op. cit.
Meerloo, Joost, "Rhythm in Babies and Adults", em *Unobtrusive Communication*, Assen, the Netherlands: Royal van Gorcum Ltd., 1964. Reimpresso no *The Rhetoric of Nonverbal Communication* Haig A. Bosmajian ed., Glenview, Illinois: Scott, Foresman, págs. 57-67, 1971.
Morris, Desmond, *The Naked Ape*, New York: Dell, 1967.
Robson, K. S., "The Role of Eye-to-eye Contact in Maternal-Infant Attachment", *Journal of Child Psychology*, vol. 8, págs. 13-25, 1967.
Tomkins, Silvan S., *Affect, Imagery, Consciousness*, op. cit.
Vine, Ian, "Communication by Facial-Visual Signals", op. cit.

*Capítulo 17* — O CÓDIGO NÃO-VERBAL DA INFÂNCIA

De interesse geral:
Brannigan, Christopher e Dr. David Humphries, "I See What You Mean..." *New Scientist*, 22 de maio, 1969, págs. 406-408.
Grant, Ewan, "Face to Face" *New Scientist*, 7 de maio, 1970, págs. 769-771.

Referências de pesquisa:
Blurton Jones, N. G., "An Ethological Study of Some Aspects of Social Behaviour of Children in Nursery School" em *Primate Ethology*, Desmond Morris ed., Garden City, New York: Anchor Books, 1967, págs. 437-463.
Currie, K. H., e C. R. Brannigan, "Behavioural Analysis and Modification with an Austistic Child" em *Behaviour Studies in Psychiatry*, C. e S. J. Hutt eds., London: Pergamon, 1970.

*Capítulo 18* — ÍNDICES DO CARÁTER

Baseado parcialmente em entrevistas com Martha Davis e Irmgard Bartenieff.
De interesse geral:

Lamb, Warren, e David Turner, *Management Behaviour*, New York; International Universities Press, 1969.
Lomax, Alan, *Folk Song, Style and Culture*. Washington, D. C.: American Association for the Advancement of Science, 1968.
Referências de pesquisa:
Bartenieff, Irmgard e Martha Ann Davis, "Effort-Shape Analysis of Movement. The Unity of Expression and Function", 1965. Disponível no Dance Notation Bureau, 8 East 12th Street, New York, N. Y. 10003.
——, "An Analysis of the Movement Behavior within a Group Psycotherapy Session". Apresentado na Conferência da American Group Psychoterapy Association, janeiro, 1968.
Davis, Martha Ann, "An Effort-Shape Analysis of a Family Therapy Session", 1966. Disponível no Dance Notation Bureau, 8 East 12th Stheet, New York, N. Y. 10003.
——, "Movement Characteristics of Hospitalised Psychiatric Patients" em *Proceedings* da Conferência da American Dance Therapy Association, october, 1970.
Dell, Cecily, *A Primer for Movement Description*, New York: Dance Notation Bureau, 1970.
Dittmann, Allen T., Morris B. Parloff e Donald S. Boomer, "Facial and Bodily Expression: "A Study of Receptivity of Emotional Cues", *Psychiatry*, vol. 28, n.° 3, págs. 239-244, 1965.
Kestenberg, Dra. Judith, "The Role of Movement Patterns in Development", Originalmente publicado no *Psychoanalytic Quarterly*. Disponível no Dance Notation Bureau, 8 East 12th Street, New York, N. Y. 10003.

## Capítulo 19 — A ORDEM PÚBLICA

Baseado parcialmente em entrevistas com Erving Goffman.
De geral:
Goffman, Erving. *Relations in Public*, New York: Basic Books, 1971.
Referências de pesquisa:
Goffman, Erving, *The Presentation of Self Everyday Life*, Garden City, New York: Anchor Books, 1959.
——, *Asylums*, op. cit.
——, *Behavior in Public Places*, op cit.
——, *Interaction Ritual*, Garden City, New York: Anchor Books, 1967.
MacDonald, Dwight, Introdução a *The Tales of Hoffman*, op. cit.

## Capítulo 20 — EM CONVERSA

Referências de pesquisa:
Argyle, Michael, *Social Interaction*, op. cit.
Duncan, Starkey, Jr., "Some Signals and Rules for Taking Speaking Turns in Conversations", inédito, 1971.
Goffman, Erving, *Relations in Public*, op. cit.
Kendon, Adam, "Some Functions of Gaze-Direction in Social Interaction", op. cit.

## Capítulo 21 — O FUTURO

Referências de pesquisa:
Mead, Margaret, *Male and Female*, op. cit.

# NOVAS BUSCAS EM EDUCAÇÃO
## VOLUMES PUBLICADOS

1. *Linguagem Total* — Francisco Gutiérrez.
2. *O Jogo Dramático Infantil* — Peter Slade.
3. *Problemas da Literatura Infantil* — Cecília Meireles.
4. *Diário de um Educastrador* — Jules Celma.
5. *Comunicação Não-Verbal* — Flora Davis.
6. *Mentiras que Parecem Verdades* — Umberto Eco e Marisa Bonazzi.
7. *O Imaginário no Poder* — Jacqueline Held.
8. *Piaget para Principiantes* — Lauro de Oliveira Lima.
9. *Quando Eu Voltar a Ser Criança* — Janusz Korczak.
10. *O Sadismo de Nossa Infância* — Org. Fanny Abramovich.
11. *Gramática da Fantasia* — Gianni Rodari.
12. *Educação Artística* — luxo ou necessidade — Louis Porches.
13. *O Estranho Mundo que se Mostra às Crianças* — Fanny Abramovich.
14. *Os Teledependentes* — M. Alfonso Erausquin, Luiz Matilla e Miguel Vásquez.
15. *Dança, Experiência de Vida* — María Fux.
16. *O Mito da Infância Feliz* — Org. Fanny Abramovich.
17. *Reflexões: A Criança — O Brinquedo — A Educação* — Walter Benjamim.
18. *A Construção do Homem Segundo Piaget* — Uma teoria da Educação — Lauro de Oliveira Lima.
19. *A Música e a Criança* — Walter Howard.
20. *Gestaltpedagogia* — Olaf-Axel Burow e Karlheinz Scherpp.
21. *A Deseducação Sexual* — Marcello Bernardi.
22. *Quem Educa Quem?* — Fanny Abramovich.
23. *A Afetividade do Educador* — Max Marchand.

24. *Ritos de Passagem de nossa Infância e Adolescência* — Org. Fanny Abramovich.
25. *A Redenção do Robô* — Herbert Read.
26. *O Professor que não Ensina* — Guido de Almeida.
27. *Educação de Adultos em Cuba* — Raúl Ferrer Pérez.
28. *O Direito da Criança ao Respeito* — Dalmo de Abreu Dallari e Janusz Korczak.
29. *O Jogo e a Criança* — Jean Chateau.
30. *Expressão Corporal na Pré-Escola* — Patricia Stokoe e Ruth Harf.
31. *Estudos de Psicopedagogia Musical* — Violeta Hemsy de Gainza.
32. *O Desenvolvimento do Raciocínio na Era da Eletrônica* — Os Efeitos da TV, Computadores e "Videogames" — Patrícia Marks Greenfield.
33. *A Educação pela Dança* — Paulina Ossona.
34. *Educação como Práxis Política* — Francisco Gutiérrez.
35. *A Violência na Escola* — Claire Colombier e outros.
36. *Linguagem do Silêncio* — Expressão Corporal — Claude Pujade-Renand.
37. *O Professor não Duvida! Duvida!* — Fanny Abramovich.
38. *Confinamento Cultural, Infância e Leitura* — Edmir Perrotti.
39. *A Filosofia Vai à Escola* — Matthew Lipman.
40 *De Corpo e Alma* — o discurso da motricidade — João Batista Freire.
41. *A Causa dos Alunos* — Marguerite Gentzbittel.
42. *Confrontos na Sala de Aula* — uma leitura institucional da relação professor-aluno — Julio Groppa Aquino.

www.gruposummus.com.br